大日本最古の神道

川面凡児選集

大日本最古の神道

川面凡児選集

大日本最古の神道　川面凡児選集　目次

第一　大日本最古の神道……二五

第一章　印度民族猶太民族の原人観……二七
第二章　日本民族の原人観……二八
第三章　神と禍津毘――悪魔……三〇
第四章　祓禊の神事……三〇
第五章　崇高絶対の信念――諾冊二尊の垂示……三一
第六章　精神と物資――その実不二一体……三三
第七章　霊魂と原子分子元素……三四
第八章　一霊魂と八十万の霊魂……三五
第九章　日本民族の人身観……三七
第十章　主観的祓……三九

第十一章　客観的祓……三九
第十二章　禊――主客両観の禊……四〇
第十三章　御幣と分霊……四一
第十四章　水と霊出と稜威……四一
第十五章　潮と天の真井……四二
第十六章　客観上の垢と穢、主観上の霊と魂……四三
第十七章　振魂伊吹と鎮魂……四五
第十八章　善悪と霊魂の統一不統一……四五
第十九章　思想言語の実体と霊魂……四六
第二十章　一魂分裂の活動……四七
第二十一章　二魂三魂乃至四魂等分裂の活動……四八
第二十二章　直霊統一の活動と分裂の活動との結果……四八
第二十三章　美人の色香と禍津毘――自己の欠陥……四九
第二十四章　八十万魂個々の要求、全身の麻酔攪乱……五〇
第二十五章　祓禊と神化の実行……五〇

第二十六章　寒中祓禊の由来……六四
第二十七章　奈良朝以前の禊秘伝……六六
第二十八章　世界各国の祓と禊……六七

第二　建国の精神……六九

第一章　発端……七一
第二章　目録……七一
第三章　天壌無窮の神勅と神籬磐境の神勅との表裏……七二
第四章　神代の世界的活動と奈良朝以後の島国的蟄伏……七四
第五章　日本民族性、国民性と宇宙観、天地観、世界観、原人観、霊魂観、処世観……七五
第六章　我と彼とはその究明を異にすること……七八
第七章　唯一不二の根本大本体と世界列国の言語名称解釈……八六
第八章　宇宙根本信念と国家統一と民族の興廃……八八
第九章　日本民族の宇宙万有観……八九
第十章　天御中主太神と空間、対象、宇宙……九〇

第十一章　稜威と高皇産霊神、神皇産霊神、宇宙万有の発顕活動、創造完結……九六
第十二章　人間覆載の天地と万有個々の百千万の天地……九九
第十三章　原人観と修理固成と天壌無窮、世界統一……一〇五
第十四章　男女観――同心一体観……一〇八
第十五章　天之御柱と布刀麻邇……一一三
第十六章　神代に於ける世界的地名……一一六
第十七章　生みの始めに於ける事業の神……一一八
第十八章　天地八百万神に因りて宇宙万有の本末経緯、表裏顕幽の消息を垂示天啓す……一一九
第十九章　世界経綸の事業とその相続者としての子孫の養成訓練……一二〇
第二十章　世界領土の区劃、三大別……一二一
第二十一章　祖神垂示の霊魂系統……一二四
第二十二章　原人直系の子孫としての根本民族と人類言語の本末……一二六
第二十三章　世界最古の根本神話……一三〇
第二十四章　生死一貫的邦土世界の経綸……一三二
第二十五章　忘恩的家庭と大中小学……一三七

第二十六章　世界的活動の国民性……一三八
第二十七章　霊魂組織の系統と必要に応じたる科学的萌芽及発達……一四一
第二十八章　天皇と世界統一――祭政一致と政教混濁……一四三
第二十九章　天皇の御軍と過去の世界統一、将来の世界統一……一四五
第三十章　全神教趣大日本世界教……一四八
余説　神と我、我と神……一五一

第三　三種の神器

第三　三種の神器……一五五
第一章　神器と古典及び相伝……一五七
第二章　古典の表と相伝の裏……一五八
第三章　天沼矛と修理固成……一五九
第四章　御頸珠と御倉板挙神……一六一
第五章　御鏡と神宮及び賢所……一六二
第六章　太神宮の威厳と昔を偲ぶ大和民族の姿……一六四
第七章　信仰の上の信仰、世界古今唯一無二の奇蹟……一六五

第　八　章　天皇の威厳と世界唯一無二の一大奇蹟……一六七
第　九　章　御鏡と天御中主太神、天津神、御祖神、天照太神、歴代天皇の霊魂……一六八
第　十　章　天照太神と八百万神、大嘗祭、新嘗祭、朝餉夕餉祭……一六九
第十一章　賢所、神殿、皇霊殿……一七〇
第十二章　忌部殿祝殿八神殿、九神殿……一七〇
第十三章　神器の表徴と起因……一七三
第十四章　御鏡と天照太神の和身魂及び太神と天皇との御姿……一七三
第十五章　御玉と真身魂、御剣と幸身魂、奇身魂……一七五
第十六章　曲玉と真玉と真身魂との関係及び真玉の筥と夜の御殿……一七六
第十七章　客観的真玉と主観的真身魂との分離と御神慮の不徹底……一七八
第十八章　国学者と俗神道者との表裏一面の脱線……一八〇
第十九章　真身魂と御鎮魂の表裏……一八〇
第二十章　真身魂と真玉と文字歴史との関係……一八二
第二十一章　三種の神器と外国思想との配合……一八四
第二十二章　三種の神器と智仁勇との歴史的没交渉……一八五

第二十三章　三種の神器と智仁勇との結合、神皇正統記以来の解釈……一八六
第二十四章　客観的天照皇太神と主観的天照皇太神……一八七
第二十五章　太神は鏡にあらず、天皇は鏡に非ず……一八八
第二十六章　智仁勇以上の実質実体と智仁勇の本源根本……一八九
第二十七章　真身魂の勇の体と荒身魂の勇の体……一九〇
第二十八章　実体の魂と影たり響たる智仁勇真善美……一九一
第二十九章　三種の神器と荒身魂との関係……一九二
第三十章　智仁勇真善美以上の実体的霊魂……一九三
第三十一章　三種の神器と霊魂との関係……一九四
第三十二章　荒身魂の分魂と廣田宮荒祭宮との関係……一九四
第三十三章　三千年以上相伝相続の歴史と生命意義……一九六
第三十四章　天津日嗣と三種の神器……一九七

第四　神社崇拝

第四　神社崇拝……一九九
第一章　人類魂民族魂個人魂の異同……二〇一

第二章　主観上の霊魂と客観上の霊魂……二〇二
第三章　精神と物質との不二一体……二〇三
第四章　日本民族の人身観……二〇五
第五章　人類万有と直霊和魂荒魂との関係……二〇八
第六章　主客位置を変ずれば同一霊魂……二〇九
第七章　顕幽両界の感応道交……二一〇
第八章　顕幽感応の杜絶と国家の自滅……二一三
第九章　宇宙根本神と先人及び立勲者……二一四
第十章　天照大神と幣……二一六
第十一章　靖国神社と一の統一体的神……二一八
第十二章　人類万有の同性同体と基督教の偶像身偶像天……二一九
第十三章　進歩的思想の無形式……二二三
第十四章　無形式の自殺論……二二五
第十五章　観念理想と形式……二二六
第十六章　形式と神化……二二七

第十七章　生死共に不可能の断末魔……二二八
第十八章　基督教と大偶像……二二九
第十九章　神と実在……二三〇
第二十章　神化して神を拝す……二三一
第二十一章　汎神論の愚と懐疑論の独断……二三一
第二十二章　神に質あり体あり形あり……二三二
第二十三章　言語思想と形式……二三三
第二十四章　哲学の三観仏教の三観と幼稚……二三四
第二十五章　祭壇と宇宙の縮図……二三五

第五　大祓祝詞真義

……二三七
序　言……二三九
第一章　祝詞……二三九
第二章　祝詞の解釈……二四〇
第三章　祝詞と讃詞……二四一

第　四　章　大祓の事……二四二
第　五　章　本来の神、罪と汚れの人に非ず……二四四
第　六　章　自他不二の祓禊……二四五
第　七　章　天皇の祓禊……二四五
第　八　章　表の大祓と荒世和世の行事……二四六
第　九　章　裏の大祓と天皇の御行事……二四六
第　十　章　小祓……二四六
第十一章　大祓の辞の製作の時代……二四八
第十二章　清御原の時代と神武の時代と高天原の時代……二四九
第十三章　高天原と祖神、祖神と天津神、天津神と天御中主神……二五〇
第十四章　大祓の辞と行事……二五〇
第十五章　児屋根命と中臣の祓の辞と太玉命と斎部氏の行事……二五一
第十六章　祓禊の種別と不二一体……二五一
第十七章　行事の形式……二五二
第十八章　六月十二月の晦日と総動員総清潔……二五二

第十九章　弗禊・斎戒・沐浴・精進・禊斎・洗礼・祈祷と月日時刻……二五三
第二十章　場所と始祖との有無……二五四
第二十一章　祓禊根本の民族……二五五
第二十二章　六月十二月晦大祓……二五六
第二十三章　表裏の禊行事……二五七
第二十四章　水火の行事……二五八
第二十五章　贖罪の初め……二五九
第二十六章　禊と人格……二六〇
第二十七章　吉解除悪解除……二六〇
第二十八章　熔の火輪と贖罪。天照大神と須佐之男命。世界流布の神話と大国主命……二六一
第二十九章　贖物と贖罪罪金。追放と祓物。流刑徒刑と祓行事……二六三
第三十章　水無月、十二月、晦日、三十日、一日、十五日、始禊祭、中日祭、終禊祭……二六五
第三十一章　歴史習慣と国民性――お正月の鏡餅……二六七
第三十二章　海苔と宣言と塗り付け乗り行く……二六九
第三十三章　振魂の数と数の子……二六九

第三十四章　心と裏白……二六九
第三十五章　譲心と譲葉……二七〇
第三十六章　神としめ縄……二七〇
第三十七章　終禊祭と七草……二七一
第三十八章　磐境と鳥居と門松……二七二
第三十九章　禊と山海……二七三
第四十章　死者の白衣……二七四
第四十一章　一膳飯……二七四
第四十二章　御酒、昆布、勝栗……二七五
第四十三章　中日祭の小幣と兜の縅……二七五
第四十四章　白衣と死者……二七六
第四十五章　質素倹約の基……二七七
第四十六章　大祓と大国民……二七八
第四十七章　祓の行事の歴史……二七九
第四十八章　神祇令……二八〇

第四十九章　太政官式……………………………………二八一
第五十章　大祓の詞と中臣の詞………………………二八一
第五十一章　大祓の化粧……………………………………二八二
第五十二章　高天原…………………………………………二八二
第五十三章　神留……………………………………………二八三
第五十四章　皇親の狭義……………………………………二八三
第五十五章　神漏伎神漏美命………………………………二八四
第五十六章　カムルギ、カムルミとカムロギ、カムロミとの別…二八五
第五十七章　以弖……………………………………………二八六
第五十八章　皇睦の広義……………………………………二八六
第五十九章　神集集賜、神議議賜…………………………二八七
第六十章　世界議会の始祖…………………………………二八八
第六十一章　我が皇孫命と豊葦原の瑞穂国………………二八九
第六十二章　安国止平久……………………………………二九〇
第六十三章　所知食…………………………………………二九〇

第六十四章　事依奉伎……二九〇
第六十五章　荒振神……二九〇
第六十六章　神問志問志賜　神掃爾掃賜……二九一
第六十七章　語問志、磐根樹立。草之垣葉乎毛語止氏……二九二
第六十八章　人の言葉を遣ふとは……二九四
第六十九章　人間化したる人間の言葉……二九五
第七十章　磐根樹根垣葉片葉に音響なし……二九六
第七十一章　主観客観――語止氏……二九六
第七十二章　立根と垣葉片葉……二九七
第七十三章　語の前後照応、精神歴史……二九八
第七十四章　相互直霊の感応……二九八
第七十五章　大祓行事の秘事……二九九
第七十六章　表の講義と裏の秘事……三〇〇
第七十七章　天磐座と放……三〇一
第七十八章　天八重雲乎……三〇二

第七十九章　伊頭乃……二〇二
第八十章　千別爾千別氏……二〇三
第八十一章　天降依佐志奉支……二〇三
第八十二章　天降の神と霧島神宮、新田神社……二〇四
第八十三章　西土原の可愛山陵を始めとして……二〇四
第八十四章　御陵参考地……二〇五
第八十五章　その多くは殆んど真実の御山陵……二〇六
第八十六章　天降依佐志奉支……二〇六
第八十七章　四方乃国中登……二〇九
第八十八章　クニカとクニノモナカとの別……二〇九
第八十九章　邇邇藝尊の御代と神武の御代……二一〇
第九十章　古今来一貫の大御代……二一〇
第九十一章　国の最中の祭祀の秘事……二一二
第九十二章　「モナカ」と「マホラ」……二一二
第九十三章　大倭日高見之国乎……二一三

第九十四章　「オホヤマト」と「オホヤシマ」……三一四
第九十五章　ヤマトとヤシマと山門……三一五
第九十六章　ヤマトとは神代なり……三一六
第九十七章　日高見国……三一七
第九十八章　安国止定奉氏……三一八
第九十九章　安国止……三一八
第　百　章　世界平和の本源……三一九
第百一章　下津磐根爾宮柱太敷立。高天原爾千木高知氏……三二一
第百二章　皇御孫之命止美頭乃御舎仕奉氏……三二二
第百三章　天之御蔭日之御蔭隠坐氏。安国止平久所知食武……三二三
第百四章　国中爾成出武。天之益人等我。過犯家牟雑雑罪事波……三二四
第百五章　直系的遺伝……三二六
第百六章　国中爾成出武……三二八
第百七章　天津罪……三二九
第百八章　法別気氏と云ふ天津罪……三二九

第百九章　畔放、溝埋、樋放、頻蒔……三三〇
第百十章　串刺……三三〇
第百十一章　生剥、逆剥、屎戸……三三一
第百十二章　国津罪……三三一
第百十三章　生膚断……三三二
第百十四章　新羅の罪と白色人種の罪……三三三
第百十五章　高麗の罪と黒色人種白色人種の罪……三三三
第百十六章　人間破倫非行の罪……三三七
第百十七章　人は正直にして、五倫五常の道……三三八
第百十八章　根本民族と罪尤……三三九
第百十九章　力も心も六月毎に一変する……三四一
第百二十章　如此出波、天津宣事以氐、天津宣詞と天津宮事との不二一体行事……三四二
第百二十一章　時代の変遷と共にその伝を失ふ……三四四
第百二十二章　大中臣。天津金木乎。本打切。末打断弖。千座置座爾。置足波志弖……三四六
第百二十三章　天津菅曾乎、本苅断、末苅切氐、八針爾、取辟氐、……三四九

第百二十四章　天津金木天津菅曾之秘事……三五一
第百二十五章　「かな」と云ふ意味……三五二
第百二十六章　思想と言語と歌、歌と文字、我が国には文字無かりしか……三五三
第百二十七章　原人の思想、原人の歌……三五四
第百二十八章　加奈文字の二流及び合体……三五六
第百二十九章　片仮名文字と加奈文字……三五六
第百三十章　アイウエオの五十音韻と漢字……三五七
第百三十一章　加奈と天津金木、天津菅曾の秘事……三五七
第百三十二章　金木菅曾と易との関係……三五九
第百三十三章　洛水出河図……三五九
第百三十四章　五十音韻と漢音の四声……三六〇
――自第百三十五章至第百五十六章欠――
第百五十七章　如此久乃良波。乃至所聞武……三六一
第百五十八章　如此聞食弖波……三六五
第百五十九章　皇御孫之命乃朝廷乎始弖、天下四方国爾波、罪止云布罪波不在止……三六六

第百六十章　科戸之風乃、天之八重雲乎、吹放事之如……三六七
第百六十一章　朝之御霧夕之御霧乎、朝風夕風乃吹払事之如久……三六八
第百六十二章　大津辺爾居大船乎、舳綱解放、艫綱解放弖、大海原爾押放事之如久……三六九
第百六十三章　表乃行事登、裏乃行事……三七〇

第六　人間未発　天狗界

第六　人間未発 天狗界……三七一
（一）大天狗、中天狗、小天狗　三七三　（二）狗術を学べば天狗となる　三七三　（三）仙道と狗術との差異　三七三　（四）天狗と山精雲気　三七四　（五）天狗も人間も顕幽往来　三七四　（六）天狗と学問芸術の進歩　三七五　（七）天狗と世界列国の高山深嶺　三七五　（八）天狗と印度　三七六　（九）天狗と支那　三七六　（一〇）天狗と日本　三七七　（一一）天狗術と諸道諸芸　三七八　（一二）天狗と催眠及び無線電信　三八〇　（一三）天狗と飛魂、原子電子　三八〇　（一四）天狗と飛禽烟雲　三八一　（一五）天狗と一片の雲　三八一　（一六）天狗と人体孰れの不思議　三八二　（一七）天狗と人間と時間の長短　三八三　（一八）天狗と人身、時間の長短でなし　三八四　（一九）天狗と宇都宮釣天井　三八四　（二〇）天狗と人身の霊化　三八六　（二一）天狗化する秘法秘術　三八六　（二二）天狗と男女の相　三八七　（二三）天狗と剛柔の別　三八七　（二四）天狗と国体　三八七　（二五）天狗と通力

三八八
(二六) 天狗と競争 三八八 (二七) 天狗笑と通力の極致 三八八 (二八) 天狗界の制裁 三八九 (二九) 天狗界の礼法 三八九 (三〇) 天狗と巌頭の老松——清潔 三九〇 (三一) 天狗と寿命——天賦の苦痛快楽 三九〇

第七　寒中禊と外人の質問

……三九三
(一) 禊の来歴 三九五 (二) 世界列国の霊魂 三九五 (三) 日本民族の霊魂観 三九六 (四) 霊と魂と霊魂 三九八 (五) 霊と肉——霊肉一体 三九九 (六) 一霊魂と百千万の霊魂——霊肉の精粗 三九九 (七) 万有の差別と賢愚剛柔の異同 四〇〇 (八) 生魂の自我と足魂の分々自我 四〇一 (九) 統一力と粗雑——祓禊の第一根原 四〇二 (一〇) 直霊幽閉の原因と回復 四〇三 (一一) 直霊と最後の勅許 四〇四 (一二) 八千魂の分裂——祓禊第二の根原 四〇五 (一三) 全身統一の大神事 四〇六 (一四) 秘事の一端 四〇七 (一五) 振魂と雄健と伊吹 四〇七 (一六) 鎮魂——表面に於ける鎮魂 四〇八 (一七) 鎮魂と雄健と振魂との別 四〇九 (一八) 鎮魂と禅定との別 四〇九 (一九) 裏面に於ける鎮魂 四一〇 (二〇) 直霊眼と鎮魂の証左 四一〇 (二一) 奇象奇跡と百発百中 四一一 (二二) 問題の廻転 四一二 (二三) 祓——大直霊神 四一三 (二四) 八千魂の直霊——自律皆祓 四一四 (二五) 主観の神と客観の神 四一五 (二六) 本末一貫の神——自律中他律の祓

四一七　（二七）他律的祓　四一八　（二八）客観的所動の結果　四一九　（二九）絶対――神の摂理
四二〇　（三〇）他律中自律的祓　四二一　（三一）他律と無律と他律中の自律の差別　四二二　（三二）
自信と紀律　四二三　（三三）禊と全律　四二四　（三四）神――対――直霊と八千魂　四二五　（三五）
全体直霊と分体直霊　四二六　（三六）全身の統一同化と大直霊　四二六　（三七）主体直霊の不変と
分派魂の変化　四二七　（三八）分体直霊の単独神化　四二七　（三九）人身と犯罪――禍津毘の刺戟
四二九　（四〇）禍津毘と原素原子　四二九　（四一）眼魂と犯罪　四三〇　（四二）陽魂と犯罪　四三一
（四三）鼻魂と外界の刺戟――罪　四三二　（四四）耳魂と外界の刺戟――罪　四三三　（四五）皮膚魂
と外界の刺戟――罪　四三四　（四六）一魂の活動と智情意の屈従　四三四　（四七）智情意とて頼むに
足らず　四三五　（四八）智情意とは何ぞ――大欠陥　四三六　（四九）影や響の智情意　四三七　（五〇）
智情意の実体　四三七　（五一）奇魂、幸魂、和魂、神魂と智情意　四三八　（五二）一魂の興奮と全
身の制御――愛妾と一家　四三九　（五三）舌魂胃魂の人と飲酒――相談の諸否　四四〇　（五四）眼魂
の人と観劇観光――相談諸否　四四二　（五五）皮膚魂の人と繊巧麗質の錦布――悦壺　四四三　（五六）
耳魂の人と音楽歌曲――相談諸否　四四四　（五七）鼻魂の人と芳薫香気　四四六　（五八）全身の支離
滅裂　四四八　（五九）振魂と神留と表裏の伊吹　四四九　（六〇）雄健雄誥と常立　四五一　（六一）
イーエッ、エーイッの雄誥と五音の出所　四五二　（六二）直霊、神直霊神、大直霊神、伊豆能売神

四五五 （六三）神格の表現 四五七 （六四）内外同化統一の神と善悪美醜 四五八 （六五）宇宙万有の祓と禊 四五九 （六六）主観的神——客観的神 四六一 （六七）印度猶太等の禊祓は日本の分派末流 四六二 （六八）禊祓と直霊の大神眼 四六三

解題……………………………………………………………四六五

第一　大日本最古の神道

――禊と神化――

第一章　印度民族猶太民族の原人觀

日本民族の原人觀は印度民族の如く天人の墮落にあらず、天人が地上に降り、食欲色欲等を生じ、その食欲色欲等の爲めに墮落して人類と成りたりと云ふが如きものにあらず。またその三毒五欲の煩惱身にして、容易に佛果菩提は得べからず、佛果菩提を得るには、自力としては六波羅密を始めあらゆる戒行を永劫兆載の間に自修專行するを要し、他力としては西方彌陀如來等の本願に順じて攝取の利益を求めざるべからず。而も自力他力を問はず、悉く超世悲願の大聖釋迦牟尼佛あるに非ざれば救濟成佛の道なきものなりと云ふが如きものにもあらず。更に猶太民族の如く原人墮落の結果にあらず、原人たる始祖が惟神《かみ》の命令に戻り、惡魔たる蛇の咒咀に迷ひ、生命の樹の果實を喰ふたるが爲めに、その兩眼開けて善惡を知り、裸體を恥づるに至りたるを以て惟神《かみ》の赫怒を招き、責罰を蒙り、遠く神園の外に驅逐せられたるより、その餘罪は遺傳して遂に吉凶禍福悲哀憂愁等に滿ちたる人類と墮落したるものなりと云ふが如きものにあらず。またそれ已に墮落の人、罪あるの身となるが故に、世に救はるべきの道あることとなし。故に惟神《かみ》これを愍み、その獨り子なる基督を降し、神と人との媒介者として墮落の人を敎へ、罪あるの身を救はしめたり。基督は惟神の命令の下に、聖靈として「マリヤ」の胎内にその夫たる人の知らざる間に宿り來り、生長と共に福音を傳へ、十字架の上に血を流がし、人類墮落の罪を償ふたり。されば人類は獨り基督の名を呼ぶに依りて救はれ、神の下に到り、神婢神奴となり、永劫の樂を享くるなり。苟くも基督に依らざれば如何なる教にても人類は救はれず、死後も永く地獄に落ちて限りなの苦痛を受けんと云ふが如きものにもあらざるなり。

第二章　日本民族の原人觀

日本民族の原人觀は、原人の始祖と云ふ者は神として天降りたる者なり。その天降るや、天津神の「此の世界邦土を修理固成《かためなせ》」と云ふ勅命を受けて顯はれ來りたるものなり。その始祖が神なるが故にその子孫たる人類は悉くまた神なり、八百萬神なり。獨り太古が神代たるのみならず、今日現在もまた神代なりけり、神代たらねばならぬなり。太古ばかりが神代として、神々のましましたるのみならず、今日現在の人々もまた神々としての神たるなり、神たらねばならぬなり、八百萬神たるなり。然り、神として神代として、太古の神のそれの如く、寧ろそれにも優る神として、神代として、この邦土を修理《つくりな》し、この世界を固成《かためな》さねばならぬものなり。それ故に現在の　天皇を稱しまつりて「現神《あきつかみ》」と云ふ。獨り　天皇陛下の「現神」たるのみならず、現在の民人もまた「現神《うつしかみ》」たるなり。さてもその後歴史家なるもの出で、神武天皇以下を分割直線して「人皇の代」と稱したるものは、是れ全く支那流の歴史に咎め倣うたる謬見にて、「日本民族の原人觀」を忘却したるに原因するものとす。世界茫茫、その國を建つる者尠からずと雖も、多くはその始祖を以て墮落の人と爲し、罪ある人となし、然らざれば、あらうことかは大樹とし、水とし、火となし、或ひは惡魔となし、獸類となし、蟲類となし、人類は大樹より生れ出で、水より生れ出で、火より生れ出で、惡魔の喧嘩より生れ出で、猿類の如き者が進化したる等にて、そのいづれも子孫たる人類より眺めては不快なる感想を發せしめざるものならざるはなし。さればこそあれ、その子孫たる人類民族の身に處し、家に處し、國に處する上に於いても、君臣の義、父子の親、夫婦の愛、兄弟姉妹朋友等の信誼等はいかにも放埒氣隨《きまゝ》にして、常にその一方に偏執し、全き人倫を履行し得るもの殆ど尠きを見る。是れ全くその始祖は神にして、その身もまた直ちに神なり、神たらねばならぬと云ふ解念と標準とが、その腦裏に印象しあらざるに職由せずんばあらず。始祖を以て墮落の人となし、罪ある人となし、或ひは大樹となし、水火となし、惡魔となし、獸類蟲類等となすが如き觀念を以てその子孫に印象せしむると、神なりとの觀念を印象せしむるとは、いづれか優劣ある。墮落の人の子孫は益々墮落し、罪ある人の子孫は益々罪あり。已に墮落し、已に罪ありとせば、その子孫たる者の苦痛はそれ將た如何ぞや。これを神の子孫は神なり、神としての身は淸し、麗はし、あな安し、と云ふ快樂あるに比較せよ、その優劣は直ちに會得するに足るべきなり。

第三章　神と禍津毘——惡魔

その始祖は神なり。始祖が神なるが故にその子孫も神なり。たゞその神たるの行爲を逸埒すれば禍《まが》津毘《つび》（惡魔）と爲る。その禍津毘となり惡魔となるには、客觀上に於ける四圍の色聲香味剛軟等は云ふ迄もなく、あらゆる權威名利等に接觸するより、その色聲香味權威名利等の微分子が禍津毘となりて、我の全身に犯し來り、喰ひ込み來るなり。その犯し來り喰ひ込み來る毎に、我が全身は鼓動し始め、見るもの嗅ぐもの、聞くもの味ふもの、觸るゝもの感ずるものにつれ、あれやそれや、これやくれやと四方八方に鼓動の脈絡は漸々擴張すると共に、紛亂錯雜し、中にもその最も多く犯し來り、喰ひ込み來る所に向つて氣走り、血走り、全身を遂にはそれに吸收せられ、不知不識の間に色に耽けり香に耽けり、聲に耽けり、味に耽けり、權威名利等に耽けり、耽けると共に、許許《こゝ》多久《たく》の罪と尤とを犯しつゝ、その身もまた禍津毘（惡魔）の人たるに至るなり。

第四章　祓禊の神事

然れども人は神の子孫なり。神たるが故にその人の身を顯はし來れるところの根本の靈《みたま》あり。その靈を「直靈《なほび》」と云ふ。この「直靈」は神の分靈《わけみたま》にして、常に人々の全身主腦の中に秘鎭《ひそみしづ》まりつゝあるなり。若し許許多久の罪と尤《とが》とを犯しつゝ禍津毘となりたる人の胸中には、自然と警告の聲を發し、神の稜威を仰がしめ、悔い改めしむると共に、その始祖に謝び、宇宙萬有根本大本體《おほもとつみたま》の太神に謝び、客觀上なる四圍より浸し來り、喰ひ込み來る黴分子の禍津毘《まがつび》を祓ひに拂ひ、主觀上に於ける許許多久の罪と尤とを禊ぎ淸むるなり。それ已に祓ひに拂ひ、禊ぎに滌ぎて淸めたるからには、また元の神に復るなり、始めの如く神とはなるなり。罪と穢とのあればこそ禍津毘（惡魔）とはなれ。本來神の子孫にして、神たるが故に、その罪と穢とを祓ひ去り、禊ぎ除きて淸めに淨むれば、また元來の神に復り、始めの如く神たること當然なりとす。白玉は泥土に感染するも、その泥土を除き去れば、また元の白玉たるを失はざると一般なり。是れ實に日本民族には祓と禊との神事が存する所以ぞかし。

第五章　崇高絕對の信念——諾册二尊の垂示

それで日本民族には、釋尊の如き、基督の如き、一の救世主に遭はねば人類は救はれぬと云ふが如き小なる依賴心はあることなし。そはそも崇高《たかき》深遠《ふかき》、宏遠《ひろき》幽玄《くしき》信仰の存すればなり。他なし、宇宙萬有根本大極の大本體神《もとつかみ》なる天御中主太神《あまのみなかぬしのおほかみ》は無始無終に人類萬有を發顯し照鑑し、攝理し統一しましましつゝあるなり。然り、人類萬有を發顯しますと共に照鑑《まも》りつゝ攝理《すくひ》つゝあるなり。我等人類萬有は照鑑守護《まもられ》つゝあるなり、攝理救濟《すくはれ》つゝあるなり。已に照鑑守護《まもられ》つゝある身の更に照鑑守護給《まもらせ》へと、祈《い》禱《の》るの必要なく、已に攝理救濟《すくはれ》つゝある身を、更に攝理救濟給《すくはせ》へと、哀しみ求めるの必要もなし。我より祈禱《いの》らずとも、大本體神は夙に照鑑守護給《まもらせ》ひつゝあるなり。我よく哀しみ求めずとも、大本體神は夙に攝理救濟給《すくはせ》ひつゝあるなり。我等人類としてはたゞその夙に照鑑守護給《まもらせ》ひつゝある實狀《こと》を一日も早く自覺して、そが限りなの恩惠《みめぐみ》を感謝し、且つその夙に攝理救濟給《すくはせ》ひつゝある眞態《こと》を一日も早く自覺して、そが限りなの恩惠《みめぐみ》を感謝しまつるにあるのみなり。その夙に照鑑攝理給《まもりすくはせ》ひつゝあるの實狀《あり》眞態《さま》を知らざるか、または忘るゝ時は、是れ我より自から大本體神《もとつかみ》と遠ざかるが故に、許許多久の穢《けがれ》を受け、罪を犯し、禍津毘《まがつび》（惡魔）とは變化するに至るなり。變化すればとて、悔い改め、その穢と罪とを祓ひ禊ぎて除き清むれば、また元の神たることを得るなり。我より穢れたるものなるが故に、我より清めざるべからず。然り、我穢がれたる故に我これを清めるなり。我は夙に照鑑守護《まもられ》つゝある身のその照鑑守護《みまもり》を忘れたるが故に、悔い改めて再びその照鑑守護《みまもり》の中に復りたるなり。我は夙に攝《す》理救濟《くはれ》つゝある身のその攝理救濟中《すくひのなか》を忘れたるが故に、悔い改めて再び攝理救濟中《すくひのなか》に還りたるなり。我は常に神と離るべからず、我と神とは常に合一合體しつゝあらざるべからず。人類は何人にてもこの信仰信念なかるべからず。この信念信仰にしてあるからには、その人は幸なり。世は特に釋尊の如く、基督の如く、一の救世主に依賴せざれば救はれぬと云ふが如き狹隘なる信念信仰あるを要せざるなり。是れ實に我が始祖神たる諾冊二尊《いざなぎいざなみのみこと》の日本民族と人類一般とに宇宙大本體神《もとつかみ》の勅令《のりごと》のまにまに垂示せられたる大信念大實行に屬するものぞかし。こゝに於いてか問題は進めり、「祓と禊」とに入る。祓と禊とは、大日本最古の神道に入るの門なり、第一鳥居なり、大日本最古の神道を會得せんとせば、先づ以てこの第一鳥居より窺はざるべからず。この第一鳥居に入れば、蓋しその一端を窺ひ得ると共に、漸々進んでその全きを會得するの目標たるべきなり。

第六章　精神と物質——その實不二一體

世界列國ではいづれも肉と心とを分ち、物質と精神とに別つ。(狹義に解すれば肉と心。廣義に解すれば物質と精神。)それで肉とは物質、心とは精神、たゞその解釋に廣狹あるのみにして、同一意味なり。心と精神とを以て無形のものとなし、肉と物質とを以て有形のものとなすなり。獨り我が日本にはこの區別あることなし。心——精神とは、肉——物質の稀薄極小なるものにして、肉——物質とは心——精神の膨脹堅實なるものに過ぎず。無形とか有形とかは五官に上ると上らざるとの分水嶺、分界線たる名稱たるに止まる。本來無形とか有形とかの兩立して實在しつゝあるものにあらず、不二一體の質なり體なりとす。形ありと思へる肉體も、熱となり溫度となり、瓦斯態となり無形となりつゝあり。形なしと思へる氣態も氣流となり氣象となり、雲となり雨となり、水となり有形とはなりつゝあり。電流は眼に見えぬからとて形なしと云ふべからず。眼に見えるからとて肉體は永久に形の存するものにあらず。有形無形とは五官を分域としたる名稱に過ぎず。本來有形にも非ず無形にも非ず、全然兩立して無形とか有形とかの實在するにあらず、均しく是れ不二一體の質なりと知るべきなり。然れば有形にも非ず無形にも非らざるものは何ぞ。五官を分域とすれば有形にも變じ無形にも變ずるものは何ぞ。世界廣しと雖も、いづれの國にもその名稱あることなし。未だその實質實體を發見會得したるものなければなり。たゞ獨り日本にはこれあり。これを稱して靈《び》と云ひ、直靈《なほび》と云ふ。是れ實に人類萬有の根本々體なりとす。

第七章　靈魂と原子分子元素

一の直靈《なほび》は百千萬の直靈を吸收統一して魂《たま》となる。魂の發達してその輪廓を膨脹したるものが荒身《あらみ》魂《たま》となる。（世に云ふ心とか精神とかは靈《び》と魂《たま》とに當り、肉とか物質とかは荒身魂に當るなり。）いづれも性あり質あり、體あり、同性同質同體なり。直靈は純にして極微稀薄なり。魂は精にして細小稀薄なり。荒身魂は粗にして濃厚堅實なり。直靈は純一個體なれども、魂は一の直靈が他の直靈を吸收したる結晶體なると共に、荒身魂は更に魂と魂との集合體なりと知るべきなり。例へば母胎に宿りたるものは第一の直靈にして、その第一の直靈は母胎内に宿ると共に、他の百千萬の直靈を吸收し、以て神經系の素質を造り、細胞の素質を造り、筋肉の素質を造り、骨骼の素質を造り、血脈皮毛等の素質を造り、五官等の素質を造りて凝晶せしめ、その素質の凝晶體が聯絡統一して發達膨脹しつゝ、人身とはなりたるものとす。なほ原子が集合して分子を造り、分子が集合して元素を造ると云ふ意味にも解し得べし。然れども人間より客觀すれば原子分子元素なれども、原子分子元素それ自身が主觀する時は靈なり、魂なりと云ふことを知り置かねばならず、人間のみ主觀客觀あるに非ず、萬有悉く主觀客觀を有するものと知るべきなり。日本民族の魂とは「タマシヒ」とも讀む。「タマ」とは渟《たま》るなり、水の渟るが如き意味なり。「タマシヒ」の「ヒ」は「靈《び》」の事にして、「シ」とは助字なり。それで「タマシヒ」とは「渟りたる靈」と云ふことなり。されば靈の渟りて凝晶したるものが魂《たま》なり、魂《たましひ》なり。魂の更に渟りて集合したるものが荒身魂なり、肉體なり、物質なり。然れども他國の肉體物質と云ふものは心なく精神なきものなれども、日本のは肉體も物質も卽ち心なり、精神なり。いづれも均しく靈なり魂なり。他國の心と云ひ精神と云ふものは實質實體なきものなれども、日本のは實質實體あるものなり。

第八章　一靈魂と八十萬の靈魂

日本の靈魂《みたま》とは靈《び》と魂《たま》との合體して一體となりたるものなり。日本では「ヒ」と「ミ」とは通音なる故に、靈《み》と魂《たま》との合體して一體となりたるものを稱して靈魂《みたま》とは云ふなり。さてこの靈《び》は人類萬有の根本體なるが故に、普通性なり、平等體なり。而してその靈の渟り方はそれ〴〵同じからず、人類萬有個々にこれを異にす。故に魂は差別あり、個性なり。猶ほ同一水なれども、その渟り方の如何に依りて方圓長短厚薄等に流を異にし、形を同じうせざると一般なり。抑も日本の「人身觀」は、他國のそれの如く一個の靈魂より成立したるものにあらずして、百千萬の靈魂より組織せられつゝあるものとす。故に人身を稱して八十萬魂命《やそよろづのたまのみこと》とは申すなり。或ひは略して八千魂命《やちたまのみこと》とも云ふなりき。そは第一の直靈《なほび》が母胎に於いて十ヶ月內に他の百千萬の直靈を吸收しつゝ魂を造り、全身を集合組織す。この第一の直靈を生魂《いくたま》と云ひ、百千萬の直靈を足魂《たるたま》と云ふ。百千萬の直靈は百千萬の生魂である。百千萬の生魂が足り滿ちて居るから足魂とは申すなり。第一の直靈なる生魂が全身百千萬の直靈なる足魂を吸收して組織したるものなるが故に、自から全身を統一主裁するの權威を有し居るものとす。それでこの第一の直靈なる生魂を稱して玉留魂《たまとまるたま》とも云ふ。玉とは魂なり。百千萬の足魂を吸收し、その吸收したるところの百千萬の足魂の中に留まり鎭坐して主人魂となり居ると云ふ意味なのである。宇宙根本大本體神に屬して云ふ時は、生魂《いくむすび》、足魂《たるむすび》、玉留魂《たまつめむすび》と稱へ、人類萬有に屬して云ふ時は、生魂《いくたま》、足魂《たるたま》、玉留魂《たまとまるたま》と申すなり。

第九章　日本民族の人身觀

然れども直靈としては同一なり。第一の直靈も、他の百千萬の直靈も、本來懸隔あることなし。ただ當時の活動に勤怠あり。その勤怠の境遇につれて、第一の直靈に吸收せられ、第一の直靈に感化せられて服從しつゝその一部分を組織し、眼とか舌とか耳とか鼻とか手とか足とか指とか歯とか筋肉とか骨骼とか細胞とか神經系とかの一部分的活動をなしつゝ、第一の直靈の爲に貢獻し、その半面にはまた自からも第一の直靈に統一せられて自活しつゝあるものとす。それ故に常に第一直靈の統一を破りて分々個々に各自それ〲自我を膨脹せしめんとしつゝあるなり。獨り第一直靈の統一を破らんとするのみならず、更に進んで人身の全體を自己に統一し、自己が主人魂たらんとしつゝあるなり。然り、第一直靈の統一を破ると共に一方に分裂割據し、漸々次第に他の百千萬の八十萬の魂を制服し、それをして悉く自己の慾望する所に向つて活動せしめ、卒には全身を統一主宰し、悉く以て他の百千萬魂の活動を自己に貢獻せしめんとしつゝあるものとす。例へば一家の主人は第一直靈なる生魂《いくたま》にして、妻子眷屬は百千萬の直靈なり、生魂《いくたま》なり、足魂《たるたま》なり。人間としては同一なれども、當時の境遇につれて吸收せられ、感化せられあるが故に、服從して、妻たり子たり奴婢等として一部分の活動をなし、主人の爲に貢獻しつゝ、その半面にはまた自からに自活しつゝあるなり。然れども間がな隙《ひま》がな主人の統一力を破りて、妻も子も奴も婢も各自それ〴〵に自我を膨脹せしめんとはしつゝあるなり。主人にして少しく統一力を怠る時は、妻なり子なり番頭なり家令なり家扶なり奴婢なり、直ちにその虚隙《すき》に乗じて漸々自我を増長し、他の眷族を感化し制服し、壓迫しつゝも、自己の一味黨與となし、陰然一家を主宰して主人公をば一室に幽閉するにも至る。而してお家騷動なるもの起りその家は卒に衰替し、或ひは滅亡するの不幸あるに至るなり。故に一家の主人は常に一家の平和を主とし、妻子眷族各自の自我を調和しつゝ全體を統一主宰することを怠るべからず。斷じて一人の自我のみを増長せしむべからず。一人に偏して一自我のみを増長せしむる時は、是れ主人の統一力を破らるゝの發端にして、お家騷動の禍根たることを忘るべからざるなり。人間一身の統一もまたそれ然りとなす。第一直靈が統一を怠る時は、全身百千萬の足魂は分裂割據して個々分々の自我を個々分々に膨脹せんことを企て、その一擧一動に統一なく、我が身ながらも我身の處置に苦しむに至るなり。かくの如くんば獨りその人格の完全ならざるのみならず、また見るべきの事業をも成立すること能はず、況してや千古を感動せしむる大事業に至りては、その人の夢想だに及ばざる所に屬す。日本民族の「靈魂觀」、「人身觀」とは、實にかくの如きものにして、夐《はるか》に世界列國と異なるところあることを會得すべきなり。是れ實に日本民族に祓と禊との神事ありて直ちに第一直靈の開發を期し、全身足魂の調和と統一とを訓練する所以なりとす。

第十章　主觀的祓

祓とは主觀的自律の我より云へば「ハルヒ」なり。「ラ」は「ル」に轉ず、同一ラ行なり。「ハルヒ」とは「張靈《はるひ》」にして、全身百千萬魂を吸收したる根本靈《ひ》の直靈を張り膨脹《ふくら》して、その稜威その力を百千萬魂に滿ち足らはし、全身に充ち足らはすとの意味なりとす。例へば春と云ふ意味に同じ。春とは張るなり。芽が張り、葉が張り、枝が張り、幹が張り、蕾が張り、花が張り、總べて張り、膨脹《ふく》れて生長するより春とは稱するものぞかし。根本靈たる直靈が膨脹れて、その稜威その力を全身百千魂に充ち足らはせば、全身百千萬魂に外界より侵し來り、喰ひ込み來り居るところの垢と穢とは漸々次第に遁げ去り、滅し去るに至るを以て、根本靈なる直靈の膨脹《はりふく》るれば、その稜威その力の全身に充ち滿つる故に、全身の垢と穢とを拂ひ、罪と尤とを拂ひ去るに至るなり。それで祓とはまた拂ふと云ふ意味に歸す。こゝを以て祓とは裏より云へば張るにて、表より云へば拂ふとなり。直靈を張りて垢と穢と罪と尤とを拂ふなり。

第十一章　客觀的祓

客觀的他律、神より云へば宇宙萬有の根本大本體神の靈《び》なる大直靈が、常に宇宙萬有に張り充ちて足らはしつゝあるが故に、人類萬有の垢と穢とを拂ひ除き給ひつゝあるなり。人類自からがその第一直靈を張りつゝあるのも、その實は我のみの力に非ず、全く大本體神の大直靈の張り滿ちつゝあるのにつれて、我の直靈が鼓動せられつゝ膨脹るゝのである。例へば草木の自から張りて蕾と開き、花と開き、葉と張るが如きも、その實は太陽の光を受け、煖氣に鼓動せられて張りつゝ開きつゝあるのと一般なり。それで我の自から膨脹《はりふく》れて垢と穢と罪と尤とを拂ひ除きつゝあるが如きも、その實は神より張らせ神より拂はせ、神より除かせつゝあるのである。

第十二章　禊――主客兩觀の禊

禊とは、「ミ」は靈《み》なり「ひ」は「ミ」に通ふ。「ソギ」は滌《そゝ》ぎなり、滌ぐなり、または削《そ》ぎなり。それで主觀的自律より云へば、我より云へば、宇宙根本大本體神の靈《み》を我の靈《み》に滌ぎ入るゝなり。我の直靈に神の大直靈を滌ぎ込むなり、滌ぎ入れ、滌ぎ込みて全身百千萬魂にかゝりあるところの許々多久の垢と穢とを削ぎ去り、削ぎ落すなり。客觀的他律より云へば、神より云へば、神の靈《み》を我が靈《み》に滌ぎ入れ給ひ、我が靈に神の靈を滌ぎ込ませ給ひ、我の全身百千萬魂に集りかゝりあるところの許許多久の垢と穢とを削ぎ落し削ぎ去り給ふなり。

第十三章　御幣と分靈

祓には御幣を用ひ、禊には海川に投ず。御幣とは漢音にして俗語たり。日本語にては御幣《ぬさ》と讀むなり。「ヌサ」とは、「ヌ」は「アマノミナカヌシノミコト」の「ヌ」にして、靈《みたま》と云ふ意味なり。「サ」とは、五月雨《さみだれ》、小波《さゞなみ》等の「サ」にして、日本語では細小《こまか》くなることを「サ」とは申すなり。根本大本體神より分泌分派する分靈《われたま》を「サ」とは申すなり。それで「ヌサ」とは神の「大靈《みたま》」の分泌分派する分靈《われみたま》を意味したるものとこそ知るべかりけれ。宇宙根本大本體神の大直靈《みたま》は、常にもがもに間斷なく分泌分派しつゝ、その分靈《われみたま》の人類萬有に天降り天かゝりつゝあれども、全身百千萬魂に許許多久の垢と穢とを受け、直靈の幽閉《みくまり》て開け居らざるが爲に、肉眼にては見奉ることを得ざるに過ぎず。故に神慮かしこく人間に「御幣」を示し、御幣の三房《みたれ》六房《むたれ》乃至八垂《やたれ》のそれの如く、神の大垣靈《みたま》は分泌分派しつゝ、その分靈の天降り天かゝりつゝあるものぞ、と敎へ給ひつるものぞかし。それで祓とは、表は御幣にして、風にして、裏は神の分靈《みたま》とこそ知りねかし。表の御幣と風とに通じて、神の分靈は常に人類萬有に天かゝりありとは心得べきものなり。

第十四章　水と靈出と稜威

さてその荒海、荒川に投ずるのは、御幣にて垢と穢とを拂ひ除くと共に、荒海荒川に投じて更にその垢と穢とを滌ぎ去り、洗ひ去るなり。表は水なり潮なれども、裏は神の分靈《みたま》なり。稜威なり。稜威とは靈出《みいづる》なり、神の大直靈《みたま》の分泌分出する分靈は、三稜形を爲しつゝ光あるが故に、人間よりこれを客觀しまつりて稜威とは云ふなり。分靈の分泌分出するところを客觀しまつれば三稜角にして、その光と形との威嚴あること、えも云ふべからざればなり。水の蒸發飛散するところは幾分かそれに似たりき。故に「ミヅ」とは靈出《みづ》なり、靈出《みいづ》なり。猶ほ太陽の光熱は神の大直靈《おほなほび》の靈《ひ》と均しきが故に日と云ひ、火と云ひ、光りとも云ふに同じき意味と知りぬべし。

第十五章　潮と天の眞井

且つそれ水も火となり、火も水となり、火の燃ゆるを燄《ほのふ》と云ふ。潮は水の燃えつゝあるものなるが故に、水よりも熅煖《あたゝか》なり。潮《しほ》の「シ」は助字にして、「ホ」なり、燄なり。水の燃えつゝあるを意味す。それで禊とは表は水にして、潮にして、裏は靈《み》なり、燄《ほ》なり。水と潮とに通じて天《あま》の眞井《まなゐ》の靈出《みづ》を受くるなり。宇宙根本大本體神の稜威の赫灼たる炎靈《ほのほ》を蒙るのを意味するものと心得べきなり。天の眞井とは、天上の井と云うにあらず、この世の水は井戸に湧き出づるを以て、近く比喩を采り、神の靈《み》の出づるを稱へて天の眞井とは呼び做したるものぞかし。

第十六章　客観上の垢と穢、主観上の靈と魂

人身は總べて靈《び》と靈《び》の集合體なるが如く、魂《たま》と魂《たま》の集合體なるが如く、宇宙もまた靈《び》と靈《び》の集合體なり、魂と魂の集合體なり。人間より客觀する時は原々子、原子、分子、元素なれども、その元素、分子、原子、原々子がそれ自身に主觀する時は、卽ち是れ靈靈《びび》なり、魂魂《たまだま》なり。客觀すれば人身も元素分子原子原々子の集合體なれども、主觀する時は靈と魂の集合體なるを自覺するに徵して、萬有各自は悉く各自の主觀を有しつゝあるものと知るべきなり。その外界よりふりかゝり來り、侵し喰ひ込み來るところの垢と穢とは、人間より客觀したる名稱に過ぎず。その垢と穢とがそれ自身に主觀する時は、我と均しく靈《び》なり、魂《たま》なりとす。たゞその形に厚薄大小の差あるに過ぎず。罪と云ひ、尤と云ふのは主觀的行爲を抽象したる虛名虛體にあらずして、悉く是れ靈《び》なり、魂なり。實體實質あるものとす。日本民族の人生觀宇宙觀には、無形と云ふもの、虛體と云ふもの、虛名と云ふもの、斷じてあることなし。悉く是れ實質實體實名なり。本來形なく、質なく體なきものには名も起るべきものにあらざるなり。故に日本民族の犯罪觀なるものは、主觀にも客觀にも悉く實質實體のあるものにして、その思想と云ひ行爲と云ひ、悉く微分子の鼓動である。靈靈《びび》の主觀的內容に鼓動する範圍を抽象して思想と云ひ、客觀的外界に變動する範圍を抽象して行爲とは名づくるに過ぎざるものとす。而して日

本民族の犯罪なるものは、我より進んで罪を犯し、尤を造るものにあらず。そは我はこれ神なり、神の分靈分魂分身分體なればなり。その尤を造り罪を犯すは、必ずや外よりの刺戟に誘惑煽動せらるゝに原因するなり。然り、外界の垢と穢とに觸れ濯り、外界の禍津毘《まがつび》が我の四圍に襲ひ來り、喰ひ込み來るが故に、我が眼がその禍津毘に誘はれて穢れ、我が耳がその禍津毘に誘はれて垢じみ、我が鼻、我が舌、我が身、我が手足等がその禍津毘に誘はれて穢れ垢じむから、その最も多く穢がれ、垢染みたる眼の魂なり舌の魂なるが玆に煽動し始めて、他の百千萬魂を鼓舞煽動しつゝ、その同意を得つゝ全身主裁の直靈《なほび》を幽閉すると同時に、その觸れ來り、襲ひ來り、喰ひ込み來りつゝあるところの出源地に向つて全身は漸々次第と走り行きつゝ、その欲するところのまゝにこれを得んとする事もあるべく、罵る事もあるべく、殺す事もあるべきなり。これに反して、その善事に於けるも亦然り。たゞその觸れ來り喰ひ込み來るものが、垢と穢とにあらず、禍津毘にあらずして、清き香、淨き氣、清き神《かむ》直靈《なほび》たるの差ありて、その目的の善言善行たるに至るものとす。故に日本民族は祓と禊とを以てこの外界に觸れかゝるところの垢と穢とを拂ひ、外界より侵し來り襲ひ來り、喰ひ込み來るところのあらゆる禍津毘を滌ぎ除く所以なりとす。滌ぎ除きて人身構成の根本直靈の幽閉せらるゝを防ぐと共に、常にその直靈の開發しつゝ百千萬魂の分裂割據するのを制御して、全身の統一を期し、人生宇宙に神たるの大性格を發揮せんとする所以なりとす。

第十七章　振魂伊吹と鎭魂

さてその祓と禊とをなすには、「振魂《ふるたま》」と「雄健雄誥《をたけびをころび》」と「伊吹《いぶき》」と「鎭魂《たましづめ》」との事を說明せざれば、未だその全きものにあらねども、餘白なければ、こゝには大略を概說す。振魂とは全身を振ひ動かす事なり。雄健とは姿勢を整正《たゞ》し、姿勢を構へて巖の如くするなり。雄誥とは大聲を連發する義なり。伊吹とは呼吸する事なり。鎭魂とは全身の八十萬の魂を鎭定して直靈を開發し、その直靈の伊吹たる稜威を全身八十萬の魂魂に注入充足するのを申すなり。勿論それにはそれ〴〵相傳の形式あり、意味ありと知るべし。

第十八章　善惡と靈魂の統一不統一

さて人類は如何なる人にても、自から進んで罪を犯し、惡事をなすと云ふことなし。必ずや外界の事物に刺戟せられ、その刺戟に依りて全身の八十萬魂が鼓動し始め、その鼓動が漸々その目標たる事物に向つて集中直入するから、こゝに初めて全身がその目標に對して活動をなすに至るものなり。獨り惡事に拘はらず、善事に向つても亦それなのである。たゞその直靈が全身八十萬の足魂《たるたま》を主宰統一して活動するものが善事となり、これに反し八十萬の足魂中の一魂が、分裂して活動し、或ひはその一魂が二魂三魂等を糾合して別運動をなし、或ひは一魂が主動して八十萬の足魂を强制强脅して活動するが如き時が惡事とはなるのである。

第十九章　思想言語の實體と靈魂

人類の欲と云ふ事も、思想と云ふ事も、外界の刺戟がないならば、單に主觀上のみにては發するものでない。食ひたい飮みたいと云ふ事も、外界に食ふべきもの、飮むべきものが實在し居る事を認めて居るからである。赤子が呱々の聲を發し、或ひは飢渇を訴ふるのも、胎内に於いて夙に飮みつゝ食ひつゝありたるからである。その長じて發するところの思想は、全く外界事物の刺戟を追ひつゝ起り來るのに過ぎない。月花を眺むれば月花の概念々想發し、女性を見れば女性の概念々想發し、音曲を聞けば音曲の概念々想發し、魚鳥を食へば魚鳥の概念々想發し、山に對すれば山、水に對すれば水、天地萬有に對すれば天地萬有の概念々想が發す。更にその一念一想を綜合統一して觀念となり、思想となり、理想となるのに過ぎない。ところが今日までの學理説明では、東西古今共に思想や理想を無形のものと解釋しあり。獨り日本のは思想も亦有形である。質あり體あるのものである。言語音聲は微細極小なる原子の震動であるが如く、思想は「潜んだる言語」である。「潜んだる音聲」である。我と我が身に窃かに胸裏に物語りつゝある言語音聲が思想である。窃かに胸裏に獨言獨語せざれば、音聲もなく思想もない。それ故に悉く皆微細極小なる質あり體あり形ある原子なり、分子なり。その原子分子とは日本神代に謂ふところの靈《び》である、魂であるなり。人間より客觀すれば原子なり、分子なり。原子分子それ自身に主觀する時は靈《び》なり、魂なりと知るべきなり。

第二十章　一魂分裂の活動

それで人間が月花を眺むる時は、月花の光と色香とがその人の眼魂に注入し來る。女性を見れば、女性の光澤と色香とがその人の眼魂に注入し來る。鼓、太鼓、琴、三味線、笛、喇叭、オルガン等の樂曲を聞けば、それぐ\の音聲がその人の耳魂《みゝたま》に注入し來る。光とか色香とか音聲とかは極小微細なる氣態なり、分子なり、原子なり、電子なり。悉く是れ質あり、體あり、形あるなり。その光とか光澤とか色香とか音聲とか氣態とか分子原子電子とかは、人間より客觀したる名稱に過ぎず。光、光澤色香、音聲、氣態、分子、原子、電子それ自身に主觀する時は、均しく是れ靈《び》なり、魂なりとこそ知るべけれ。されば女性の色香たる靈や魂が眺むる人の眼魂に注入し來る時は、その眼魂はその刺戟を受け、こゝに鼓動し始め、全身の八十萬の足魂を誘動し、目標たる女性に向つて、活動せんことを迫るの主動者たるに至る。是れ一魂分裂の活動なり。

第二十一章　二魂三魂乃至四魂等分裂の活動

或ひは女性の通行を見ると同時に、飲食店の酒肴の香を嗅ぐことあり。然る時にその人の鼻魂は主動して全身の足魂を誘動し、飲食店に上らんことを迫る。舌觀は直ちにこれに應じて鼓動し、飲食店に上ることに同意するのみならず、寧ろ鼻魂に代りて大主動者となり、全身の八千魂を誘動す。眼魂は女性に向つて走らんとし、鼻魂と舌魂とは飲食店に上らんとす。是れ二魂分裂の活動なり。或ひは筋肉魂、骨魂等は女性にも走らず、飲食店にて上らず、早く家に歸りて横臥し、その日の疲勞を慰藉せんことを欲することあり。一人にして同時に、三様四様の活動をなす。是れ三魂四魂分裂の活動なり。

第二十二章　直靈統一の活動と分裂の活動との結果

抑も人身は本來一致の活動をなすべきもの、全身一軌一津に一致して活動する時は、その行爲は、悉く善事たり。是れ直靈統一主宰の活動なるを以て、自己を傷け、他を害するの行爲なければなり。而もその一魂分裂の活動、二魂三魂、乃至四魂等の分裂する活動は悉く是れ惡事たり。その全身調和の統一を缺くを以て、自己を傷け、他を害するの行爲たるに至ればなり。

第二十三章　美人の色香と禍津毘——自己の缺陷

今それ女性の色香そのものは惡なるに非ず、飮食店の臭味そのものは惡なるに非ず。女性はその人の眺めつゝあるを知らずして通行することあり、飮食店もその人のみを目標として營みつゝあるに非ず。世間は美なる女性に邂逅するも、知らざる人あり、對岸火視する人あり、飮食店の前を通行するも知らざる人あり、馬耳東風視する人もあり、是れその人々は別に主動するところありて、一魂もこれが爲に鼓動し始むるに至らざるものとす。その女性の色香に眼魂の鼓動し始め、飮食店の臭味に鼻魂舌魂の鼓動し始むるものは、その直靈の主動なくして全身八十萬の足魂を統一主宰するの活動を失ひつゝあるに原因するものとす。されば女性の色香そのものは惡なるにあらず。女性全身自然の分子原子の發動なり、女性分身自然の靈々の發動なり。飮食店の臭味そのものは、惡なるにあらず、飮食店自然の分子原子の發動なり、靈々の發動なり。たゞその人の全身に統一力を缺きつゝあるが故に、缺陷あるが故に、女性より發散するところの色香たる分子原子がその人に注入し來り、女性より發散するところの色香たる靈々がその人に刺戟し來り、茲に禍津毘とはなるに至るなり。垢となり、黴菌たるに至るなり。而も我の直靈主動して、常に全身八十萬の足魂を主宰統一しつゝある時は、いかに侵し來るところの垢あり、黴菌あり、禍津毘ありとも、我の全身より發散するところの息氣溫度は彈撥して受けず、一魂若しくは、二魂三魂の分裂して走り出ることもなきなり。

第二十四章　八十萬魂個々の要求、全身の痲醉攪亂

然れども八十萬の足魂は各自分々に常にその欲するところを要求しつゝあるなり。苟くも外界より觸れ來り、注入し來り、刺戟し來る時は、八十萬の足魂は直ちに分々個々にその欲するところの注入刺戟につれて各自分々個々に鼓動し始め、他の諸魂を誘導すると共に、直靈の主宰統一を破らんとしつゝあるなり。それで多くの人々は殆んど外界あらゆる色、聲、香、味、輭剛は云ふまでもなく、名譽、權威、財寶等より發散するところの垢に觸れ、黴菌に犯され、禍津毘に襲はれつゝ、その注入刺戟の爲めに全身八十萬の足魂は四分五裂支離滅裂しつゝあるなり。然り、外界より注入刺戟し來るところの禍津毘に痲醉せられ、攪亂せられ、殆んど自己と云ふことを忘却しつゝあるなり。たゞその一魂のみの要求を滿足せしめんが爲めに全身を忘却し、全身を犧牲とし、盡日晝夜苦役し、世を終るまで覺らざるもの尠しとせず。豈に愍むべきの限りにあらずや。是れ祓と禊との必要なる所以とす。祓ひ禊ぎて直靈を開發し、全身を統一し、全面目全性格を發揮せざるべからざるなり。

第二十五章　祓禊と神化の實行

そこで日本民族の禊祓とは、全身を統一して神化するにあり。神化して本來本有の神たることを實顯するにあり。宇宙根本大本體神の分靈分魂分身たる神體を實顯發揮するに在るなり。さてその全身を統一するには、先づ自己の根本本體靈の直靈（第一生魂《いくたま》）が自覺して、神直靈《かむなほび》たるにあり。直靈が我と我が身に神たることを自覺したる時は、卽ち神直靈神と成りたる時なり。已に根本本體靈《び》の直靈は、自覺して神直靈神とはなりしと雖も、未だ以て全身の八千魂《やちたま》（足魂《たるたま》）が、同化せず、同化して神たること能はず。その同化せざるものは同化して神たること能はざるものは、外より許々多久の汚と穢との禍津毘（人間より客觀すれば汚と穢なれども、汚と穢とが主觀すれば靈なり、魂なり。犯さるる人の爲めには禍《まが》なり。禍津毘《まかつび》なり。）に犯され、喰ひ込まれて、その禍津毘の來れるところの先方に向つて、足魂たる八十八千萬の魂が、それ〳〵好むところに從ふて馳せ行き驅け廻りて、罪と尤とを造りに作りつゝあればなり。故に先づ祓の祭をなし、御幣を振り、御幣に通じて宇宙根本大本體神の分體たる大祓戸神《おほはらひどのかみ》の靈を受けて、稜威を受けて、我が根本靈《ひ》たる直靈を張り、直靈の息氣なる稜威を全身の八十八千萬魂々に張り送り、張り充たし、張り足らはし、その八千魂に觸り犯しあるところの許々多久の汚と穢とを拂ひ去り、拂ひ除くなり。更に河に投じ、海に入り、水と潮とに通じ、宇宙根本大本體神の靈《み》を受け、大稜威を受け、我が根本靈の直靈に注ぎ清めて、全身八千魂の禍津毘を削《そ》ぎ落し、削ぎ去り、その八千魂を洗濯清光《そゝぎきよ》むるなり。是れ祓の後に禊の行事ある所以なりとす。然れども神の靈《ひ》を受け、我が靈《び》の直靈を張ることは、尋常一様の事にては張ること能はず。まして八千魂の汚と穢とを拂ひ、禍津毘を除く事は、尋常一様の事にてはむつかしく、また汚も穢も禍津毘も尋常一様の事にては逃げ行かぬなり。こゝに於いてか裏伊吹《うらいぶき》をなす。裏伊吹とは表伊吹を包有し省略して申し來れる名稱たり。裏とは腹の内――全細胞内――にて呼吸するが故に裏と云ふなり。是れ我が身を祓ひて後には冥目し、鼻より神の靈《ひ》なる神直靈を伊吸《いす》ひ込み、これを全身に伊吸ひ込み、全身の八千魂に伊吸ひ込み、外には出ださぬなり。口より出ださぬなり。たゞ腹の内にて、否、全身の細胞内にて伊吹くなり。直靈が伊吹きて八千魂に送り、八千魂が伊吹きて直靈に送り、直靈が伊吹きて八千魂に、八千魂が伊吹きて直靈にとかくの如く相互に伊吹きつゝ、伊吹かれつゝある時は、直靈と八千魂とが神の靈《ひ》に、神直靈に醱酵醞釀せられつゝ相互に同化合體するに至るなり。然れども相互の醱酵醞釀が、それにては未だ足らぬなり。こゝに於いてか振魂をなす。振魂とは神代以來傳へ來る一定の形式に依り、全身を振り動かすを云ふ。今外界の空氣に通じて、神の靈を、神直靈を鼻より伊吸ひ込み、冥目して口を閉ぢ、腹の内にて、否、全身の細胞内にて直靈と八千魂とが伊吹きつゝ、伊吹かれつゝある間に於いて、更に一定の形式を以て全身を振動す。大地も割れ、蒼天も裂けるまでに振り動かすなり。振り動かしつゝ直靈と八千魂とが相互に裏伊吹《うらいぶき》裏伊吸《うらいすい》を爲すこと、二分三分四分五分六分、乃至十分二十分間も繼續し、而して後に口を開きて腹内細胞内に在る限りの息氣を靜かに長く吹き出すなり。これを裏伊吹、振魂の一行事となす。吹き出しては更に冥目して、鼻より入れて口を閉ぢ、腹内細胞内にてかくの如くに直靈と八千魂とが裏伊吹をなすと共に、かくの如くに振動して振魂をなすこと、猛烈なり。三分五分毎に、乃至十分二十分毎に繰り返し繰り返し、十回二十回の行事をなす。勿論初身の人、またはその人の强弱の度に應じて自から緩急の度あり、別ありとす。要するに緩より進んで漸々次第に急なるに至るものとす。その行事毎に猛烈に熱烈になり行くを以て、渾身烈火の如く、汗は全身に流れ出で、また何ものも我を襲ひ、我に迫り來ること能はず。直靈は自然と八千魂を統一同化し、八千魂はまた他に走りて分裂するの餘地なく、自然と直靈に統一同化せられ、且つそれ八千魂個々の直靈も自から開けて、全身の根本直靈、中身直靈に結晶同化するを以て無上の樂しみとなすに至るなり。是れ蓋し直靈が自覺して神直靈神《かむなほびのかみ》となり、神の靈《ひ》を受け神直靈を受け、先づ直靈自からに伊吸ひ込みてこれを八千魂に吹き送り、送られたる八千魂は、これを伊吹ひつゝ直靈に吹き返しつゝある間に、八千魂の個々の直靈が開け來りてこれを伊吸ひ込みつゝ、吹き返しては伊吸ひつゝ、個々の直靈が個々の八千魂を統一靈化す。靈化して全身の中身直靈、根本直靈と、醱酵醞釀して、その根本中身直靈、根本直靈に統一結晶せられつゝ同化するに至ればなり。而して後初めて全身が統一靈化したる靈體となる。これを稱して大直靈神とは申すなり。いかに直靈が自覺して神化し、神直靈となり、神直靈神たりたらんとするも、八千魂が個々分々に汚と穢とに觸れ罹り、禍津毘に犯かされつゝ四方八方に分裂出入しつゝありては、名將が規律なき亂兵中に直立したると同般、如何ともすべからず。故に一定の紀律の下に號令訓練する時は、漸々次第と亂兵を統一して十萬百萬の兵と雖も同身一體の常勝軍たらしむることを得るなり。而も名將たるにあらずんば能はず。直靈が自覺して神直靈神の大名將となり、初めて、全身八千魂の統一靈化し、一身同體の常勝軍たる大直靈神とこそなり得るものとす。爲めに日本民族の人身觀は全身靈なり、魂なり、百千萬億自我の集合體なり、統一體なり。たゞ直靈と云ふ中身我根本我と、八千靈《やちび》、八千魂と云ふ群我分派我あるものとす。大直靈神となり得たる時は、直靈と八千魂との統一同化したる時なるを以てこれを稱し、鎭魂とは云ふなり。鎭魂とは「たましづめ」と讀み、また「たましづまり」とも讀むあり。「たましづめ」とは直靈が八千魂を統一鎭定したる意味にして、「たましづまり」とは八千魂が直靈を中身點として自から結晶鎭定したるを意味したるものとす。然れども日本民族の鎭魂と云ふ事を以て、支那流の靜坐、印度流の禪定と同一なりと誤解する勿れ。支那の靜坐、印度の禪定は無我なり、我れ我を忘るゝにあり。寧ろ我を無くして宇宙の大我神我に化するにあり。故に人身を陰陽五行として、地水火風空として、これを解除解脫するにあるなり。ましてやその大我神我なるものは、大極とか理とか氣とか眞如とか法性とかにて、未だ宇宙絕對の根本大本體とはするに足らず。ほんの一角一部を解釋し得たるに過ぎず。日本民族の鎭魂とは動的なり、動靜一體的なり。有我なり、有我の結晶體なり。我を忘れず我を無くすることもなく、直靈の根本我に八千魂の分派我を統一結晶すること獨樂子の如し。獨樂子の大活動大廻轉するや、殆んど大沈靜、大鎭定しつゝあるが如く、宛然動靜一體たり。是れその中身點、中心棒あるが故に、獨樂子の全部がこの中身點、中心棒に集注結晶して、この動靜一體を發顯しつゝあるものとす。恰もそれ地球は大廻轉しつゝあるが故に、大鎭定しつゝあると一般なり。獨樂子の大廻轉して動靜一體を發顯しつゝある時は、箸や筆等を投ずるも、彈撥してこれを擊退し、これを受けず。日本民族の鎭魂とはこれを物に比喩してその一端を顯はせば、正しく獨樂子の如くそれなりき。直靈の根本我に八千魂の分派我を統一結晶して、動靜一體の大活動を發顯しつゝあるものとす。自我を忘れ、自我を滅し、無我たらんとせば、始めよりして我なきに如かず。始めよりして我なきものとせば、我の顯はれ來るべきものならず。靜坐や禪定は我を忘れ、我を無くせんとするも、我は決して滅し得べきものならず。我を忘るれば、我を忘るの我ありて存し、我を無くすれば、我を無くしたる我ありて存す。我は本來滅し得べきものならず。故に彼等は、忘我無我にては安んずること能はず。我たる小我を忘れて天地一體の大我たらんとし、我たる小我を無くして眞如平等の大我たらんことを期す。是れ小我を忘れたるに非ず、自滅したるに非ず、天地一體の大我に結晶したるに過ぎず。本來結晶しつゝあることを初めて自覺したるに過ぎず。我としての小我は依然靜坐しつゝあるなり。小我を無くしたるにあらず、自滅したるに非ず、眞如平等の大我に結晶したるに過ぎず。本來結晶しつゝあることを初めて自覺したるに過ぎず。我としての小我は依然禪定しつゝあるなり。無は有を生ぜず、有は無とならず。我體は本來不生不滅にして、小我もまた大我と共に實體實我なり。然るに忘るべからざるの小我を忘れ、無くすべからざるの小我を無くせんとす。是れその大我を誤解して眞如となし、阿頼耶となし、法性となし、大極陰陽となし、理となし、氣となし、天となし、宇宙根本大本體としては、たゞその一角一方面を窺ひ得たるに過ぎざるものとなる所以なり。奚ぞ殉んや小我を忘れ、小我を無くするは自我の活動を中止廢滅せんとするものにして、その人生を解體し、家庭國家を解體し、徒らに空想妄念に馳せ、現實と迂遠なる境に迷惑流轉し、却つて天地の心を得たり、如來性を體得したりと云ふ愚に陥るものとす。已に自我を解體し、自我の活動を中止廢滅するもの、いかんぞ人生社會を經綸する大活動を期し得べけんや。もしか經綸せしむることありとせば、その結果は亡國滅家たらずんば幸なり。印度の古今を見よ、支那の古今を見よ、歴史は歴々これを證明印判す。支那が印度たらざりしものは儒教存したればなり。日本の佛教盛なりしは、神代思想ありてこれを同化結晶したればなり。それ已に日本民族の鎭魂は忘我無我に非ずして認我なり、有我なり、解體退靜に非ずして結晶進動なり、動靜一體の大活動なり。根本自我の直靈に分派自我の八千魂統一結晶し得て大直靈神となり、大直靈神としての鎭魂が終はれば更に「雄健《をたけび》」となる。雄健とは神代以來の相傳たる一定の形式を以て姿勢を正整《たゞ》し、常立神《とこたちのかみ》となるなり。常立とは動かざること巖の如き神體を發顯するを云ふ。雄健終ると共に「雄詰《をころび》」となる。雄詰とは神代以來の相傳たる大發聲なり。イーエッ、エーイッの大音を發するを云ふ。この音は劍道柔道居合等に傳はり居れども、彼等はその由つて來るところも知らねば、またその韻學上の起因も効果も知らず。是れ神代以來正統なる歷史相傳あるものと知るべし。禊修行の人に限り、特にこれを授くるものとす。抑もその起因由來を知らざる人々なりとも、イーエッ、エーイッと三たび大發聲して試みるべし。いかに全身に壯快を覺ゆるぞや。劍柔でも相撲でも戰爭でも事業でも、何事につれ、この聲を發せざれば元氣鬱勃たることを得るものにあらず。いかにこの聲の神の聲にして尊重すべき聲たるかを自覺すべきなり。雄詰びて後には表伊吹をなす。表伊吹とは口を閉ぢて鼻より空氣に通じて宇宙根本大本體神の稜威を伊吸ひ込み、腹內より全身の細胞內に吸ひ込みて充滿充足すること三分五分乃至十分間ほどにして口を開き、靜かに長くこれを伊吹くなり。ある限りを吹き出すなり。更にまた鼻より吸込みてかくの如くすること三度五度乃至八度十度十二度十六度等に及ぶ。そのいづれの度數にても、最後の時には口よりは吹き出さず、全然腹內、細胞內に吸ひ込み呑み込みて靜かに全身の毛穴より出しつゝ徐々と脣を緩めつゝに出すなり。否最後の時には呑み込み、吸ひ込むと同時に、神を拜して向はんとするところに行き、なさんとする事業に執りかゝるなり。已に「祓」の祭をなしつゝ大祓戶神《おほはらひどのかみ》の靈《ひ》を受け、我が根本我の直靈を張り、分派我たる八千魂の汚と穢とを拂ひ、「裏伊吹」をなし、「振魂」をなし、「鎭魂」をなし、「雄健」をなし、

「雄詰」をなし、「表伊吹」をなし、神直靈神と化し、大直靈神と化し、否、本來我卽神たる神直靈神、大直靈神たる神體を發顯し得たり。已に神なり、神體なり、水に溺れず、火も踏むべし。こゝに於いてか川に行き海に馳せ、禊の祭を行ふ。然り、極寒中白衣一枚にて馳せ行くなり。禊の祭は海岸または川邊に於いてこれを執行し、六月十二月の極熱極寒中にこれを執行す。祭と共に松杉檜を焚きて炬《たい》火《まつ》となし、その祭了ると同時に川に投じ、海に投じ、イーエッ、エーイッと荒瀬《あらせ》荒濤《あらなみ》を切り破りて神龍の如く游泳し、歸り來りてその炬火猛火を踏破す。これを稱して「火渡《ひわたり》」と云ふ。或ひは水や潮を沸騰し、その熱湯を手にて掻き廻はす。これを稱して「探湯《ゆためし》」と云ふ。或は銳利の名劍八口を梯子に組み立てゝこれに昇降す。これを稱して「八劍渡《やつるぎわたり》」と云ふ。夏は時に深山幽谷中に入り、千丈の瀑布に禊してこれを執行することあり。是れ變例なり。冬は必ず海に限る。正則としては夏冬とも必ず海に於いて執行するものとす。奈良平安朝以來本垂《ほんすゐ》神道、兩部神道なるもの起り、神佛混合の式を以て火渡、探湯等をなすものあり。是れたゞ形ばかりにして、その眞意を忘却す。前に云ふところは純然たる日本太古神代の正式なりと知るべし。故に全くその形式内容を異にす。已に神たり、神體たり。これを證明するが爲めに海川に入り、水と湖とに通じ、宇宙絕對の根本大本體神なる天御中主太神の靈《み》を受け、大稜威を受け、我が靈《み》にそゝぎ、根本我なる直靈と分派我なる八千魂との統一結晶しつる神直靈神たり、大直靈神たる照鑑證明を受くるものとす。火渡、八劍渡、寒氷、猛火を游泳踏破するものは、徒らにこれを以て神事の極致とするに非ず。一身一家一國の緩急の際、水火を辭せざる神體を實顯せんが爲めなりとす。全身已に統一結晶して大直靈神たり。こゝに於いてか人類萬有に對せざるべからず。その人類萬有に對する時の我は、こゝに神直靈神たる位置に立つ。更に人類萬有を統一同化したる後ならでは大直靈神たることは得ざるなり。その人類萬有に對して大直靈神たるに裏表二道あり。裏《うら》道は鎮魂中にこれをなし、その本體を顯はし、天御中主太神と神慮り、神語ることを得。是れ哲學上に於ける觀念とは異なり、佛教の一念三千の止觀や禪定成佛《ぜんぢやうじやうぶつ》とも同じからざるものと知るべし。こゝには餘白なければ省略す。たゞいふ、これはこれ根本我たる直靈のみの活動なればこれをなすことを得。直靈は太神の分靈《わかれび》その儘なればなり。表《おもて》道は然らず。生を改め、代を更へ、境を換へ、千變萬化に神ながれに神流れつゝ進行するに非ざれば能はず。而も人類萬有いつもこゝに達せざるべからざると共に、終局は轉々こゝに達して大直靈神となり、天御中主太神と合體するものとす。神より出でたるものは苦樂その極に達すれば、神を思ひ神に還る。人類萬有は神以上を思ふ能はず。神は人類萬有の根本大極たるを自覺すべきなり。日本神代の垂示としては達頂徹底自我を認めつゝ、宇宙根本大本體神に結晶合體するものとす。否、今日現在よりして夙に結晶合體しつゝあることを自覺せざるべからざるなり。自我を忘れ、自我を無くせんとするは、根本大本體神に結晶合體することの常に空想妄念に馳せ、甚だ遲緩にして迂遠たるに至るものとす。是れ最も自警すべきところたり。

それを活動大活動せしめんが爲めにこそ個々それぞれに自我を下賜せられつゝあれや。而もこの自我を忘れこの自我を無くせしめんとならば、始めよりして太神は自我を人類萬有に下し賜はぬなり。されば我と我が身の自我を忘れ、自我を無くして、また何ものを悟り、何ものに合體するを得べきぞ。自我なきものは何等の活動もなすこと能はざればなり。故に日本民族は須臾も自我を忘るべからず。人類萬有にも知らしめ、實行せしめざるべからず。然り、常に我と我が身の自我を認めて、神體を發顯するを以て人生出世の一大本懷一大本領となす。故にその家庭を齊へ國家を治め天下世界を平一するも、また一身を統一すると同般なりとす。家庭にありては、その第一生魂《いくたま》たる、根本自我、中身自我の直靈たる主人、先づ神直靈神たることを自覺實行し、足魂たり八千魂たる分派自我の家族を感化統一して、一家を代表する大直靈神《おほなほひのかみ》たらざるべからず。一町一村一市一郡一縣としては、その第一生魂たる根本自我、中身自我の直靈たる村長町長市長郡長知事が、先づ我と我が身が神直靈神たることを自覺實行し、その足魂《たるたま》たり八千魂たる分派自我の村民、町民、市民、郡民、縣民を感化統一して、一村一町一市一郡一縣を代表し得るの統一體の大直靈神《おほなほびのかみ》たらざるべからず。軍團としてはその第一生魂たる根本自我中身自我の直靈たる軍團長、師團長、旅團長、聯隊長、大中小隊長、先づその軍團、師團、旅團、聯隊、大中小隊の神直靈神たることを自覺實行して根本中身我となり、その足魂たり八千魂たる各派自我の一卒、散兵、分隊、小隊、中隊、大隊、聯隊、旅團、師團、軍團を感化統一してその一卒散兵分隊を代表し、小隊を代表し、中隊を代表し、大隊を代表し、聯隊を代表し、旅團を代表し、師團を代表し、軍團を代表し得る個々相應の大直靈神たらざるべからざるなり。然り、如何なる組合、如何なる會社、如何なる事業にても、悉くかくの如くに根本中身我あり、分派我あり。その根本中身我と分派我との同化結晶統一するに非ずんば成立するものに非ず。活動活躍し得べきものにもあらず。獨り人生のみならず、人事のみならず、宇宙萬有悉く是れ統一體なることを自覺すべきなり。而してその分派自我たる八千魂は、いづれもその統一を破りて我儘に自己我のみを增長せんとしつゝあれば、根本我たる直靈の位置に立つものは須臾も油斷あるべからず。油斷ある時は統一を破るものが續々と派出し、收拾すべからざるに至るなり。さてその分派我としては、統一せられある時はいかにも苦痛を感ずるが如きも、もしも統一を脱して快樂を得んとせば、たゞにその快樂を得ざるのみならず、却つてより以上の大苦痛あるものとす。是れ自己の分を盡さず、自己の天職責任を厭ふて去るものなるが故に、その大苦痛あるは自から招くところにして、自然の制裁なりとす。見よ、一朝の怒に堪へず、會社等を退くものの多くは轗軻沈落しつゝあることを。或ひは一朝の怒りに堪へず、忿然官を辭し、黨を脱したる人々の多くは浮浪落魄しつゝあることを。或ひは軍隊を脱走すれば軍法の嚴罰を受く。人の制裁なければ天の尤めあり。いづれにしてもその分を全ふし、その責任を全ふせざるものはその制裁その尤めを免がるゝこと能はず。故に知るべし、その統一を破りたる時は自から進んで大苦痛に陥たる時なりと。人類萬有は離羣索居して單一に孤立することを得ず、そのいづれに向ふとしても統一體たらざるべからず。故に現在の統一體を厭ふて他の統一體に向はんとせば、先づその現在の統一體に對する分派我としての自己相應の分を守り、自己相應の天職を盡し、自己相應の責任を全ふすべし。自からその信用顯はれ、自然と昇進の道も開くべく、また他よりも歡迎せらるゝに至るべきなり。寧ろ他に轉ぜずして、現在の統一内にありて漸々昇進するの速にして確實なるには如かざるなり。人類萬有いづれかその大直靈神たるを欲せざらん。それには先づ神直靈神として個々の分限を守り、個々の天職責任を盡しつゝ他より賞賛せられて、いかさまに神なり、人に非ずと云はるゝまでの神體を發揮すべし。遂にはその身相應の大直靈神たるに至るべきなり。根本我、中身我たる直靈の位置にある人々が分派我を感化統一するに於いても、分派我たる八千魂の位置にある人々にても、均しく神直靈神たることを忘るべからず。日本は神州神國なり。その神なり神體たることを發顯するには神代より相傳の神事ありと知れ。祓と禊の行事即ちこれなり。日本民族は必ずや祓と禊の行事を修めて、神たり、神體たることを實顯し、大日本皇國の大根本大中身我なる現神、大直靈神たる　天皇陛下の分派我たる八千魂、五千萬魂、八千萬魂として、大根本大中身我たる　天皇陛下御統一の下に結晶同化して一身同體の大神體を發顯し、漸々次第に世界人類を同化統一する大直靈神たらざるべからざるものたることを大自覺大實行し、世界人類をして悉く神たり、神としての神體を發顯せしめざるべからざるなり。是れ實に日本民族の一大天職一大責任なるぞ。否、獨り日本民族のみならず、世界民族も各自その天職責任を有し、夙に世界統一の首途に發軔し活動しつゝあるものぞ。特に大神の恩寵あることを感ずる日本民族にして他に制せられなば、それ將た何の面目ある。同胞民族は神代以來宮中に奉齋する生魂大神《いくむすびのかみ》、足魂大神《たるむすびのかみ》、玉留魂大神《たまつめむすびのかみ》の天啓默示を忘れたるか。「天津神籬《あまつひもろぎ》」と「天津磐境《あまついはさか》」との神傳垂示あるを知らざるか。是れ實に　天照皇大神《あまてらすめらおほかみ》の「天壤無窮の御神勅」と相俟つて表裏しつゝあるものぞ。「天壤無窮の神勅」は表にして、「天津神籬」と「磐境」との神傳垂示は裏にして、「生《いく》、足《たる》、留《つめ》の三柱神」は表裏一貫の根本實體なるぞ。世界茫々建國尠からずと雖も、この崇高雄大深玄なる神勅神示神啓を有するの民族、それ將たいづくにかある。一日も早く祓と禊との神事を會得し、自尊自重するところあれ。大日本民族の神躍りに神躍る活舞臺は已に開幕しつゝあるぞ。今や、神人萬有悉く日本民族の一擧一動を注視し、讃美の聲を發せざれば惡聲を發せんとす。幸機一發、禍機一發、機々陸離、閃電轟雷、我れそれ神たり、神體たらば、また何の恐るゝところかある。駒の蹄の留る限り、船の艫の到る限り、白雲の墮向伏《をりゐむかふす》限り、青雲の靄靆極《たなびくきはみ》、天壁《あまのかべ》の聳立極《そぎたつきはみ》、稜威大稜威の天照極《あまてらすきはみ》、天地十表國驅り天翔りて同化統一の大偉勳を奏し、神人萬有の大喝采、大激賞、大讃美の中に世界無比の大神冠を戴くべきなり。是れ人間無上の大快事に非ずや。豈に獨り日本民族のみならんや。世界民族は夙にこの壯擧を企て、この壯擧を陰に陽に實行しつゝありと知れ。イーエッ、エーイッ、イッレイレイレア（「天津神籬」と「磐境」との事は「大日本國體」に詳かに説明あり。）

第二十六章　寒中祓禊の由來

神代以來、日本民族の祓禊の行事は、かくの如き雄大宏壯、崇高幽玄の意義ありて傳へ來れるものとす。然るに奈良朝以後儒佛の流行と共に漸々堙滅したるの觀を呈し、その行事は殆んど「告朔の餼羊」として徒らに形式のみ存し、六月と十月との二節に、形ばかりの行事執行せられつゝありたり。最も必要としたるところの寒中行事は、神事祕傳の人にのみ行はれたることは、昔よりして然りしなり。その六月と十月との祓には、必ず禊流《みそぎぶり》の心をこめて行ふべきものなりき。然るに祕傳の人缺けて次第に形式ばかりとはなれりけりな。寒中行事は朝廷には十二月祓行事ありたり。然るに朝廷には今日なほ十二月祓の行事あれども、民間にそれと伴ふ寒行禊の缺けたるは豈に絕代の恨事にあらずや。最も寒中禊は昔よりして、その道の人ならでは民間一般には行はれしものならず。獨り神事に熱烈にして向上靈化し神化し、己を修むると共に世を導かんとする人々が、最も祕密に授受せられたるものとす。それたゞ祕密なるが故に漸々その人を失ひ、その傳の缺けんとするまでに至りたる所以なり。この禊流の授受は所謂語部《かたりべ》なるものにして、口授密傳に屬し、文字文章に顯はすことなし。故にその人を缺くと共にその傳の失せざるを得ず。またその人あり、その傳あるも、その文字に乏しき時はこれを認めて子孫に遺すことも、世に公にすることも能はず。奈良朝以後は、世多くは漢文に走り、佛學を修め、世は正に漢文佛學の時代となり、漢文佛學に非ざれば、立身出世すること叶はず。權勢名利の念盛なるは人の常なるが故に、世を擧りて漢文佛學に歸し、また日本在來の古傳を顧みるものなし。これを以て禊流の如きも、僅に昔を忘れぬ故老の人々の口授密傳せられつゝありしに過ぎず。その人々は固より文字なかりし人々なるが故に、その傳も漸々次第山間僻地に流れ行くに及びたるものとす。已に「古事記」を編纂する時すら、僅かに一の稗田阿禮ありて傳はることを得たるに過ぎず。然れども一の稗田阿禮の傳のみにては全からず、その語部として傳はり居るもの、なほ且つ尠しとせず。是れ更に日本書紀の編纂なかるべからざる所以なり。舊事紀《くじき》の如きその書は僞書なりと雖も、內容の實は僞造にあらず。たゞ當時民間の識者が古事記日本紀以外の語部より聞取り、その傳の堙滅せんことを慨き、二記と共に後の世に傳へんことを欲し、朝廷の書に假托して作りたるの微衷に出づ。故にその書は假托なりと雖も、その事實は正傳なり。そは三紀皆その傳を異にすると共に、相互に關聯す。相俟つて相讀まざれば、孰れも全き解釋を得べからざるに徵して明かなり。特に古事記は「宇宙開闢の神傳」にして、書紀は「地球開闢の神傳」なると共に舊事紀は「客觀的創世の神傳」なりとす。禊は實にこの三紀より源泉流出しつゝあるところのものたり。禊の神事を密傳せられたるものならでは三紀を解することも能はず。神代の淵源するところをも會得し得べきものにあらず。本居平田諸大人の解釋は言語文字の解釋としてはその勞固より尊重すべきも、神と云ひ、靈と云ひ、魂と云ふ事に至りては、殆んど明確なる解釋を下すこと能はず。是れその傳を受けざるが故に、この不可能に接着したるものとす。たゞその言語文字の上より眺めたるものなるが故に、活きたる威嚴ある神と靈と魂とを拜すること能はざりしものとす。禊流の神傳を受けざれば、斷じて三紀の會心體得は何人と雖も不可能の事に屬す。況してその他諸流の神道に於いてをや。

第二十七章　奈良朝以前の禊祕傳

德川時代に奈良朝以前の神傳、聖德太子時代まで傳はりし神傳の寫書、京都のある書肆に横はる。本居翁の壯年これを見て購はんとするも、嚢中空し。走りて旅館に歸り、代價を用意して書肆に至れば、寫書已になし。主人に尋ぬれば、「先刻筑紫の人これを求め去る」と。翁大いに殘念に想へども是非なし。他日その事を「玉かつま」かに認めて思出の種を遺しぬ。筑紫の人とは外ならず、我家の父祖なり。我家は神職の家にはあらず。少しく歴史ある家系なれども、玆に述ぶるもいかゞ。たゞ古よりの神傳を修めつゝ鄕黨にも知られぬやうに祕め置きて、その世の到るを待ちつゝありし家なることを述べ置きて已みなん。家に祕傳ありたると共に、また八幡大神靈顯の根本勝地たる馬城山中に於いてその人に會ひ、禊流の神傳全く愚なる我身に傳はるの喜びあるに至る。是れ我がその愚を顧みず猛然蹶起し、世界に比類なき神代思想、神代行事を鼓吹唱道する所以なりとす。

第二十八章　世界各國の祓と禊

支那に弗滌あり、禊の祭あり。印度に灌頂あり、猶太にバプテスマあり。然れども神子佛子たる入門のしるしとして、水や香水やを頂上にそゝぎ、或ひは川に洗ふの形式存するに過ぎず。日本古代の禊のそれに比しては、その内容固より論ずるに足らず。是れ皆日本古代の祓と禊の分派末流たることは、我が別著「日本神代」の祓禊に就いて知るべきなり。

末　言

一　本篇は祓禊の行事としては、ほんの一端に過ぎざるものとす。例へば重に主觀上の神のみを說き、客觀上の神には說き及ばず。未だ以て祓戶神の全體を說明し及ばざるものとす。而して表裏伊吹、振魂鎭魂、雄健、雄詰等もその形式內容等を仔細に說示するの暇なかりし等の如き卽ち是れなり。

一　世界人類が宇宙萬有の根本大本國體を尋ねつゝあるは、古今を通じて然りとす。獨り宗敎のみならず、哲學科學としても亦然り。たゞその觀察究明の道を異にするが故に尋ね得たるところの根本本體の同じからざるに過ぎず。而もその觀察究明の極地を更に漸漸向上進行しつゝある時は、いづれも同一根本大本體に到着歸結するものとす。宇宙萬有の根本大本體は絕對唯一なり、二また三あるべきものならず。二また三あるべきものとせば、是れ未だ根本大本體とするに足らず。

一　宗敎宗義に於いても亦然り。儒敎、婆羅門敎、佛敎、猶太敎、基督敎、囘々敎、メヂヤ敎等尠からずと雖も、たゞその形式を異にするに過ぎず。究意するところは是れ也。宇宙萬有の根本大本體に同化するにあり。委細は別著大日本世界教宣明書、世界教要義、世界教宣言書、宇宙の根本大本體、世界古今諸學諸教の批判、日本民族宇宙觀、伊吹論、靈魂觀等に就いて會得するところあれ。

一　日本神代の垂示は世界古今の教學に超絶す。而も支那、印度、猶太、希臘、羅馬歐米等に發達したる諸學諸教が、形式のみに走りて自國の形式を放棄し、彼の學祖教祖のみを崇拜して我の神祖を忘却す。是れ殆んど精神上の亡國たらんとす。同胞民族何ぞそれ慨然として猛省するところなきや。

一　道には彼と我との別なし。我にして劣るところあらば是非なし。勝れる彼に喜んで服從すべし。而も勝るところあるの我を以て、劣れるところの彼等に服從するは何ぞ。是れ導くべき天職責任ある身を放棄して、導かるべき位置にあるところの彼等に盲從するに均し。何ぞそれその身を輕んずることの太甚しきや。

一　根本大本體の天御中主太神より照鑑《みそな》はさば、却つて支那人、印度人、猶太人、波斯人、亞剌比亞人、希臘人、羅馬人、歐米人の堅忍奮闘を嘉賞して、日本民族の信仰勇氣なきを如何に憐むべきものよと見そなはしつらむ。豈に恐入るべき次第ならずや。恐入ると共に大いに自警自覺し、世界人類教導の天職責任を全ふせざるべけんや。

一　我等同人は年々極寒中の一七日間、相州相模灘の荒海に於いて祓禊の行事を實行しつゝあり。漸々全國に普及し、世界に普及せんことを期す。獨り海國男子として然るのみならず、山國男兒としても人類一般に實行せざるべからざるものとす。否、支那に弗あり、禊あり、印度に灌頂あり、猶太にバプテスマ、阿剌比亞に砂撒等のある如く、悉く日本神代祓禊の分派末流なりとす。委細は「日本民族の祓禊」に就いて會得せられたし。

大日本最古の神道――禊と神化――　終

第二 建國の精神

第一章　發端

私が、唯今御紹介を蒙りたる川面凡兒と申すものであります。何等の學問なく修養なく經歷なき身は、名詮自稱凡兒と申すので明瞭であります。こゝに同鄕といふ御契を以て今日特に私の爲めに一席の御會合を御催し下され、平常御多忙なる御位置にも拘はらず、かく多數に御出席賜はりたるは、私としては非常に光榮とするところなると共に、こゝに謹みて多大なる御厚情を感謝する次第であります。何等の學問なき修養なき身が、學問あり、修養あり、識見あり、位置あり、御經驗ある御方々に向つて、何も御參考になるまでのことを申し述べ得ることは出來ないのでありまするが、試みに「祖神の垂示」といふ題目の下に於いて聊か拜述するところあるべく、然るべく御批判の上御敎示あらんことを望む次第で、私より講話すると申すのではなく、皆樣の御敎示を願はんが爲めにこの光榮ある壇上に上りたる次第であります。

第二章　目錄

祖神の垂示を述べまするについては、その垂示の餘りに方廣雄大にして、崇高森嚴にして、深厚宏遠にして、幽玄微妙にして、精細緻密にして、愚かなる無學無識の身にては、とても一席位にて述べ盡すことは出來ないものである。今日はほんの目錄を讀み上ぐる位に過ぎず、また目錄としても十百千中の二三を讀み上ぐるのみに過ぎないので、とてもその內容に入りたる詳細なる御話はむつかしきものでありますから、左樣御了承ありたく希望に堪へないのであります。

第三章　天壤無窮の神勅と神籬磐境の神勅との表裏

古に今に日本民族が口を開けば、我が御國體の世界萬邦に冠絕しつゝあることを述べて天壤無窮の御國體を讚美しまつりつゝ、世界萬邦に向つて誇りとなしつゝあるのであります。こゝに御注意を促したいのは、天壤無窮の御國體が世界萬邦に冠絕する以外には、日本民族としては他に誇るべきものがないのでありませうか。日本民族は何故に天壤無窮の御國體を建設し得たのでありませうか。世界萬邦に冠絕する天壤無窮の御國體を建設し得たる日本民族には、他に何等の誇るべきものがないのでありませうか。他に何等の誇るべきものがないとするならば、決して世界に冠絕したる天壤無窮の御國體を建設し得べきものではないと思ひます。天壤無窮の御國體を建設し得る日本民族には、必らずやこれを建設し得るだけのものが存在し居るものと思ふのである。然り種々なる垂示と鍛錬と修養と實行との現はれつゝ、天壤無窮の御國體を建設しつゝあるものにして、漫然と天照大神の御神勅のみを奉體して天壤無窮の御國體を建設し得たるものではありませぬ。天照大神の御神勅たる、その天壤無窮の御神勅は表にして、「天津《あまつ》神籬《ひもろぎ》」と「天津《あまつ》磐境《いはさか》」との御神勅は裏なり。表裏相俟つてその完きをなすものである。然るに世間常に天壤無窮の御神勅をいふものは多しと雖も、神籬、磐境の御神勅をいふものなきは何故でありませう。神籬、磐境は歴代の天皇様が天津神、國津神に感應し給ふところの祭祀の御儀式にして、神人合一の極致ともいふべきものである。卽ち祓と禊と御鎭魂《みたましづめ》との後に御實行遊ばすところの朝儀國典にして、獨り歴代の天皇様のみならず下臣民に至るまでその朝儀國典に則り、祓と禊と鎭魂との行事を以て、更に神人合一の境に達しつゝあらねばならぬのである。上下祓《しやうかはらひ》、禊、鎭魂して神人合一の境に達しつゝありてこそ、始めて天壤無窮の御神勅に應じ、天壤無窮の御國體を建設し居るのであります。この神籬と磐境との御神勅は天壤無窮の御神勅と共に、世界列國に向つて大いに誇りとするに餘りあるものである。是れ實に今日世界列國の宗教哲學科學の極致に到達して居るものにして、古より今に至るまで世界人類は宗教としても哲學としても科學としても解決する事能はざるものは、依然として今なほ東西を通じてその解決に苦しみ居るのである。それは宇宙と萬有との發展する際の狀態の說明と、及びその歸結點でありまするが、この神籬に祭るところの生靈《いくむすびの》神《かみ》、足靈神《たるむすびのかみ》、玉留靈神《たまつめむすびのかみ》は、實に、その世界列國東西古今の宗教者、哲學者、科學者が解決に苦しみつゝあるところのものを、遠き神代の昔に於いて解決せしめ給ひつゝあるところの神様であります。是れ實に漠然たる神話的戯曲的說明で無くして、秩序整然、論理明晰に、哲學的にも解決せしめ、宗敎的にも解決せしめ、科學的にも解決せしめつゝ、綽然たる餘地を存し居るのである。今日は時間無きを以て、たゞその然る所以のものが存在し居ることの一端を述べ置くに過ぎないのであります。かくの如く天壤無窮の御神勅と神籬、磐境の御神勅との世界列國に冠絶するものあるが如く、この他なほ世界列國に冠絶するところの系統が多々益々多いのであります。

第四章　神代の世界的活動と奈良朝以後の島國的蟄伏

或ひは云ふ、日本に天壤無窮の御國體を建設し得たのは、四面海を環らし居るところの島國であるから、隣國との交渉なき結果であると。然れば島國は獨り日本のみでない。比律賓や布哇や爪哇や英國などは何故に天壤無窮の御國體を建設することが出來ないのであるか。是れ決して左樣な理ではない、別に淵源する所のものがあるからである。抑も島國とは儒佛渡來以後に於ける現象にして、神代より奈良朝以前に及ぶ迄は決して島國に蟄伏し居りたるものでない。特に神代に於ける八百萬神は、駒爪の至り留る限り、船の艫《へ》の至り留る極み、白雲の降居《をりゐ》向伏《むかふ》す限り、青雲の棚引く極み、世界を股に、天翔り國驅りたるものである。奈良朝以前迄は高麗三韓を征服し、我に朝貢せしめつゝあつたのである。島國とは儒佛渡來以後に於いて支那思想の逸樂風流主義と印度思想の厭世主義とに感染し、内に安んじ、外に出づることを厭ひたる結果に過ぎない。日本民族の國民性としては內外を吞吐統一する大氣魄を有し居りたるものであります。かくの如く世界に類なき天壤無窮の御神勅と神籬、磐境の御神勅とを有して、世界を股に天翔り國驅りつゝありたるところの日本民族は、たゞそれのみにして、他の民族の如く宇宙觀とか天地觀とか世界觀とか原人觀とか人身觀とか處世觀とかいふものは無かつた民族でありませうか。特に宇宙萬有の根本大本體に對する信仰も教もなかつたものでありませうか。萬一にもそれ等の諸系統を有せざる民族としたならば、誠に以て淺薄無智の民族である。それが如何にして世界萬邦に冠絶する御國體を建設することが出來ませうぞや。世に宇宙觀、天地觀、世界觀、原人觀、人身觀、處世觀等なき民族は決して發達向上すべきものでない。言ひ換ふれば系統ある國民性を有せず、系統ある宗教哲學科學を有せざる國民は決してその子孫の發達し向上し得べきものではない。世界に冠絶する天壤無窮の國體を建設し、世界に比類なき神人合一の修養、鍛錬を有するところの日本民族は斷じて左様なる淺薄無智のものではありません。

第五章　日本民族性、國民性と宇宙觀、天地觀、世界觀、原人觀、靈魂觀、處世觀

宗教系統として論ずれば一大宗教系統を有し、哲學系統として論ずれば一大哲學系統を有し、科學系統としても、その必要に迫る毎に一大活氣を以て發現し、更に發現しつゝあるのである。その宇宙

観、天地観、世界観、原人観、霊魂観、人身観、處世観等は、大いに世界列國東西古今に冠絶するところのものあつて、大いに誇りとするに足るものである。かくの如き世に誇るべき宇宙観、天地観、世界観、原人観、霊魂観、人身観、處世観、國家観等を有し居るの民族なるが故に、世界列國に冠絶する天壌無窮の御國體を建設しつゝあると共に、世界のありとあらゆる宗教哲學科學を輸入吸收しても、それに食傷して毒殺せらるゝことなく、古に今に悉く我に淘汰し、我に感化し、我に同化し、その短を捨てその長を採りて日本化しつゝある所以であります。若し我にそれだけの素質と修養とのなかりせば、我は他の輸入物たる宗教哲學科學に、悉く食傷毒殺せらるゝの餘儀なき危地に陥るのである。草木にしても、その素質その細胞組織が虚弱であるならば、肥料を吸收する爲めに却つて枯木となり、枯草となるので、その幹枝の素質强壯にして細胞組織の精密なるものは、多くの肥料を受くれば受くる程、その肥料を我に吸收し、我に同化し、層々發達しつゝ天を摩するにも至るのである。日本民族は三韓、支那、印度より輸入せらるゝものに打ち勝ちて我に感化し、歐米各國より輸入し來るものに打勝ちて我に淘汰し、我に感化し、巍然として靑空を摩しつゝあるものは、他なし、開闢以來一貫したる一大信仰一大系統を有し居るからである。日本民族の國民性としては神代の古よりして内外の別なく、世界を我が物と心得居るのである。外を排する支那印度民族の如き固陋なく、内をのみ自負誇大する猶太民族、亞細亞民族の如く狹隘なるものあることなし。要はたゞ内外相通じ長短相補ひ、世界を一とすべく統一すべく實行しつゝあるのである。時には民族それ自身が世界統一といふ事を忘却したる時代ありとするも、祖神の垂示としては正しく世界統一、人類平和といふ事に存在し居るのである。故に日本民族の內底に於ける自性としては、知らず識らずの間にも、その垂示その教訓が發揮せられ實行せられつゝあるのである。喜んで儒教を容るゝと雖も、湯武革命の說は、斷じてこれを容れず、我の國民性に反し、祖神の垂示に反するからである。喜んで佛教も容れたれども小乘寂滅の理は斷じてこれを容れず、我が國民性に反し、祖神の垂示に戾るからである。喜んで歐米諸子、百家の說をも容れ、自由民權說も迎へたなれども、國約憲法は斷じてこれを容れず、我の國民性に反し、祖神の垂示に悖るからである。儒教も日本化して水戶學となり、山陽の勤王論となり、山鹿素行の中朝事實となり、山崎闇齋の垂加說となりしが如く、佛教も我に同化して日本的大乘佛教となり、寶祚無窮、國家鎭護の佛教となり、王法一體、王法冥合の佛教となり、八家九宗幾十百派となりしが如く、憲法も我に同化して欽定憲法となり、その他醫學、醫術、軍學、戰術を始めとして、一般の宗教哲學科學も全然日本化し、皇室中心化し、等しく皆我としての大日本國民性を發揮實現しつゝ有らざるものは無いのである。日本國民性としては一時は他の說にかぶれ、他の學に感染し我を忘れたる歸化民の如くになりつゝあるものありとするも、これたゞ一時の氣壓、一時の氣流に過ぎない。その終極するところは直ちに日本全體の國民性が現はれて、その歸化說を打擊し懲罰し復活せしめて、巍然たる眞面目を發揮し、烈然たる國民性を顯彰するに至ること恰も高光る天つ日の照り出でつゝ、總べての氣流、氣壓、颱風、淫雨を一拭するが如きものである。是れ全く日本民族の血管には一種云ふ可からざる祖神の垂示の神血が神流れに流れつゝ、民族性國民性を組織し居るからであります。然ればその國民性に遺傳しつゝあるところの宗教系統、哲學系統、科學系統とは如何なるものぞ。先づその宇宙觀、天地觀、世界觀、原人觀、國家觀、家庭觀、個人觀、靈魂觀、處世觀とは如何なるものぞといへば、左に陳ぶるところの如きものであります。

第六章　我と彼とはその究明を異にすること

こゝにその祖神の垂示を述べまする前に御注意を願うて置かねばならぬものがある。

(一)觀　門。(二)有形無形。(三)靈　魂。

(四)人類萬有、天地宇宙、同根一體、靈魂神の結晶體なること。

(五)一音一義、一音多義、一音萬義なること。

(六)一靈《ひ》萬靈《ひ》を現はし、萬靈一靈に歸す。一魂萬魂を現はし、萬魂一魂に具すること。一神萬神を現はし、萬神一神に具すること。

(七)天御中主太神を始め八百萬神は、その一神毎に一切經律論、百千のバイブル、百千の哲學、百千の宗教々義、百千の科學を有し居ること。言論にて傳へず、言靈《ことたま》にて實行上より傳へたること。故に書籍少きもその實質多きこと。世界列國百千萬の敎典聖書は悉く一身に歸納せしむるにあり。主とするところは經典聖書でない。祖神は實に一身に具足したる實踐躬行を以て垂示せられたるものなること。

といふが如く、他の國のとはその究明法を異にして居るのであります。

(一)觀門としては主觀的自己と客觀的宇宙萬有とに對する觀察法に於いて、我と彼の世界列國のとは同じからざるものがある。世界列國の觀察法は古今を通じて宗敎に於いても、哲學に於いても、科學に於いても、これを要するに主觀と客觀と超絕觀との三觀あるに過ぎず、印度の如きも、假觀、空觀、中觀との三觀あるに過ぎず、而してそのいづれも皆古今を通じ、人間を本位として人間の主觀客觀超絕觀たるに過ぎず、人間としての假觀、空觀、中觀たるに過ぎず。人間以外には主觀客觀超絕觀なきの結果に陷り、人間以外には假觀、空觀、中觀なきの結果に陷り居るのである。然るに祖神の垂示としては主觀あり、客觀あり、超絕觀あると共に、「主觀の中に客觀」あり、甲自から主觀しつゝありと雖も、同時に第三者たる乙に客觀せられつゝあるのである。是れ主觀中に客觀を有するものとなる。「客觀中に主觀」あり、甲は乙を客觀しつゝありと雖も、同時に乙自からは主觀しつゝあるのである。是れ客觀中に主觀を有するものである。而して超絕觀の中にも大主觀的超絕ありて大主觀にのみ陷り、大客觀中にも超絶ありて大客觀にのみ陷ることあり、これ大主觀的超絶觀、大客觀的超絶觀ある所以にして、その大主觀的超絶觀の中にも大客觀的超絶觀を有し、大客觀的超絶觀中にも大主觀的超絶觀を有し居るのである。その半面に大客觀的超絶なくば大主觀的超絶觀も起らざると共に、その半面に大主觀的超絶を認めざれば大客觀的超絶觀も起らないのである。而して表觀あり、裏觀あり、中心觀あり、分派觀あり、本末觀あり、根本觀あり、相互觀等あり。而して人類のみ獨りかくの如き觀門を有するのみならず、萬有相互に主觀あり、客觀あり、分々個々それ相應にかくの如き觀門を有し居るものである。かくの如き意味に於いて委細に說明するときは少くとも百八の觀門が現はれ來るのである。宇宙萬有の本末表裏內外經緯の狀態は人間本位の主觀客觀のみにで、その自性自體を究明會得せらるべきものでない。たとへば人間が客觀して空氣と爲すも、空氣それ自身は分々微々のそれ自身に主觀して相互に自性を認め、自我を現はしつゝあるのである。たとへば生菌の如き、蟲菌の如き、善菌、害菌の如きそれである。人間の客觀したる如き空氣でなく、元素でなく、分子、電子ではないのであります。これを要するに世界列國のは、人間本位の主觀客觀にして、人間の主觀客觀にして、祖神の垂示は人類萬有相互の主觀客觀にして、人類萬有分々各自の主觀客觀にして、その觀門は三觀位ではない。人類萬有相互に百千萬觀を有して居るので、人間のみとしても單に三觀位に止まり居るものではありません。

(二)世界列國は古今東西とも有形無形に制せられ、有形無形に捉はれつゝ、自己と宇宙萬有とを究明しつゝあるのである。然るに祖神の垂示は有形無形とは五官を標準とし、五官を分水嶺としての差別たるに過ぎず、その實、有形無形の區別あるのではない、世界列國は五官に上るものを以て有形とし、五官に上らざるものを以て無形と爲せども、五官に上るところの有形的物質も肉體も時々刻々分泌分散して無形のものとなりつゝあるのである。無形的瓦斯體も漸々次第に凝結しつゝ流體となり液體となり個形體となりつゝあるのである。肉眼に見えないからとて電流は無形ではない。質あり體あるものである。目に見えないからとて空氣は無形のものでない。實質實體あるものである。全然無形なるものは人類の意識に上るものではない。全然無形なりと云ふのは空間を想像するより外に道がない。然るに空間は無形のものでなく、質あり體あるものである。全然無形と云ふものは無い。全然無いのであるから意識に上らない。意識に上らないのは、取りも直さず無形と云ふものは全然無きものである、と云ふ事が會得せらるゝでありませう。それ已に無形がなければ有形と云ふこともない。夫なき女は妻と云ふこと能はず、妻なき男は夫なりと云ふこと能はないのと同樣である。有形無形とは五官を標準としたる分水嶺にして、五官に上るものを有形とし、五官に上らざるものを無形とするに過ぎない。その實、有形でもなく無形でもなき實質實體の實在存在して、より微妙極少なる實質實體の實在して、そのより微妙極少なる實在が凝結集合して、その凝結集合體の粗大にして五官に現はるるものを以て有形となし、その集合結晶體の極少なるものは五官に上らざるが故に無形と為すに過ぎない。絶對に無形と云ひ有形と云ふものは無いのである。其の有形にもあらず、無形にもあらざるものが人間の五官に相應しては有形ともなり、無形ともなるところの實質實在は、抑も是れ何ものでありませうか。世界列國の辭書にはその名稱とその實體とは現はれて居らないかと存じます。然るに世界の辭書に現はれざるところの有形でもなく無形でもなく、五官を標準とすれば有形ともなり、無形ともなるところの實質實體が、獨り祖神の垂示には現はれ居るのである。然れば祖神は垂示して、その實質實體を如何に名稱せられ居るかと云ふに、靈《みたま》と名稱せられあるのである。而してその靈として實體を御示しになり居るのである。この靈といふ實質實體をば、音韻の轉通にて「ヒ」とも「ミ」とも、「チ」とも「マ」とも、「ヌ」とも「シ」とも、「ニ」とも「ト」とも、「ヘ」とも「ギ」とも「モ」とも云ふのである。いづれも皆靈《みたま》と云ふ意味にして、その靈には實質實體を有し居るものとして垂示せられ、また實現實行もせられあるのである。

(三)靈魂としては、世界列國共にいづれも無形なる精神として有形なる物質と區別しつゝ有るのである。物質論者としても無形なる精神を認め、唯神論者としても有形なる物質を認めつゝあるのである。物心二元論者が心と物とを調和統一せしむること能はざるのみならず、唯物的一元論者も唯心的一元論者も等しく共に心と物とを同化して不二一體たらしむること能はないのである。言ひ換ふれば心と物との別々に實在するものと思ひ居るにあらねば、心より出でたる結果としての物質と、物質より現はれたる結果としての心とを同化することが出來ないのである。いづれも皆精神と物質とに捉はれ居るのである。精神と物質とはその内容その外觀を異にして居るものである。精神は無形にして、物質は有形のものと眺め居るのである。そのいづれも皆精神と物質とに捉はれつゝ、精神と物質との同性同體にして唯一不二のものであると云ふことを自覺したりとするも、これを證明することが出來ないのである。然るに祖神の垂示は物質と精神との二個あるものでなく、なほ有形と無形との區別なきが如く、精神と物質との區別もないのである。精神とはより微妙なる實質實體にして、その實質實體の漸々集合しつゝ輪廓の膨張廣大するを以て物質とするに過ぎない。言ひ換ふれば、主觀すれば靈魂なり、精神なり、客觀すれば肉體なり、物質なり、人間より客觀して物質と爲すところの物質それ自身主觀して自性を認め、自我を現はしつゝあるのである。人類萬有は靈魂の集合結晶體である。而も第三者より客觀せらるれば物質となり居るのである。故に自から主觀すれば靈魂を認め、自性自我を現はし、他に客觀せらるれば物質となり、肉體となりつゝ有るのである。極少微細なる靈《み》が淳りに溜りて集合したる結晶體を魂《たま》と云ふのである。靈の淳りに溜りたるものが魂となるものなるが故に靈魂とは云ふ。靈とは平等にして、魂とは差別である。靈は宇宙萬有を通じて平等一體にして、また普遍性なれども、魂は差別にして個性たるのである。それは靈の淳りに溜る上に於いて大小長短、精粗厚薄の差別があるからであります。要するに祖神の垂示としては、靈魂とは主觀的名稱で、物質とは客觀的名稱で、主觀的靈魂も客觀せらるれば物質となる。客觀的物質もそれ自身に主觀しては自性を現はし自我を現はすところの靈魂である。物質とは靈魂のより以上に集合したる結果にして、靈魂とは物質の分散して極少微細なるものとなりつゝあるところの實質實體である。祖神の垂示としては靈魂と肉體とは同一不二のものである。主觀的に靈魂となり、客觀的に物質となるに過ぎず、客觀的に物質となり、主觀的に精神となるのに過ぎないので、等しく皆不二一體の實質實體である。實質實體の靈である。魂である。言ひ換ふれば祖神垂示の靈を以て心となし、精神となし、魂を以て肉體となし、物質となし居るのが世界列國古今東西の說明である。かゝる意味に於いて、祖神垂示の靈魂とは世界列國の靈魂といふ意義とその內容實質を異にし居るのであります。

（四）祖神の垂示としては、宇宙萬有、天地人類は同根一體にして、靈と魂と神との結晶體表彰體となり居ると共に、その天職責任も相互に連帶して各自同根一體的應分の職責を相互に盡くさねばならぬといふことである。靈として、魂として、神として、靈魂としての神として顯幽表裏を一貫しつゝ、その靈魂を發揮しつゝ神たるの神德神功を發揮せねばならぬといふことになり居るのである。裏觀すれば靈、表觀すれば魂、表裏合觀すれば神である。宇宙萬有天地人類は悉く皆靈である、魂である神である。

（五）祖神の垂示としては、「敷島の大和の國は言靈の幸はふ國ぞ眞幸ありこそ」とある如く、言葉は靈である、魂である、神であるといふ説明のみに止まらず、善き事も一言、禍事《まがこと》も一言、我は葛城《かつらぎ》の一言主神《ひとことぬしのかみ》としてその實質實體を顯はし給うて、一言と雖も忽せにすべからざることを戒しめ給ひあるのである。言靈の國は嚴肅に音義を尊重したるものにして、神代史を解釋する時は必ずや一音一義、一音多義、一音萬義と云ふことと、五十音韻轉通の活動と、宇宙萬有天地人類の一分々のその一分は、相互に他の百千萬の分々を具足し、天地宇宙の全體を具足し居るといふことを承知し置かねばならぬのであります。

（六）祖神の垂示としては一靈《ひとたま》相互に萬靈を顯はし、萬靈相互に一靈に歸し、一魂相互に萬魂を顯はし、萬魂相互に一魂に歸し、一神相互に萬神を顯はし、萬神相互に一神に歸しつゝあるといふことを記憶し置かねばならぬのであります。

（七）祖神の垂示は言擧せぬ國として實行を重んじたものである。言葉多き教訓を以て教化するよりも、言葉少なき實行を以て感化することを期したものである。故にその實行には不言の言葉顯はれあると共に、その言葉も亦、實行の表彰として實質を顯はし居るのである。教典、聖書等の無きが如きも、その實、一靈、一魂、一神を解釋しまつれば直ちに百千萬卷の教典顯はれ、聖書が出で來るのである。況してや萬靈萬魂萬神の名と實とに依りてこれを解釋しまつれば、百千萬億無限無數の四書五經も、一切敎律論も、新舊聖書も、コーランも、ウパニシヤットも、吠陀《ヴエーダ》も出て來るのであります。彼等は百千萬言を以て一の善人を作らんとし、我のは一人の善人より百千萬の善言、善行、善德、善動の羣善人の顯はれ來るのを期するのであるといふことを承知し置かねばならぬのであります。

以上第一より第七までの委細に就いてその典故を例證せんとすれば非常なる時間を要しますから、こゝには止むなく省略する所以であります。

第七章　唯一不二の根本大本體と世界列國の言語名稱解釋

これより宇宙根本に對する我と彼との比較を述べんと思ひます。世界人類は東西古今の別なく、何れの民族も宇宙根本に對する研究をなして居る。特に世界に於ける舊き國程その信仰が盛にして、その名稱もその解釋も各自相應に是を領有して居る。世界最古の國といへば支那である。印度である。波斯である。猶太である。巴比倫である。希臘である。埃及等である。支那民族の如きは宇宙萬有の發顯する根本を研究して大極といひ、上天といひ、上帝といふ。玄々皇帝ともいひ、また造物主ともいふ。而してその名稱に相應したる各自の解釋を與へてこれを信仰しつゝあるのである。印度民族は宇宙萬有の發源する根本を研究して梵天《ブルハン》といひ、波羅麻《ブラマ》といひ、佛陀《ブツダ》といひ、阿賴耶《アラヤ》といひ、眞如《アリヤ》といひ、水といひ、金といひ、火といひ、或は地水火風空といふ。而してその名稱と共に各自相應なる解釋を以てこれを信仰しつゝあるのである。波斯民族はゴタといひ、猶太民族はエホバといひ、亞刺比亞民族はイーラといひ、巴比倫民族はアーラといひ、希臘民族はゼウスといひ、水といひ、火といひ、風といひ、空といひ、無定限《アペイロン》といひ、埃及民族はフアラオーといひ、而して各自皆その名稱に相應したる解釋を以てこれを信仰しつゝあるのである。昔時は雲煙漠々、山河懸隔して各自其の一區域に割據し居りたるが故に、たゞ我あるを知るのみ、他あるを知らず。我の言語文字の現はすところの名稱を以て眞の神とし、眞の佛とし、他の名稱言語するところの神や佛を以て惡魔、外道としたるものである。然るに今日は相互に交通自在にして世界殆んど一國たり。その異なるところのものは言語名稱と解釋とに過ぎないのである。地上の名稱はかくの如く多しと雖も、天上の根本は唯一なり、宇宙根本には二個二體あることなし。二體若しくは三體ありとせば、是れ未だ根本本體とするに足らず。宇宙の根本は唯一不二なり。絶對無比なり。各國民族は皆その唯一不二絶對無比の宇宙根本を意味して言語名稱しつゝあるものなれば、何れも是れ眞の神なり。眞の佛なり。邪神魔佛といふものあることなし。何れも正しき敎なり。正しき道なり。邪道魔法といふものはない。たゞ各自の風土、氣候、歷史、習慣に相應して起り來りたるものなるが故に、その言語名稱を異にし、その解釋形式等を異にするに過ぎない迄である。要するに同一の根本大本體を八方より觀察して、これを名稱し解釋し信仰し實行しつゝあるに過ぎない。今日よりこれを對照歷觀して比較究明すれば、その間自から大小、長短、深淺、厚薄、高卑廣狹等が現はれ來るのである。今日は時間なければ、その比較論證はここに省略するの餘儀なき次第であります。

第八章　宇宙根本信念と國家統一と民族の興廢

この處に於いて特に御注意を仰ぎたきは、宇宙萬有の發源する根本觀念は、個人としても、家族としても國民としても、民族としても、人類としてもこれを忽せにすることが出來ぬのである。その宇宙萬有に對する根本的觀念、根本的信仰の如何は、直ちに個人として、家族として、國民として、民族として人類としての生活狀態と統一的活動とに及ぼすの影響が甚大にして、行住坐臥の日常にまで非常なる密接の關係を有し居ると云ふことであります。

例へば支那民族の如き、印度民族の如き、希臘民族の如きは、その根本觀念根本信仰が分裂し居るのである。支那の如き大極といふかと思へば上天といひ、更に上帝といひ、若しくは造物主といひ、玄々皇帝といひ、或ひは理といひ、氣といひ、理中有氣といひ、氣中有理といひ、未だ嘗て一定したる根本觀念、根本信仰がない。故にその民族は昔より今に至るまで確固不動なる國民統一の實を擧ぐることが出來ないのである。印度にせよ希臘にせよ、その名稱その解釋が支那民族よりもより以上に種々樣々なる名稱を立て解釋を下し、根本的信仰觀念が四分五裂し居るのである。故に印度民族も希朧民族も未だ嘗て一定したる根本的信仰觀念なく、昔より今に至るまで確固不動なる國民統一の實を擧ぐること能はないのは怪しむに足らない。猶太民族の如きは獨一の神あり。獨一の根本あり。その根本的信仰觀念は堅固なりと雖も、惜しい哉、幹ありて枝葉なし。八百萬神なし。故にその獨一の神は嫉妬の神となり、狹隘にして他を寬容する雅量なし。故に孤獨となり、また自からをも保存すること能はざるが如き危地に陷るのである。獨一の神は嫉妬の神にして、自己のみの威嚴を保ち、他を壓伏し、他を奴隷視せざれば滿足すること能はざるを以て、他もまたこれに反抗し、これを打擊し、孤獨ならしめざれば止まないものである。一時歐洲を蹂躪し、歐洲に君臨してその權威を擅にしたる羅馬法王朝の滅亡し、今日僅かに孤獨寂寥の命脈を保ちつゝあるのは正しくそれである。猶太民族が昔より今に至る迄獨立の國家を建設すること能はないのは、正しくその證明である。幹の神あれども枝葉の神がないからである、根本獨一の神あれども枝葉たるべき八百萬神がないからである。根本的信仰觀念の如何は國民統一の上に及ぼす影響の甚大なることかくの如きものありて存するのである。波斯といひ、巴比倫といひ、埃及といひ、たゞその歷史の異なる迄にして、同一なる結論に到達するのでありますが、その詳細は時間なき爲めに省略するの餘儀なき次第であります。

第九章　日本民族の宇宙萬有觀

大日本民族の宇宙的根本としては、唯一不二絶對無比の天御中主太神あり、宇宙根本を意味表彰するには唯一不二の天御中主太神あるのみにして、別に何等の名稱も解釋もないのである。宇宙の根本は唯一不二なるが故に、その唯一不二の根本を意味表彰するところの名稱、實體も亦唯一不二で無くてはならぬのである。而して宇宙根本としての天御中主太神あるばかりでなく、これに伴ふところの八百萬神がある。言ひ換ふれば幹と枝葉と相俟つて、宇宙萬有を統一しつゝあることを示し居るのである。この宇宙的根本信仰、根本觀念が現はれて君民合一したる天壤無窮の御國體となり居りつゝ、昔に今に世界萬邦の文物制度を我に容れ、我に同化し、更にそれを統一主宰しつゝあるのである。日本民族としては世界を以て我の世界となし、宇宙を以て我の宇宙となし、その間に彼我の觀念あることなし。故に常に喜んで世界萬邦の長を採りつゝ我に同化すると同時に、短なる者はたとひ我の物なりと雖も、直ちにこれを撃退して顧みない。その間嚴かに本末の關係を明かにし、中心と分派との關係を明かにし、而して中心的根本的自我自性の實在を滅却せしむることは無い。これ正しく宇宙的中心根本としての天御中主太神と、分派的末梢の八百萬神との關係的信仰が發顯して然るのである。されば日本民族が根本信仰の實質實體たる天御中主太神とは如何なる意味でありませうか。

第十章　天御中主太神と空間　對象、宇宙

古事記に、「天地初發之時《あめつちはじめのとき》。於高天原成神名《おいてたかまのはらになりませるかみのみなは》。天御中主神《あまのみなかぬしのかみ》。次高御産巣日神《つぎにたかみむすひのかみ》。次神産巣日神《かむみむすひのかみ》」とあり。是れ三位一體である。これを支那民族の大極と陰と陽との三位一體、印度民族の法身、報身、應身の三位一體、阿彌陀佛、觀世音菩薩、勢主菩薩の三位一體、南無妙法蓮華經、多寶佛、釋迦牟尼佛の三位一體、プラトンの世界精神と觀念と物質との三位一體、アリストテレースの本質的形式と質料と叡智的神としての三位一體、スピノーザの神とその二屬性たる精神、物質の三位一體、耶蘇教の神と聖靈と神の子たる基督との三位一體、今日哲學論として優勢の位置を占むるところの本體的實在と心現象、物現象の三位一體、若しくはエマーソン等の三位一體論等に比較して辯證すれば、その何れが最も完全なるものであるかゞ判然すべき次第でありますが、遺憾ながら今日は餘裕なければ省略致します。たゞこゝに天御中主神といふ千萬分の一分の意味を述べますれば、「ア」といふ音は開いて閉づる開闔の象なると共に抱括するの意味を表彰して居るのである。哲學上に所謂驚歎と云ふ意味は取りも直さずこの「ア」といふ音である。人間本位より宇宙を俯仰して驚き歎じたる音である。「ア」といふ一音に宇宙を抱括して現はしたるものである。人間が苦樂の極致に達すれば、覺えず知らず「ア」といふ音を發して驚嘆しつゝその苦を抱括表彰し、その樂を抱括表彰するのである。ア苦しい、ア悲しい、というて先づ「ア」の音にその苦を抱括し、ア嬉しい、ア樂しい、というて「ア」の音にその樂しみを抱括しつゝ驚嘆するのである。何故に苦しいか、何故に樂しいかを聞けば、か樣な次第で苦しい、か様な次第で樂しいとその委細を説明するのは、「ア」といふ音を發したる後であります。最も樂しい、最も苦しい時にはまた苦しいといふ言葉をも發し得ない。樂しいといふ言葉も發し得ない。單に「ア」といふばかりであります。恰もそれと等しく、このところの「ア」とは宇宙を抱括表彰して驚嘆したる音である。言靈《ことだま》である。「ア」といふ音は母音中の母音としての祖音となり居るところの言靈である。これについては祖神垂示の言靈學を申し上げねばならないのであるが、今日はその餘裕なきを遺憾とするのであります。各國共に「ア」といふ音は大切に使用し居るのである。阿彌陀如來の「ア」、阿閦如來《あしゆくにょらい》の「ア」、阿吽《あうん》の「ア」、阿字本不生の「ア」、アーメンの「ア」、阿爺《あや》、阿母《あほ》の「ア」、アルサメンの「ア」等にして、各國皆歎稱尊稱等の意味に應用し來るのである。それが後世に及びてはまた卑近なる歎稱辭ともなりつゝあるのであります。「マ」といふ音は「ミタマ」といふ意味にして空間と對象とを現はし居るところの「ミタマ」を表彰したる言靈である。「ミ」とは「ミタマ」にして、身にして、荒身魂としての肉體的形體を意味表彰し居るところの言靈である。「ヌ」とは等しく「ヌ」といふ「ミタマ」にして、今日の術語で言へば精神である。意識である。祖神は垂示しては和身《にぎみ》魂《たま》といふ。故に「ヌ」とは精神的意識を意味表彰したる言靈である。「シ」とは「シ」といふ「ミタマ」にして、精神の中の精神、意識中の意識である。今日の術語で言へば潛在意識である。祖神の垂示としては直靈《なほひ》といふのである。然れども祖神の和身魂といひ、直靈といふのは無形のものでなく、實質實體あると共に何れも主觀的、機官機能を有し居るものであります。人間の性格は形體と意識と意識中の意識とを以て組織統一したる實質實體を有し居ると共に、その周圍輪廓には空間あり、天地、日月、星辰、山河、草木、禽獸、蟲魚、雲煙、風雨等の對象があるのである。而して、意識の意識は意識を制し、意識は肉體を制し、心肉一致的に同化したる活動を以て客觀的空間と對象とを制せんとしつゝあるのは、因つて淵源するところがあるからである。「カミ」とは「カミ」、「カム」の意にして、制御主宰の意味である。恰も食物を口中に嚙み嚙んで制御主宰するの意味より起りたる言靈である。甲、乙を嚙まんとすれば、乙また甲を嚙む。兩々鬪うて止まざれば、兩虎共に仆れてその自性を傷害し、自我を完うすることは出來ない。故に「カキクケコ」の轉で「カミ」「カム」は「クミ」「クム」となる。「クミ」「クム」とは組織統一の意味である。交讓、調和、同化の意味である。相互に嚙み嚙まれつ組み組まれつ相互に犧牲となり、貢獻者となり、相互の幸福を增進すべき意味にして、祖神の垂示に於ける相互の幸福とは、嚙み嚙まれ、組み組まれたるところの意味より起り來りて居るのである。而して「カ」は影、霞、陰《かく》るゝの「カ」にして幽を意味したるの言靈なると同時に、「ミ」は見る、身、實の「ミ」にして顯を意味したる言靈である。或ひは身の實にして、內容に於ける裏面に於ける中心を意味したる言靈である。神を數へまつるに一柱の神、二柱の神と申しまつるのは、柱は大小長短相互に嚙み嚙まれ、組み組まれて相互の分に應じつゝ相互に組織統一し、制御主宰しつゝ自己應分の自性を現はし、自我を現はし、その神功、神徳を完うしつゝあるのに比喩した言靈である。神は顯幽二途に現はれ、顯幽二途を出入しつゝあると共に、肉體としての荒身魂も、神は神なれども單に肉體としての荒身魂より云ふ時は、その肉體としての荒身魂の中に潜在し居るところの意識的和身魂や直靈《なほひ》を意味して神といふのである。意識的和身魂、潜在意識的直靈《なほひ》は荒身魂としての肉體よりもより以上の奇妙なる働きがあるのであります。されば天御中主神についての「ア」とは人間より宇宙を望んで「ア、」と驚嘆したのである。さてその驚嘆したるところの「ア」とは何であるか。「マ」である。「マ」といふ圓き「ミタマ」である。その圓き「ミタマ」の中を眺むれば、「ミ」といふ「ミタマ」が含まれて居る。その「ミ」といふ「ミタマ」は「ナギ」調和して透明に赫灼と輝き渡つて居る。その調和、同化、透明赫灼たる中心には「ヌ」といふ「ミタマ」が灼きつゝあると共に、その「ヌ」といふ「ミタマ」を熟々と眺め奉れば、更に「シ」といふ「ミタマ」が實在して統一主宰の大主體となりましつゝ、總べての「ミタマ」を呑吐制御、統一主宰ましくつゝあるところの神であるといふ意味であります。それで天御中主神とは宇宙萬有を呑吐調和制御主宰ましましつゝあるところの大主神であります。されば「マ」といふ「ミタマ」が何故に天御中主神の空間となり、對象となり、宇宙萬有となり居るかといふに、それは大神の稜威が空間となり、對象となり、宇宙萬有となりつゝあるのである。稜威とは靈出づるなり。「ミタマ」の出づるなり。三出《みい》づるなり。生靈《いくむすび》、足靈《たるむすび》、玉留靈《たまつめむすび》の三つの「ミタマ」の出づるのを意味したのであります。神の靈は一二三四五六七八九十百千萬億無限無數に連續しつゝ、分泌分派、分出分流しつゝあるのである。等しく皆生靈《いくむすび》として出でつゝあるが中にも、その一境遇の轉換と共に、相互に中心點となりて十百千萬を吸收しつゝ足靈《たるむすび》を組織し、相互に吸收せられつゝ分派的足靈を組織し、その分派的足靈中に留まりて主宰統一者たるものが玉留靈《たまつめむすび》となるのであります。その形體その組織に大小厚薄等の差別こそあれ、宇宙萬有は悉く生靈、足靈、玉留靈より組織成立し居るのである。始めの吸收者がその部分々々に於ける主宰者となり、玉留靈となるのであります。この生靈、足靈、玉留靈は生靈神《いくむすびのかみ》、足靈神《たるむすびのかみ》、玉留靈《たまつめむすびの》神《かみ》として宇宙萬有と天御中主神との間に於ける媒介の神にして、宇宙萬有の本體神となり居るのである。天御中主太神より轉々層々と分派分泌分出分流するところの百千萬億無限無數の三靈神《みむすびのかみ》は相互に主觀客觀し、相互に實在となり、空間となり、相互に對象となり、宇宙萬有となりつゝあるのであります。宇宙萬有の內底にはこの三靈神が潛在してその根本本體をなしつゝあるので、非常に尊重すべき神にてましますのである。歷代の天皇が、御鎭魂祭に祭らせらるゝところの神はこの三神であります。また天壤無窮の神勅と共に傳はり居るところの天津神籬、天津磐境に祀りあるところの神も、またこの三神である。世界の東西古今を通じてその宗教その哲學に於いて宇宙萬有の發展と活動と歸結とを明瞭に說明すること能はないのはこの三神がないからである。宇宙萬有同一なる自性本能を有し居ることを證明すること能はないのも、この三神なきに由る。この三神は宗教、哲學、科學に於いて解決すること能はざるところの大疑問を解決せしむるに餘りあるところの神にてましますのであります。而して、天壤無窮の御神勅は表にして、天津神籬、天津磐境の御神勅は裏である、表裡相俟つてその完きをなすものであることも、この三神に依りて證明せらるゝのである。裏を知らざれば表を知ること徹底せず。世多くは天壤無窮の御神勅あるを知りて神籬磐境の御神勅あるを知らず、これ決して祖神垂示の完きを會得し得たものではないかと存じます。これ等の點についても今日その委細を說明するの餘地なきを以て、たゞその目標のみを列擧し置く次第であります。

第十一章　稜威と高皇產靈神、神皇產靈神、宇宙萬有の發顯活動、創造完結

稜威《みいづ》とは靈《み》出《い》づるなり。「ミタマ」の出づるなり。生靈《いくむすび》、足靈《たるむすび》、玉留靈《たまつめむすび》の三つの靈《みたま》の出づるを意味するのであることは既に說明した通りでありまするが、これは人間本位より神を客觀して仰ぎ奉りたる上の言靈である、名稱である、なほ光といふが如し。「ヒカリ」とは「ヒカケル」なり。「ケ」を省けば「ヒカル」となり、また「カ」を省けば「ヒル」となる。「ル」を省けば「ヒ」となる。「ヒカリ」のヒは「イキシチニヒミイリヰ」の通にて、祖神垂示の言靈にては「ミタマ」の事を「ヒ」とも「ミ」

とも「ニ」とも「チ」とも「シ」ともいふのである。また「ナニヌネノ」、「ハヒフヘホ」、「マミムメモ」の縦列にて、「ミタマ」のことを「ヌ」とも「ネ」とも、「ヘ」とも「ホ」とも、「マ」とも「メ」とも「モ」ともいふのであります。等しく皆「ミタマ」を意味した言靈である。それで「ヒカリ」とは天照す日の神の「ミタマ」の分泌分派して驅けり來りつゝあるのを意味表彰したる言靈である。天《すめら》皇《みこと》の稜威とは天皇の伊吹《いぶき》が光り輝きて出づるところの威嚴を形容したもので、天皇の「ミタマ」が息氣となりて分泌分出するところを客觀して名稱したのである。客觀すればこそ稜威である。光りである。稜威それ自身が主觀し、光夫れ自身が主觀する時は、人間より客觀したるが如き稜威でない、光でもない、それ相應に自性を現はし、自我を認めつゝあるのである。人間も客觀せらるれば等しく神の稜威の一部分である。光の一部分である。一町、十町、三里、五里と隔たりつゝ遠方に客觀せらるれば、百千萬人の人間も樹木の如く見え、黒豆の如く見え、雲煙の如く眺めらるゝのである。然れども人間は黒豆ではない。雲煙ではない。各自主觀しつゝ、自性を認め、自我を現はし、人間たる性格を發揮しつゝあるのである。恰もそれの如く、稜威も光もそれ自身に主觀する時は稜威ではない、光でない。各自それ相應なる自性を認め、自我を現はし、性格を發揮しつゝあるのである。それで大神の稜威とは人間より客觀したるところの名稱にして、稜威それ自身が主觀する時は、各自相應なる自性たり、自我たり、性格たる所以であります。故に稜威とは靈出づるなり。三出づるなり。生靈《いくむすび》、足《たる》靈《むすび》、玉留靈《たまつめむすび》の三靈の出づるのを意味したのである。この生靈《いくむすび》、足靈《たるむすび》、玉留靈《たまつめむすび》の三靈の統一したる一個體が高皇産靈神《たかみむすひのかみ》である、神皇産靈神《かむみむすひのかみ》である。高皇産靈神も神皇産靈神も生靈《いくむすび》、足靈《たるむすび》、玉留靈《たまつめむすび》の三靈より組織成立せられたるところの統一體である。高皇産靈神《たかみむすびのかみ》も均しく神皇産靈神《かむみむすびのかみ》にして、神皇産靈神《かむみむすびのかみ》もまた均しく高皇産靈神《たかみむすびのかみ》である。「タカミムスビノカミ」の「タ」を除けば「カミムスビ」となり。何れも等しく「カミムスビ」である。更に「カ」を除けば、いづれも「ミムスビ」となる。「ミムスビ」とは生靈《いくむすび》、足靈《たるむすび》、玉留靈《たまつめむすび》の三靈を意味したものにして、高皇産靈神《たかみむすびのかみ》、神皇産靈神《かむみむすびのかみ》が生靈《いくむすび》、足靈《たるむすび》、玉留靈《たまつめむすび》の統一體たる事の證明であります。その客觀的稜威は轉々無限に大神より出で來り居ると共に、主觀的生靈神《いくむすびのかみ》、足靈神《たるむすびのかみ》、玉留靈神《たまつめむすびのかみ》の三神と高皇産靈神《たかみむすびのかみ》、神皇産靈神《かむみむすびのかみ》の二神とは層々無數に現はれ出でつゝあるのであります。高皇産靈神《たかみむすびのかみ》は動的男性的活動の神にして、神皇産靈神《かむみむすびのかみ》は靜的女性的活動の神である。その境遇の轉ずるに從つて、現在にも將來にも、相互に轉換しつゝ相互に高皇産靈神《たかみむすびのかみ》となり、相互に神皇産靈神《かむみむすびのかみ》となりつゝあるのである。而して高皇産靈神《たかみむすびのかみ》及び神皇産靈神《かむみむすびのかみ》は宇宙萬有の本體神にして、生靈《いくむすび》、足靈《たるむすび》、玉留靈《たまつめむすび》の神は宇宙萬有の本體の本體にして、天御中主太神は宇宙萬有の大根本、大中心的大本體神である。以上は是れ宇宙萬有の發源、活動、完結の神にして、過現未を通じて無始無終に然るので、祖神垂示に於ける宇宙創造とは獨り過去のみにあらず、現在も將來も常に創造しつゝあると共に、活動活躍すると同時に、大神に向つて還元歸結しつゝあるのである。故に宇宙萬有の發源活動完結は無始無終に環聯相續しつゝ中斷することのないのであります。以上は宇宙萬有發展活動完結の大體を説明したる祖神の垂示であります。これよりその宇宙萬有の個々の天地と個々の個體の發源する所以とを説明致します。概括して申せば以上は宇宙觀にして、次は天地觀である。宇宙の間に於いて百千萬億無限無數の天地の成立する次第を御示になられたのであります。

第十二章　人間覆載の天地と萬有個々の百千萬の天地

「次國稚如二浮脂一而久羅下那州多陀用幣琉之時。如二葦牙《あしかび》一因二萌騰物一而成神名。宇麻志阿志訶備比《うましあしかびひ》古遅神《こぢのかみ》。次、天常立神《あめのとこたちのかみ》。次、國常立神《くにのとこたちのかみ》。」「ウ」は閉づる義にして統一の義なり。「マ」は「ミタマ」にして、「シ」は主宰の義なり。「アシ」は葦なり。「カヒ」とは頴《かひ》なり、穂先なり、稚芽《わかめ》なり。「ヒ」とは單生なり。「ビ」は群生なり。このところの「ビ」は群生中に單生を含み居るものにして、一莖の葦の芽がウブ〳〵しく筍の如く萌え出づると共に、續々と連結して百千萬億無限無數に後から後からと群生するのを意味表彰し居るのである。「ヒコ」は男性、「ヂ」は「ミタマ」といふ義なり。それで何れの世界としても、その始めは幼稚にして、これを客觀すれば浮脂の如く、海月の如く漂へるものである。その漂へるものゝ蒸發する狀態は、恰も葦の芽生の生長するが如く萌騰るものである。客觀すればこそ浮脂の如く、海月の如く、葦の芽の如くにも見ゆれ、その浮脂的、海月的、葦芽的それ自身に主觀する時は、自性あり、自我あり、宇麻斯阿志訶備比古遅の神である。統一したる靈を主宰しつゝ自性を現はし、自我を發揮しつゝあるところの男性的神にてましますのである。高皇《たかみ》産靈神《むすひのかみ》、神《かむ》皇《み》産靈神《むすひのかみ》の醱酵醞釀によりて生れ出でたるとこの神であります。後世美味を甘いといひ戯曲音樂等を見ても聽いても「うまい」といふのは、その靈のよく統一したることを歎美するので、このところの宇麻斯といふに淵源し居るのである。後世男子生るれば桃太郎と名づけ、女子生るれば梅子、菊子と名づく。菊子は菊でなく、梅子は梅でなく、桃太郎も桃ではない。たゞ客觀的美を主觀的に人の子に比喩して讃美したのである。太古は葦のみにして、未だ今日の如く桃や梅や菊等の如きもののなきが故に、その葦の芽生えの美を假りて神の子を現はし奉りたる名稱である。後世この世界を稱して豐葦原といふのも、なほ葦のみの盛なる時代であつたからである。而してその中津國は日本島根にして、日本島根はこの世界に於ける中心である、中國である、都でありたることを意味し居るのであります。客觀的葦芽に單生群生、續々連續して百千萬億無限無數生あるが如く、主觀的宇麻斯阿志訶備比古遲神もまた等しく單生群生、續々連續して萬千萬億無限無數生ましましつゝあるのである。その宇麻斯阿志訶備比古遲神には、上に昇りては天常立神《あめのとこたちのかみ》となり、下に降りては國常立神《くにのとこたちのかみ》となりましたのである。天常立の「天」とは天地對照の言靈にして、地に對するの「天」は「アメ」と讀み、靈を現はすところの「天《あま》」は「アマ」と讀むのである。「高天原」、「天沼矛」、「天照大神」、「天御中主神」等の

「天」は「アメ」と讀まず、「アマ」と讀むべきである、靈を現はし居るからであります。「天常立」の「天」とは「アミ」、「アム」、「アメ」、「アム」の義にして組織といふ意味である。「國常立」の「國」は「クミ」、「クム」、「クメ」、「クム」の義にして、等しく組織といふ意味である。而して「常立」の「ト」は留《と》まるの義、「コ」は凝るの義、凝結の義、「タ」は留まるの義、足るの義、「チ」は靈である。それで「みたま」の留まりて、凝結充足したるところの靈の相互に編み編んで、組み組んで、組織成立し居るところの天地を主觀的に現はして、「天常立神」、「國常立神」といふのであります。然れば如何にその「ミタマ」の、編み編んで居るか、組み組んで居るか、如何に「ミタマ」の留まりつゝ、凝りつつ、溜りつゝ凝結、結晶、充實、具足し居るかといへば、それは「國常立神」によりてその組織構造を現はし、以て「天常立神」もまたその然るものなることを知らしむると同時に、宇宙萬有の內容は悉く皆然るものなることを知らしめたのが、祖神の垂示である、暗示であります。されば國常立神の組織狀態は如何にぞと伺ひ奉るに、曰く、豐雲野神《とよくもぬのかみ》、國狹土神《くにさつちのかみ》、宇比地邇神《うひちにのかみ》、須比智邇神《すひちにのかみ》、角杙神《つぬぐひのかみ》、活杙神《いきぐひのかみ》、意富斗能智神《おふとのちのかみ》、大斗乃邊神《おほとのべのかみ》、游母陀琉神《おもだるのかみ》、阿夜訶志古泥神《あやかしこねのかみ》、伊邪那岐神《いざなぎのかみ》、伊邪那美神《いざなみのかみ》である。古事記には國狹土神なけれども、日本紀にはあり。二記三記等相俟つて祖神垂示の完きを知り得るものなるが故にこゝに國狹土神を入れたのである。この神々の名稱は委細に解釋するの餘地なく、たゞその大體を述ぶれば、「ヌ」も「チ」も「ニ」も「ヒ」も「チ」も「ヘ」も「モ」も「オ」も「ギ」

も「ミ」も悉く「ミタマ」といふことを意味表彰して居るのである。十二の靈、十二の神よりこの世界は組織せられ、國常立神は構成せられ居るのである。客觀的に云へば地球である。主觀的に言へば國常立神である。遠くよりこの地球としての國常立神を望みまつれば、豐《とよ》と豐《ゆた》かに組み組んで居るところの靈である。雲とは「マミムメモ」の轉で「クミ」、「クム」の義なり。組織の豐富を意味したものである。近く就いて極むれば國狹土である。「サ」とは小波《さゞなみ》、小石《さゞれいし》、五月雨《さみだれ》の「サ」にして、分泌分派した分派分派の一分々の「ミタマ」を意味したのである。その分派分泌の分々派々は宇比地邇《うひちに》、須《す》比智邇《ひちに》と呼吸する「ミタマ」である。角杙、活杙と生々する細胞的「ミタマ」である。活動發展する骨骼「ミタマ」である。經《たて》に發達する意富斗能智の「ミタマ」である、緯《よこ》に發達する大斗乃邊の「ミタマ」である。而して全體充足完成したる游母陀琉の「ミタマ」である。派々分々も充實滿足完成したるところの游母陀琉の「ミタマ」である。かくの如く支體と全體との充足完成する游母陀琉「ミタマ」には、その中樞的根本に阿夜訶志古泥といふ根本「ミタマ」の鎭座して、その經緯內外に於ける分々派々の「ミタマ」を統一主宰するところがあるからである。支體と全體との經緯內外を主宰統一しつゝ實足完成したる「ミタマ」は、更に伊邪那岐の「ミタマ」となりて他の世界を誘ひ、伊邪那美の世界となりて他の世界にも誘はれつゝ相互に調和し、相互に均勢を保ち、相互に公轉私轉の活動を以て木火土金水の遊星的國常立神と共に太陽的天照大神を中心として各自の自性を現はし、各自の天職任務を果しつゝあるのである。この地球的國常立神としての全體が十二の靈、十二の神より成立し居るのみならず、一草一木も一石一水も一塵一埃も悉く客觀的には十二の靈より成立し、主觀的には十二の神より成立し居るのである。例へば人間の如き、その人間一人もまた主觀的には國常立神、客觀的には一の地球、一の世界である。人類の肉體的皮膚上には無數の生菌が生息し居ると共に、その内面に於ける細胞間には蛔蟲を始め無數の生菌が生息し居るのである。耳目鼻口胃腸等に生息し居るところの部分的生菌黴菌生蟲等は悉く人間の肉體を境となし、地球となし、各自それ相應なる世界を建設しつゝ、各自の生活を營みつゝあるのである。各自は全體に於ける人間常立神の全意志を解釋しつゝ活動生活をなし居るでありませうか。彼等は人間常立神が如何なる意志を以て公事に私事に公轉私轉して活動しつゝあるかを知らないのであります。それと等しく人間もまた國常立神の皮膚に生息する一生菌、一生蟲に過ぎないのである。甚だしきは地球を以て神と尊ぶ如きは、野蠻的遺習の恐怖心懷疑心に驅られたのであると云ふが如き似て非なる文明人もあるでありませう。それは却つて野蠻無智の人である。彼の歐米人もこゝ三四十年以前より始めて地球の有機體であることを自覺し得たのである。生活物であることを自得し得たのである。祖神は幾千年、幾萬年、幾億、幾十百億年の前に於いて、否、地球生立の始めに於いて已に有機體であり、生活體であり、神にてましますことを垂示せられあるのであります。天地初發の時とは、この地球としての國常立神の成立と共に天體としての天常立神の成立したる時を意味したものである。時といふ字に注意せねばなりませぬ。時とは本來無始無終に持續しあるものなれども、そのもの丶時とはそのもの丶成立すると同時に現はれ來るの時を意味するものである。時とは客觀の言葉にして、時それ自身に主觀する時は、「時置師神《ときおかしのかみ》」といふのである。それは他日の説明に讓り、客觀すれば自凝島《おのころしま》である。豐葦原である。地球である。主觀すれば國常立神であります。この國常立神を境とし地とし世界とする人類の天は、日夕に觀望するところの天である、天體である、天常立神である。客觀すればこそ天なれ、天體なれ、天體それ自身に主觀する時は天常立神である。然れども火星常立神を本位として辯ずる時は、火星それ自身が國常立神にして、人類棲息するところの世界なるこの地球的國常立神は、火星としての國常立神に對しては天常立神の一部分となるのである。それ〴〵の星界は各自皆國常立の神なると共に、各自の天とする天常立神に對立して居るのである。言ひ換ふれば、各自その天地とするところあるが故に、天地としては百千萬億無限無數の天地があるのである。此處に於ける天常立神、國常立神とは人類の天地とするところを意味表彰して現はし給ひたると共に、他の百千萬の天地の存在するところを暗示せられたる垂示である。天常立神とは天體全部の總稱であると同時に、その部分々々に於けるの天常立神あることを御示しになつて居るのである。而してまた天と地との間に於ける空間に於いても、「天狹霧神《あまのさぎりのかみ》」、「國狹霧神《くにのさぎりのかみ》」、「天之水分神《あまのみくまりのかみ》」、「國之《くにの》水分神《みくまりのかみ》」等の御名を以て垂示せられてあるのでありまするが、此處には單に祖神垂示としての天地開闢、世界創成観たる百千萬分の一斑を申し述べたる迄に過ぎねば、その御心にて御了承賜はりたし。

第十三章　原人観と修理固成と天壌無窮、世界統一

祖神垂示の原人観としては古事記に

於《ニ》レ是《コ》天神《コアマツカミ》諸命《モロモロノミコト》以《モチテ》。詔《ノリコチテ》四伊邪那岐命《イザナギノミコト》伊邪那美命《イザナミノミコト》二柱神《フタハシラカミニ》。修《ツクリ》二理《ヲサメ》固《カタメ》三成《ナセ》是《トコノ》多陀用弊琉之國《タダヨヘルノクニヲ》一。賜《タマヒ》二天沼矛《アマノヌホコヲ》一而《テ》。言依賜《コトヨサシタマヒキ》也。

とあります。こゝに御注意を願ひたきは、印度民族の如きは、原人の先祖は天人の地上に天降りて色慾淫慾を生じ、その爲めに墮落して流轉の人類となり居るなり。猶太民族の如きは、神が土塊より作りたるところのアダムとアダムの骨より作りたるイブといふ婦人が人類の祖先にして、そのアダム、イブが惡魔たる蝮蛇に誑されて神の禁じたる智慧の樹の實を食うて、神の如くに智慧開け裸體の身なることを羞づるに至つたのである。それで神は罪人として神苑より放逐し、我等人類は罪人の子孫として等しく麵麹に苦しみ、勞働に惱みつゝあるものなりとなし居るのである。或ひは大樹の股より生れ出でたるものなりとの説もあり。その他種々の神話あり説明あれども、何れも皆墮落か罪人か、左なくば猿猴の如きものが發達し來りたるものなるかの樣に見て居る。ダウヰンの進化説も、祖神の垂

示と比較する時は大なる缺陷を曝露し來るのでありますが、此處には時間なければ他日に讓ることとして、要するに祖神垂示は我等人類の祖先を以て罪人としたるにあらざると共に、墮落の身でもないのである。天津神、諸の詔を蒙りて神としてこの世界に天降りましたのである。然り、この邦土世界を經綸固成すべき天職責任を以て天降り給ふたのである。罪人として單に漂泊《さまよ》うて居るのではない、墮落の身として勞働に惱み居る身でもない。全くこれ邦土經綸世界修理の爲めに天降りたるものである。然して神としての人、人としての神として降りたる身なるが故に、邦土經綸の爲めに生活をなすに過ぎない。祖神の垂示としては衣食住的生活の爲めの事業でなく、事業の爲めの衣食住的生活となるのである。生活さへなせば事業は營まぬでもよい、人格は現はさぬでもよいといふのではなく、少しく知識あり識見あるものは、事業さへ立つるを得、人格さへ現はすことを得るなれば、衣食住を擲ち、その生活を擲ちてもよいといふ覺悟が起るものである。然り、その身はたとひ斃れて死するとも自己の事業、自己の性格が、千載の下までも發揮したといふのは、是れ偉人列婦としての大丈夫兒の自性であり、志願である。祖神の垂示としては衣食住の爲めに生活するにあらず。事業建設の爲めに生活するのである。事業建設、人格發揮は人類處世の目的である、結果である。衣食住の如きは副産物として方法手段となし居るので、一方は主にして一方は從である。人間處世の大道としては邦土經綸、世界の修理固成を以て發足點とすると共に到達點とせねばならぬのが祖神の垂示である。而して後始めてその目的を達すると共に、神としての人、人としての神たる自性を現はし、任務を盡し得たるものである。神の子は神なり。原人が天降り、神として邦土經綸の端を開き給うたるが故に、神の子は神なり、その子孫たる人類萬有は神として八百萬神として、神代に於けるそれの如く一代は一代よりより多くこの邦土を經綸し、この世界を修理固成しつゝその完きに達せねばならぬのである。神武天皇以前を神代とし、以下を人皇の御代としたのは、儒者先生等が支那の歴史に倣うて祖述したところの區劃である。祖神の垂示としてはかくの如きの區劃はない。またその事實に於いても區劃することが出來ぬのである。祖神の垂示としては神武天皇以前が獨り神代たるのみならず、今日現在も將た將來に懸けて等しく神代である。上天皇の現津神《あきつかみ》なると共に下臣民も現神《うつしかみ》である。上下等しく神として、神としての人として、人としての神として天翔けり地驅けりつゝ、神代のそれの如く世界を股に橫行濶歩し、八百萬神としてこの邦土を經綸し、この世界を修理固成し、國常立神の御心を酌み、祖神の芳躅を繼ぎ、人の人たる蹟を顯はして祖神のそれの如くその死に臨み、天神にその經綸の治績を奏聞すると共に、後世子孫に對しては神として家に祀られ、國に祀られ、世界に祀られねばならぬのである。是れ實に祖神の垂示である。かくの如く神として天降り、世界邦土、經綸固成の天職責任を御示しあるところの原人が、世界の廣きそれ將た何れの邦にかありまするぞ。天壤無窮の御神勅は全く一系連綿として續くといふ意味のみではない。世界邦土を經綸統一する迄には一代二代の能くするところにあらず。十代百代と幾久しき歳月を要するのである。かくの如き天壤無窮の天皇にして、始めて能く歷代の積德と共にその目的を達することを得るのである。是れ神籬磐境の神人合一の神勅が天壤無窮の神勅と共に傳はり居る所以であります。實に天壤無窮の神勅と神籬磐境との神勅とは、是れこの邦土修理、世界固成の御神勅に淵源連續して流れ出で居るのでありまする。日本民族としては大いに自覺するところがなくてはならぬ。我れ自覺實行するところなくんば、他の民族が我に代りて自覺實行するに至るでありませう。他の民族も等しく祖神の子孫なり。勤むるものは興り、怠るものは衰ふ。本末幹枝の別を以て油斷することは出來ない。我と彼とは均しく世界統一の自性を有し、責任を有するからであります。

第十四章　男女觀——同心一體觀

祖神垂示の男女兩性觀、夫婦觀は支那、印度民族の如く男尊女卑でなく、北米合衆國等の如く女尊男卑でなく、歐羅巴各國の如く男女同權論でもない。されば如何なる意味を以て御示になり居るかといへば、「男女一心同體」であります。女は女として尊く、男は男として尊し、夫の夫たる任務を盡して尊きが如く、婦は婦の任務を盡して尊いのである。たゞその骨骼系統、細胞組織と共に相互の機能の異なるところあるが故に、その職分を同じうせざる迄である。然れどもその系統組織の異なると共に夫婦が成立し、その職分の同じからざると共に各自の幸福を增進することが出來るのである。若しその系統、機能と職分との同一なるものとせば、夫婦の成立せざると共にその活動に興味を覺え、愉快に人生を營むことは出來ぬのである。その機能を異にし、その職分を同じうせざるが爲めに、その間自から尊卑の差ありとか、或ひは同一人間なるが故に同一なる權利を有しつゝ、相互に對立し居るものなどと思はゞ、これ大なる誤謬を招き恐るべき魔道に陷るに至るのである。祖神の垂示としては君臣、父子等の同心一體なるが如く、夫婦としてもまた同心一體である。苟くも夫婦の契を結びたるからには、個々相互に獨立對峙し居るものといふことを得ず。その機能その職分の同じからざることは、恰も口や手や足や鼻や眼等の同じからざるが如きものあれども、皆一身の爲めに緩急相應じ、相助けつゝ同心一體の活動をなし居るのである。夫となり婦となり、その機能その職分は異なるとも、裏となり表となり、緩急相應じ、苦樂相俟ちて同心一體の活動をなさねばならぬのである。その間尊卑を爭ひ、同權を主張するの餘地はない。手と口と相爭ひ、眼と耳と相爭ふてその緩急に臨みても、相互に相助けざることあらばこれ一身統一の活動をなし能はざるところの發狂者となるが如く、夫婦相爭ふて衝突するが如きは相共に夫婦たるの資格なきものとなる。夫としては婦を愛すること深く、婦としては夫を愛すること篤く、夫の身は婦の身である、婦の身は、夫の身である。故に婦としては常に夫の犧牲となり、夫を慰安するを以て本位となし、己の身の及ぶ限りは夫に盡し、その日常に於いて如何の場合たるを問はず夫を慰藉し、夫の喜ぶのを以て我の悦びとなし、我の樂しみとなし、夫としては婦を慰安し、婦を慰藉し、婦の喜びを以て我の喜びとなし、我の樂しみとなす時は、夫婦間に於いて相互に衝突し、相互に諍論するの餘裕はない。その間夫のなすところ言ふところが、夫の一身に影響し一家に影響することの不利なるものありと見る時は、これを諫しめ、これを止むるにても自から道あり、手を代へ品を代へ、諄々とこれを誡しめつゝある時には、かゝる平和なる家庭に於いては夫もまた自から反省するの日あるものである。その婦としての行爲にしてもまた然り。萬一その婦の爲めに、家の爲めに不利益なることある時には、夫としては諄々とこれを誡しめこれを制止することを得るので、婦としてはまた直ちに反省することがあるのである。夫が婦を愛すること深くある時は、婦の夫を愛することの厚きは言ふ迄もなく、婦の夫を愛すること厚ければ、夫の婦を愛することの深きは言ふ迄もなし。その相互に衝突し相互に諍論の起り來るのは、畢竟するに相互の愛が足らぬからである。相互の慰藉が足らぬからである。天にも地にも、二なき我が夫なり。天にも地にも唯一の我が婦なり。我れ我が婦を愛せずんばまた誰をか愛せん。我れ我が夫を愛せずんばまた誰をか愛す。婦は我が身の半身である。夫は我が身の半身である。男となり女となり、夫となり婦となりつゝ相互に對峙し居れども、相互の心は、何等の障りなきと共に、相互の身も體を同じうして居るのである。相互の愛の極致を表白すれば、來世に於いては同心一體の身となりて再生したきまでの思ひぞする。

べく、その間決して他より乘ぜらるゝの間隙がないのである。たゞその機能の異なるが爲めに裏となり表となり、内となり外となりてその職分を異にすると共に、その愛を表白する儀表として、その間それ相當なる禮讓の起り來るのは自然の道であります。然れども男が女に優り、女が男に劣るといふにもあらねば、女が男に優り、男が女に劣ると云ふ意味でもない。また男女その權能を同じうし居るが故に相互に讓ることなしといふ意味でもない。御國に於いては男の力にて及ばざる時は女これを助け、女の力及ばざる時は男これを助くると共に、その間相互の權能を爭ひたることなく、男女相守るところの禮法は古より今に至るまで異なるところがないのである。夫若し病に臥し、外に出で職を執ること能はざる時は、公私の別なく、婦は夫に代りて外に出で、その公私の職を務めたものである。武家時代となりても、妙齡なる十七八位の婦が病ある夫に代り、外に出でゝ公務に當り、或ひは私事を務め、その間他の男子より萬一にも無禮の行爲を與へるものある時は、これを打擊し、有髯男子をして戰慄せしめたるの例は少からぬのである。神代のむかしより神武天皇樣の時代頃迄は女軍もありて男子と共に戰ひ、男子の及ばざるところを助け、その後と雖も男子に代りて三軍を指揮し、或ひは夫と共に戰場に戰ひたる女武者は少からぬのである。さればとてその夫に對する時は婦としての道を誤りたることはない。その權能を相爭ひたることもない。如何に鋭敏怜悧なる女將にても、婦としての道に悖りたる時は婦としての資格なきものとなり居るのである。男子も亦婦の及ばざる場合ある時は、婦に代はりて內に婦の爲すべき仕事を採ることも少からぬので、それが爲めに夫たるの資格を傷つくることはないのである。要するに男女相依り、夫婦相俟ち、緩急相應じ、苦樂相同じうしつゝ同心一體の擧に出づると共に、その間男たり女たり、夫たり婦たるの禮儀を誤ることなきのが祖神垂示の男女兩性觀である。夫婦同體觀であります。その儀表を誤ることなき爲めに、祖神には第一にこれを誡しめ、これを敎へ賜ふたのが「天之御柱」の御示である。その天の御柱を廻り給ふや、伊邪那美命先づ唱へて「阿那邇夜志《あなにやし》、愛袁登古袁《えをとこを》」と呼び給へば、後に伊邪那岐命「阿那邇夜志《あなにやし》、愛袁登賣袁《えをとめを》」と和し給へり。而して「各言竟《オノモオノモノリタマヒヲヘテ》之後《ノチニ》、告二其妹一曰《ノリソノイモニタマヒキ》。女人先レ言不レ良《ヲミナサキダチテコトヂズトフサハ》。雖レ然《ドモシカレ》久《ク》美《ミ》度《ド》邇《ニ》興《オコシ》而《テ》。生二子水蛭子一《ウミタマヒキミコヒルコヲ》。此子者《コノミコハ》入二葦船一而流去《イレアシブネニテナガレサリタマヒキ》。……於レ是二柱神議云《ニコヽフタハシラノカミハカリタマヘラク》。今吾《イマアガル》所レ生之《ウメ》子不《ミコズ》レ良《フサハ》。猶《ナホ》宜《ベシトノリタマヒテマヲスアマツカミノミモトニ》レ白二天神之御所一。即共參上《スナハチトモニマヒリノボリテ》。請二天神之命一《コヒタマヒキアマツカミノミコトヲ》。爾天神之命以《ココニアマツカミノミコトモチテ》。布《フ》斗《ト》麻《マ》邇《ニ》爾《ニ》卜相《ウラヘ》而詔《ノリタマヒツ》之《ラク》。因二女先一レ言而不レ良《ヨリヲミナサキダチシニコトテズフサハ》。亦還降改言《マタカヘリクダリテアラタメイヘトノリタマヒキ》。故爾反降《カレスナハチカヘリクダリテ》。更往二廻其天之御柱一《サラニユキメグリタマヒキソノアメノミハシラヲ》如レ先《ゴトサキノ》。於レ是《ニココ》伊邪那岐命《イザナギノミコト》。先言二阿那邇夜志愛袁登賣袁一《マヅノリタマヒテアナニヤシエヲトメヲト》。後妹伊邪那美命《ノチニイモイザナミノミコト》。言二阿那邇夜志愛袁登古袁一《ノリタマヒキアナニヤシエヲトコヲト》。」と。

これ男女夫婦兩性間に於いてその最も始めに起り來るところの儀表的禮讓を示したものである。女言に先ちて男これに從へば、子を生むについてもかくの如きの不結果あると共に、萬事萬端不結果である。男先づ唱へ、女これに從へば、子を生むについてもかくの如きの好結果を奏すると共に、萬事萬端好結果であることを二柱御親の神には特に後世子孫の爲めに人倫の大道として御示になつたのでありります。

第十五章　天之御柱と布刀𥱋𢌞

「天之御柱」とは夫婦間の中心點を意味し、分限を意味し、區劃を意味したものにして、その「天之御柱」の中には、天御中主神を始め天津神を祀りあるのである。夫婦相對する時はその間に中心あり、天之御柱あり。天津神の照鑑ましく〵つゝあるのである。夫は猥りに婦の分限を犯すを得ざるが如くに、婦もまた猥りに夫の分限を犯すことは出來ないものである。獨り結婚の時のみならず結婚の後に於いても、夫婦間には日夜の別なく、二六時中その間に中心あり、「御柱」あり、天津神の照鑑ましく〵つゝあるのである。故に夫は外に出て居ると雖も、婦は内に在りて「天之御柱」に對し、婦としての道を盡し、私するところあることを得ざるが如く、婦は内にありとも夫は外に出でゝ私することは出來ないのである。相互に中心あり、「天之御柱」あり。天津神の夫婦の行爲を照鑑ましく〵つゝあるからであります。この「天之御柱」は夫婦結婚の時に御示になりたるものなれども、獨り結婚の時のみに限りたるにあらず、君臣相對しても中心あり、「天之御柱」あり。親子兄弟姉妹朋友等の相對したる時にも中心あり、「天之御柱」あり。天津神の鎭座ましく〵て君臣親子兄弟姉妹朋友知人の相互の行爲を照鑑ましします事を御示になり居るものにして、「天之御柱傳」として神の神事秘事《かみわざひめごと》が今日までもかむながれに流れ傳はりつゝあるのであります。祖神の垂示としては獨り人と人とが相對するの間に中心あり、「天之御柱」の現はれ居るのみならず、天に對しても地に對しても、山に對しても、草木雲煙禽獸蟲魚等に對しても、相互の間に中心あり、「天之御柱」あり、神の照鑑ましまし〳〵つゝあるものとなり居るものであります。此處にはたゞその一端を示し置くのに過ぎません。布斗麻邇《ふとまに》とは、「布」とは太《ふと》なり、「麻邇」の「麻」は「靈《ま》」なり。「邇」は「和《に》」なり。「麻」は「ミタマ」にして「ニ」は煮《に》るの「ニ」にして、和《に》ぎの「ニ」にして調和といふ意味なり。「麻邇爾」の「邇」は「麻」を略して「爾《に》」といひたる迄にして、「麻邇麻爾」といふべきを「麻邇爾」といふたのである。それで「麻邇麻爾」とは「靈和靈和《まにまに》」である。「靈和靈和」とは神の靈が我の靈に來りて和するなり。我の靈が神の靈に行きて和するなり。神の靈が我の靈に合し、我の靈が神の靈に合するところの神人合一の道であります。「卜相《うらあへ》」とは裏合《うらあひ》の儀にして、裏合とは肉體は表にして、心は裏である。故に御國の言靈にては心を「ウラ」とも讀む。我が心が神の心に合ひ、神の心が我の心に合ひて、神の御心を我の心にて知り得るの意味を表はして「卜占《うらなひ》」ともいふのである。「ア」は「ナ」に通ひ、「ヘ」は「ヒ」に轉ずるから、「ウラアヘ」が「ウラアヒ」となり、「ウラナヒ」ともなるのである。それで「ウラナヒ」は裏合の意味にして、神の御心を窺ふの意味なるが故に、その實、崇高森嚴、幽玄淸穆の神事であります。このところに於ける「布斗麻邇」とは、祖神が後世子孫の爲めに、人倫を始め人事の大なる疑義に接觸しては自己の心を清め、和身《にぎみ》魂《たま》を清め、直靈《なほひ》を開發して神に窺ひ奉るべきものぞといふ御教を垂れ給ふと共に、その神に窺ひ奉るところの道は「布斗麻邇」とて、神の靈を仰ぎて我の靈に迎へ、我の靈が神の靈に合しつゝ神の御心を知るべきものであるぞと、天津神なる高皇《たかみ》產靈神《むすひのかみ》、神皇《かむみ》產靈神《むすひのかみ》等が天御中主太神の御心を窺ひ奉りて、後世子孫の爲めに「布斗麻邇」といふ神人合一の道を御示になつたのであります。「布斗麻邇傳」としてその道の人々には神の神事、秘事として傳はり居るのでありまするが、此處にはたゞその一端を示し置くに過ぎません。世には何事でも神任せ、神次第といふ意味にて「神のまに〳〵」といふことを申しまするが、その內容に於ける徹底したる意味を、忘れ居るものが少い樣であります。神の靈の我が靈に和するのは、元より以て神の力なると共に、我の靈が神の靈に和するのも神の力である。神の靈が我が靈に宿りて我の靈を喚起し、神の靈に合せしめ給ふのである。此處に於いての意味は神の力の絕對にして、我はその絕對なる威力の中に動きつゝあるのを自覺せしめられたるところを表白したる意味であります。それで「靈和靈和」といふ意味は徹底したることゝ存じます。人間としては如何なる人間もこの「布斗麻邇」といふことを忽せにすることは出來ないものである。人事を盡したる上にも、なほ進んで天事を盡さねばならぬものである。神代の古より今日に至るまで、歷代の朝廷に於いて御一世御一代の大嘗祭を始め、年々の神嘗祭、新嘗祭、六月、十二月の祓禊と御鎭魂、或ひは元始祭、四方拜、春秋二期の皇靈祭より大中小官國幣社奉幣祭等、悉くこの「布斗麻邇」の御實行御實踐であります。天壤無窮の御神勅と共に神籬磐境の御神勅あるのも全くこの天津神の御示になりたる「布斗麻邇」に淵源したることを忘れてはならぬのである。世界に古國少からず、その神話も多しと雖も、原人の始めに於いて「人倫の大道」を示し、我と彼との分限としての「天之御柱」を示し、「神人感應同交の大道」をかくの如く丁寧反覆に懇切明晰に御示になり居る國が何れの處にありまするか。かくの如き尊き神話が何れの國にありまするか。その流を酌むところの直系的子孫たる日本民族としては大いに自覺し、大いに奮發し、大いに努力實行するところが無くてはならないものと存じます。祖神垂示としては後世子孫をして徒らに紙上に埋沒せしめ給はん御神慮ではない事と存じます。

第十六章　神代に於ける世界的地名

二柱御親の神には天沼矛を以てこの「多陀用弊流《たゞよへる》世界《せかい》」を修理して、國の生國、足國、八十國、島の生島、足島、八十島を生みました。「游能碁呂島《おのころしま》」とは現在世界にして、「天津御虛豐秋津根別《あまつみそらとよあきつねわけ》」は卽ち大日本《やまと》島根《しまね》の國土なり。「建日方別《たけひかたわけ》」は太陽と太平洋中の一大陸を謂ひ、大野手比賣《おほぬてひめ》は東西兩球に屬する八十島根なり。大多麻琉別《おほたまるわけ》は東半球の大陸卽ち現今の三大洲是れなり。「天一根《あまのひとつね》」は、西半球の大陸、今の南北兩米の大洲なり。「天之忍男《あまのおしを》」は濠太利亞なり。「天兩屋《あまのまたや》」は南極の島根及び北極の島根是れなり。「海原」は大多麻琉別と空界とをいふ。須佐之男命は韓國に往き大陸に入り給へり。「夜之食國《よるのをすくに》」とは西半球の一大陸と月球とを謂へり。是れ建日方別が太陽と太平洋中の一大陸とを謂へるが如きものである。故に天照大神の直靈《なほひ》は太陽に歸り、荒身魂は東半球の一大陸に留まり、月讀《つきよみ》命《のみこと》の直靈は月球に歸り、荒身魂は西半球の一大陸に留まり、須佐之男命の直靈は空界に歸り、荒身魂は東半球の大陸に留まり給ひたるが如きそれである。人功已に畢りて後、歳月を經て太平洋中の一大陸及び大西洋中の一大陸は、既に海中に沒入し去りて、今はその痕跡さへ見ることが出來ぬのである。「常夜國《とこよのくに》」は「天比登都柱《あまのひとつはしら》」とも稱し、支那の山東省一帶より馬來半島及び瓜哇の大島に至るところの大陸地である。「黄泉國《よもつくに》」は地下を謂ひ、「根國《ねのくに》」「底國《そこくに》」は地下と西半球諸洲とを謂ふ。「豐葦原」は世界を謂ひ、「中津國」は日本島根を謂へるなり。日本書紀の「越州《こしのくに》」は西半球の兩米洲にして、また「大洲《おほしま》」は東半球の三大洲なり。古來天變地異ありて地形に變化を生じたのであるから、現今の地形を以て悉く古の地形を律することは出來ないのである。我が祖神は獨り日本の國土をのみ修理し給はず、廣く世界萬邦を固成し給ふたので、我が祖神は上代に於いては上天下地、天翔り國駈り給ひしが、後世に至るほど一小島に蟄伏するに至つたのである。後世の人々眼孔豆の如く、たゞ現今の日本の國土を以て三記及び祝詞等を解釋し、我が祖神の大なる建業を滅删し、祖神の垂示を縮少するに至りたるのは誠に以て慨歎すべき至りである。太古太平洋中に一大陸あり、大西洋中にも一大大陸ありしことを傳へて居ることは、獨り一部の日本民族のみならず英國などに於いても、某碩學の如きは太古東西洋中に一大陸あり、特に太平洋中の一大大陸に居住する民族は非常に强者にして文明の域にも達し、その民族が世界に分散したるもの少からず、その民族は非常に鏡を尊び、鏡を以て神を祭る神祕的行事を有したのである、その鏡に於ける神秘的祭は獨り今日の日本民族に傳はり居る、とまでいふて居るのであります。

第十七章　生みの始めに於ける事業の神

二柱御親の神には國島を生み畢りて後に更に種々なる神々を生みましたのである。然れども先づその第一に生みましたる神は「大事忍男神《おほことおしをのかみ》」である。これは事業の神である。是れ修理固成の神命を尊び、その天職責任を重んずるが爲めに玆に事業の神を生み、後世子孫をして人生の經綸、邦土の修理は人間無上の事業にして、自己の靈魂あるが如く事業にもまた靈魂あることを知らしめんが爲めの垂示である。我れ我が靈魂を認むると同時に、その執るところの事業にも靈魂あることを知るものにして、始めてその事業を成就し、人格を發揮することを得るものである。故に祖神は國島を生み畢るの後に慨然としてこの世界に立ち、國島を望み、先づ以て事業の神を生みましたる所以である。かくの如き教は世界列國古今東西を通じて獨り我が祖神の垂示あるのみであります。

第十八章　天地八百萬神に因りて宇宙萬有の本末經緯、表裏顯幽の消息を垂示天啓す

事業の神を生みまして後、火水木金土の現はるゝところの靈《みたま》の神々と、山河草木雲烟風雨等の現はれ來るところの靈の神々とを生みますと同時に、人生宇宙、人類萬有に於ける表裏十方の消息を天啓默示し給ひ、一神にして萬神を有し、萬神にして一神に歸し、八百萬神によりて以て宇宙の顯幽を天啓し、人類萬有の表裏を默示したものである。是れまた獨り世界の廣き我が祖神の垂示あるのみである。天地八百萬神の名と實とは直ちに是れ一切の經律論を具足し、百千萬卷の神典敎書を具足し居るものである。一神の御名と實質とを解釋衍義する時は直ちに經律論の現はれ來り、神典敎書の現はれ來るものである。祖神の垂示は解釋にあらずして實行にあり。「言擧せぬ國」とは實行を尊ぶからである。一切の經律論も百千萬卷の神典聖書も、要するに一身に歸納せしむるにあるのである。祖神の垂示は言論より一身に歸納するにあらずして、その一身より一切の經律論、百千萬卷の神典聖書を實行的に演繹したるにあるのであります。この事、最も日本民族としては注意するところなくてはならぬ。我が國には敎典聖書なしといふのは全く祖神の垂示を會得せざるの愚を自白したるものに過ぎな

い。

第十九章　世界經綸の事業とその相續者としての子孫の養成訓練

祖神には有《あら》ゆる島國を生み、八百萬神を生み給へりと雖も、これを統御主宰し、その事業を相續經綸するものなかるべからず。さらではその事業は中絶し、天津神の世界邦土の修理固成の神勅神命に反くに至るのである。故に子を生み生んで、生みの終りに於いて三貴子を得給ふたのである。後世事業をなすもの多しと雖も、その相續者を養成するもの少し。相續者を養成することなき時は、その事業は自己一代に止まり、自己と共にその事業は衰退滅亡するので、折角建設したる事業も見るものなきに至る。見よ、世間多くは、その人の死と共に其の事業が斷絶して發展すること能はず、一代にして事業の堙滅するものあり。或ひは二代三代にして事業の堙滅するものあり。或ひは五代十代にしてその事業の堙滅するものあり。三十代乃至五十代に及ぶものは殆んど稀なる次第である。是れ全く相續者の養成訓練といふことに注意せぬからである。如何に自己が英雄にして、偉大なる事業を成し得るとも、その相續者にしてなくんば、始めありて終りなきものとなる。相續者にして絶えざるものとせば、始めは小なるものと雖も、終りは大なるものとなる。始めあり、終りあり、終始一貫の美を完うすることを得るものである。祖神は實にその事業に伴ふには相續者といふ事を怠るべからざることを後世子孫に向つて最も痛切に垂示し給ふたのである。後世子孫としては深くその垂示に心を留めて服膺するところがなくてはならぬのである。世界列國、數多しと雖も、事業と相續者とに向つて教訓を與へられ、同時に實行的模範を御示しになりたるものは獨り我が祖神の垂示ばかりであります。

第二十章　世界領土の區劃、三大別

即《ソコニ》其御頸珠《ミクビタマノ》之玉緒母《タマノヲモ》由良邇《ユラニ》。取由良迦志而《トリユラカシテ》。賜《タマヒ》二天照大御神《アマテラスオホミカミニ》一而《テ》詔《ノリタマハク》レ之。汝命者《ナガミコトハ》。所《セ》レ知《シラ》二高天原《タカマノハラヲト》一矣。事依而賜也《コトヨサシテタマヒキ》。故其御頸珠《カレソノミクビタマヲ》。名謂《ナヅケテイフ》二御倉板擧之神《ミクラタナノカミト》一。次詔《ツギニノリテ》二月讀命《ツキヨミノミコトニ》一。汝命者《ナガミコトハ》。所《セ》レ知《シラ》二夜之食國《ヨルノヲスクニヲ》一矣《ト》。事依也《コトヨサシタマヒキ》。次《ツギニ》建速須佐之男命《タケハヤスサノヲノミコトニ》。汝命者《ナガミコトハ》。所《セ》レ知《シラ》二海原《ウナバラヲト》一矣。事依也《コトヨサシタマヒキ》。

「御倉板擧之神」とは、「タナ」の「ナ」は「アカサタナハマヤラワ」の通ひにて、「ナ」は「マ」なり。故に「タナ」とは「タマ」なり、靈《みたま》なり。「クラ」とは藏なり。倉に米穀等を藏めあるが如く靈を藏めて統一し居るの意味である。「御頸珠」の事を「統一珠《みすまりのたま》」とも謂ふ。珠の統一しあるが如く天照御大神の靈の統一し、神格の完成ましまし居ることを表彰して御頸珠を與へましたのである。而してその珠をば「御倉板擧之神」とまで名づけ奉りたる所以は、祖神の靈の宿りますものとして、天照大神の齋きまつる紀念《かたみ》として、尊敬ましますところの御神慮に出でたるもので、御倉板擧之神とは御《み》藏靈之《くらたまの》神《かみ》と云ふ意味であります。祖神にはその經綸したるところの世界を區劃して「高天原」となし「夜食國」となし、「海原」となし、各自の領土を定めて三貴子に與へ、君主始めて一定し、國家始めて成立したのである。「高天原」とは太平洋上に於ける大陸と日本島根を意味したものにして、海原とは太多《おほた》麻《ま》琉《る》別《わけ》にして東半球を意味し、「夜食國」とは越洲《こしのくに》なる西半球を意味したるものである。今日海原を東半球といふが如きは附會なる説明なりと思ふものあらば、大いに誤れり。今日人々が西洋に行くといふのは西の洋に行くにあらず。歐米の大陸に行くのである。東洋とは獨り洋海を意味したのでなく、印度支那朝鮮の國、島を意味したのである。そは太古よりして海原を通じて陸地に上るが故に、海原といへば國島を意味したる習はせあるが故に、太古に海原といふて國島を意味したるが如く、今日もなほ東洋西洋といふ中にも依然として國島を意味しつゝあるのである。祖神の垂示は、この世界は、游能《おの》碁呂《ころ》島《しま》にして、圓體にして球狀をなすものと敎へて居るのである。言ひ換ふれば地動説である。それで東半球の晝は西半球の夜である。故に夜食國とは西半球を意味したものとなり居るのであります。それで天照大御神の御子孫が、大日本島根を以て豐葦原の中津國となし、世界の中國となし、此處に君臨し、一系連綿、天壤と共に窮りない基を開かれたる所以である。須佐之男命は海原の東半球に君臨ましまし〱たのである。海原に行きます時に出雲に出で、暫時出雲に留りましたれども、祖神の命令の地に非ざるが故に遂に韓國に渡り、遼東に出でて支那地方に君臨ましましたのである。支那の人皇の第一は須佐之男命にして、太昊伏義氏《たいかうふつきし》とは大國主命の子孫である。風姓とは須佐之男命の直靈《なほひ》が空間に宿り、風を起し給ふところの意味と、その荒身魂の勇猛壯烈なる意味を取りて風姓となしたのである。黃帝軒轅氏《くわうていけんえんし》を公孫姓といひ姬姓といふのは、炎帝神農氏の世八世相嗣いで後、五百年後大に亂れ諸侯相互に征伐したる革命の時代に於いて、黃帝軒轅氏に於いては、我は公孫姓である、天孫民族である、姬姓である、大日靈女《おほひるめ》の子孫である、天照大神の子孫であるといふことを名乘りて出でつゝ天下を一統したのである。故にその孫顓頊高陽氏《せんきよくかうやうし》の時代に於いては、民神雜糅して方物すべからず、南正重《なんしやうぢう》と火正黎《くわしやうれい》とに命じて神と民との種族を明かにせしめたのである。高陽氏といふ事も卽ち天照る日の神を意味して居るのであります。帝堯陶唐氏は伊祁姓なり、是れまた伊邪那岐神の子孫であるといふことを以て現はれ來つたのである。堯の時に於いては東方に神國ありとて非常に東方の大日本島根を尊べるなり。大日本島根にては、筑紫文によりても鸕鷀草葺不合尊《うがやふきあへずのみこと》のみにても七十餘代相續し給へるのである。神武天皇以前の御皇室に於ける御系圖は別に論述することとして、ここにはたゞ日本としての大日本島根は世界に於ける最大古國であるといふことを一言し置くに過ぎないのであります。神代に於いては少名彥命《すくなひこなのみこと》、八十猛命《やそたけるのみこと》、大國主命を始めとして海外に渡り給ひたる神は少からぬのであります。

第二十一章　祖神垂示の靈魂系統

祖神垂示の靈魂觀としては、今日世に謂ふ肉體とは荒身魂といふものにして、精神とは和身魂といふものである。而して眞身魂とは意志にして、幸身魂とは今日の感情、奇身魂とは知識にして、和身魂とは意識にして直靈とは今日の潛在意識といふものに該當するのである。而して荒身魂なる肉體を分解しては、眼魂、鼻魂、耳魂、舌魂、肌魂、胃魂、腸魂、肺魂、筋肉魂、細胞魂、骨骼魂、神經系魂、皮膚魂、毛髮魂等としての八十萬魂といふものである。既に說明したるが如く、祖神の垂示には有形無形といふ差別は、五感を標準とし、五感を分水嶺として始めて起るところの說明なるが故に、その根柢に於いては絕對に無形といふものはない。絕對に無形といふ事は空間を想像するより以外は決して吾人の意識に上ることは出來ぬものである。然も空間とは無形なものではない。たゞより微妙なる極小なる實質が實在し居るものにして、吾人の五感に上らないといふのみである。それで精神といひ意識といふものと、直靈《なほひ》と和身魂とは、大いにその內容を異にして居るので、直靈《なほひ》も和身魂も無形のものではない。より微妙極少なる實質實體の實在し居るものとなり居るのである。今日人に向つて知識とは何ぞやと問へば、一の概念を得んが爲めに客觀上に向つて硏究するのが智力である。硏究し得て後にこれを主觀に瀦蓄すれば知識である。乃至情力、情感、意力、意志の說明も同樣である。

而して悉く無形のものとなり居るのである。さてその知識、感情、意志そのものは何ぞやと問へば、精神作用といふ。精神作用とは何ぞやと問へば、漠然として明瞭なる答をなすことが出來ないのである。實質ありて後にこそ名稱も起るなれ。彼等は知識感情、意志そのもの丶實質實體を窮めず、たゞその影と響との枝體五感に現はる丶ところによりて説明し居るに過ぎず。言ひ換ふれば知、情、意の實質實體も、意識精神の實質實體も知らずして、漠然その影と響とを説明し居るに過ぎざるものとなる。祖神の垂示は然らず。知情意にも意識にも潜在意識にも、肉體としての荒身魂と等しく實質實體の實在するものとなり居るのである。たゞより微妙にして五感に上らぬといふ迄に過ぎない。然れども荒身魂としての肉體的五感で見ること能はぬものは、心眼を開いてこれを見ざるべからず。直靈には直靈としての荒身魂あり、五感あり、これを見これを究むることが出來るのである、乃至眞身魂、幸身魂、奇身魂にも各自相應なる荒身魂を有し、五感を有し、それ相應にこれを見これを究むることが出來るのである。況してや根本直靈の荒身魂と五感とに至りては、千古の前に溯りても、千古の後に流れてもこれを見これを究むることが出來るのである。要するに、祖神垂示の靈魂觀は世界列國東西古今に於ける靈魂説と、心理學とに比較すれば、大いにその内容外觀を異にし居ると共に、世界古今に超絶したる靈魂説の系統、心理學の系統の垂示せられあると共に實行せられあるのであります。宇宙に根本中心大極大本體の天御中主神あり、國家に根本中心の天皇あり。一身に根本中心の直靈あり、宇宙萬有を統一し、民族國家を統一し、心肉を統一しつゝあるのである。日本に天壤無窮の御國體が建設せられあるのは、有《あら》ゆる方面に徵して偶然ではない。悉く淵源するところがあるのである。その靈魂觀に徵しても、國家の統一と靈魂の統一とは同根一體であります。日本民族に靈魂系統、心理系統の基礎を有せざるものありと思はゞ大いなる誤謬である。世界列國古今東西に超絕したるところの一大靈魂系統、心理系統を有すると共に、八百萬神はこれを實行發揮せられたものである。而してその遺傳は今日現在の日本民族の血管に流れつゝあるのである。その說明の方法こそ忘れたれ、實行的にはその遺傳が現はれて色彩光輝を發揮しつゝあることが少からぬのである。今日はたゞその靈魂系統、心理系統の、最も今日流行の學說に比較し易き名稱だけを擧げて、我國には神代の古に於いてかくの如きものありといふことの一端を證明し置くに過ぎないのであります。

第二十二章　原人直系の子孫としての根本民族と人類言語の本末

今日、人類は一始原より分派し、言語も一始原より出でたるものであるといふことは、人類學上言語學上よりも一定して動かすべからざるものとなり居るのである。たゞその原人は世界何れのところに發生し、その言語は何れの地より分派したるものなるかといふことに就いては、目下研究中にて一定すること能はぬところである。私は祖神の垂示に照らして、日本民族は原人直系の子孫にして直系的根本民族である、世界の言語も日本民族の分族分々族の移轉移住すると共に分裂したるものであるといふ確信を有し、その確信と共に神代史を説明し居るものである。今試みに言語の上より一二の例を示せば、日本古代に於いては、神または長上を尊稱して「カミ」といひ、「カム」といひ、また「カン」ともいふ。朝鮮にては檀といひ、檀君といふ。「アカサタナハマヤラワ」の通で、「カン」、「タン」、「ダン」となる。支那は君といふ。「カキクケコ」の轉で、「カン」「クン」同音である。蒙古は「カン」、「汗」といふ。成吉斯汗の如きそれなり。西藏、猶太等は「ハム」といふ。アブラハムの如きそれである。是れ「アカサタナハマヤラワ」の通ひにて「カム」も「ハム」も同音である。南洋諸島に於いては「ハム」とも「カム」ともいふ。日本は神及び長上を尊稱して「ミコト」といふ。蒙古にては「ヲゴト」といふ。是れ「ヲ」も「ミ」も同音同義である。御手《おんて》づからとも、御手《みて》づからともいふが如し。「ゴ」は「コ」の濁りたるまでゝある。波斯は「ゴダ」といふ。是れ「ヲゴト」の「ヲ」を省き、「ゴト」となり、「ト」が「タチツテト」の轉で「タ」となり、「ダ」となり、「ゴダ」となりたるのである。獨語では「ゴツト」といふ。是れ「ゴト」が迫りて「ツ」を加へ「ゴツト」となる。英語では「ゴツド」といふ。是れ等しく「ト」が濁りたるまでにて、何れも皆「ミコト」より轉々流れ出でたる痕跡を發見するに容易なる系統を現はし居るのである。印度は「ゴーダマ」といふ。これ

「マミムメモ」の轉で「ミ」が「マ」となり、「ト」が「タ」となり、「ダ」となり、「ミコト」といふべきを「コトミ」と轉倒し、「ゴーダマ」と轉訛したるに過ぎず。日本民族は太陽の中樞點にましまして、太陽國を主宰統一しますところの直靈《なほひ》としての天照大神を尊稱して「大《おほ》ヒルメノミコト」といふ。印度にては「ビルシャナ」といふ。「ビルシャナ」とは、「ビル」は大なり、「シャナ」は日なり。大日なり。太陽である。「ヒル」が轉じて「ビル」と濁りたるなり。或ひは大梵天の事を「ブラマ」とも「ブルハン」ともいふ。「ハヒフヘホラリルレロ」の轉にて、また「マミムメモ」の轉にて、「ヒルメ」が「ブラマ」「ブルハン」と轉訛したので、「ヒル」も「ビル」も同じく、「ヒル」も「フル」も「ブラ」も、「マ」も「ミ」も同じ音にして、何れも皆「ヒルメ」の流れて轉訛したものに過ぎず。埃及では太陽の子を「フアラオー」、または「フオーラルオー」といふ。等しく「フル」である、「ブル」である、「ヒル」である。「ヒルメ」の流れ〳〵て轉訛したのに過ぎない。日本民族は神及び長上のましますところを尊稱して「ミアラカ」といふ。或ひは後に至りて「オンアリカ」ともいふ。「ミ」は靈にして美稱なり。尊き靈の御方が鎭座ましますところの場所である、行在所である、宮である、城である、宮城であるといふ意味であります。印度にては、宇宙的精神を「アラヤ」といふ。唯識論にては宇宙的藏識を「アラヤ」といひ、起信論にては「アリヤ」といふ。阿賴耶《あらや》、阿梨耶《ありや》も同音にして、何れも平等一體を意味したものである。無我である。「ミアラカ」が轉じて「アラヤ」となり、「アラヤ」が轉じて「アリヤ」となつたので、「アカサタナハマヤラワ」の通ひで同音である。「ラリルレロ」の轉で「ラ」も「リ」も同音である。日本では「家」と書いて「花家《はなや》」、「立花家《たちはなや》」ともいふのである。「アラカ」、「アリカ」は場所なるが故に、我無く神無し。「ミアラカ」といへば「ミ」は靈なり。靈なるが故に我あり、神あり、主宰統一の神あり、我あることを意味したものである。印度では單に「アラヤ」「アリヤ」というて、場所のみ境のみを眺めたるが故に、平等となり無我となつたのであります。亞刺比亞、巴比倫等に於いては、「アラー」または「イラー」といふ。「アイウエオ」の轉で「アラー」が「イラー」となりたるに過ぎず。「アラ」は「アル」にして、「イラ」は「キル」なり。神の實在すること、居住することを意味したるものとなる。彼等が神を意味して「アラー」「イラー」と呼び奉るのも、日本古代の「ミアラカ」「アリカ」の流れ〲て轉々轉訛したるに過ぎず。なほ印度で宇宙萬有の本體を意味して「アラヤ」「アリヤ」といふのも、「ミアラカ」「アリカ」の流れ〲て轉訛したのと同様である。スラブ民族が神の聲として尊ぶところの「ウラー」といふ聲も「アイウエオ」の轉にて、等しく「アラー」である。「イラー」である。「ウラー」である。是れ今日は二三の例を擧げたるに過ぎざれども、等しく皆日本民族の「カミ」といひ「カム」といひ「カン」といひ「ミコト」といひ「ミアラカ」といふ音韻が轉々流れて各地に轉訛しつゝあるところの證明としたのである。それは何を以てこれを證明するかといふに、日本は一音一義、一音多義、一音萬義にして、一音毎に一義を含み、多義を含み、萬義を含みつゝあると共に、その意義が今日まで傳はり居ると共に、日本の音は何れも淸き正しき音のみにて發聲成立し居るなれども、各國のは時に一音一義のものなきにあらずと雖も、その多くは、是れ二音三音と綴りて後にあらざれば意味をなすこと能はず、また他の各國のは祖神の直系たる大日本民族の分族分々族なるが故に、その音義を失ひたるもの多くあると共に、その發音も生活の多忙、境遇の煩雜、及び氣候風土等につれて、濁つたり迫つたり縮つたりすることの餘義なき場合に陷り居るのであります。發音の淸くして正しきといふ點のみを以ても、日本神代の言語が他の國に分派分流したるものなることを證明するに足るのである。特に「カ」といひ「ミ」といひ「ム」といふ事も、「ミコト」といふことも、その一音毎に一義宛を現はしつゝ「カミ」となり、「カム」となり、「ミコト」となりつゝあるのである。今日は時間なきを以てこれを說明する餘裕なきを遺憾といたします。特に淸音、正韻の五十音韻を有する民族は、世界の廣き獨り日本民族のみである。祖神が結婚の始めに於いて五五の最短句を最好詩形を以て婉轉美妙にその思想を咏嘆發露したるが如き、その直系子孫たる大日本民族が神代より詩歌に長じたるの特徵は、正しく以て原人と共に五十音韻の遺傳せられあることを證明して餘りあるのであります。

第二十三章　世界最古の根本神話

世界各國、太古は何れも葦草が繁り居つたのである。故に祖神は世界を稱して豊葦原とも呼び給ふたのである。支那の神話にても葦の灰にて天の壊れたところを補ふたといふのがあり、印度にても釋迦族の前、婆羅門の前に於ける印度最古の神話としては、「彼の神は葦の舟より來る」といふ神話あり。世界に於いて最も古き歴史を有するといふ巴比倫最古の神話に於いても、「彼の神は葦の股より生る」といふことあり。是れみな宇麻斯《うまし》葦訶《あしか》備《び》彦遅神《ひこぢのかみ》の神話が轉々流れ〳〵てその一端を傳へたるものである。その葦の舟より來るとは、日本より印度に渡り行きたることを自白して居る。葦の股より生るとは、宇麻斯葦訶備彦遅神の分族、分々族たることを自白したものである。既に説明したるが如く、葦訶備彦遅神といへば獨り地球や恒星のみを意味したるのみならず、諸册二尊もその子孫も等しく共に宇麻斯葦訶備彦遅神の子孫である。彼等の神話には葦の舟は何れより來るものなるか、それ以上の神話がない。如何にして葦の股より生れたるか、それ以上の神話がないのである。我にはそれ以上の神話あり系統あり、歴然として今日まで傳はりつゝあるのである。この一事に徴してもまた日本民族は原人直系の子孫、原人根本の民族にして、他はその分族分々族たることを證明するの一端たるでありませう。この外希臘埃及等の神話と比較して申し述べたきも、今日はその餘裕なし。英人チャンバーレーン氏の如きは、日本神話が印度のそれよりも古きものなることを驚歎するに至りたること偶然ではない。

第二十四章　生死一貫的邦土世界の經綸

歐洲戰爭以前までは、露國も伊太利も獨逸も佛蘭西も英吉利も日本民族の興隆する淵源を研究し、始めは佛敎なり儒敎なりの感化と思ひしに、豈計らんや、武士道なるものあり、その武士道を研究すれば更に神道なるものあり。佛敎にも儒敎にも關係なく、研究すればする程古くして、幽玄微妙にして、森嚴崇高にして、仰ぐべからず測るべからざるものありて存す。彼等は寧ろ恐怖の念を發し畏敬の心を捧げ、私費を投じ、或ひは官費にてまた半官半民の公費を以て各自互に日本神代史を研究しつつあつたのである。彼等の手に古事記の譯出せられたもの二三種に上りて居るではありませぬか。然るをその直系子孫としての日本民族が何等の考慮を廻らすもの少く、家々の佛壇、若しくは書架には四書五經あり。或ひは經律論の二三卷また少くとも各宗の敎義を備へあり。或ひは一二冊の新舊聖書あり、或ひは哲學科學に於いて各自の學びたるところ好むところの書籍を備へ、或ひは古今哲人の格言集など備へ、甚だしきは古人の稗史、小說を臆面もなく備へ付けたるもあり。獨り日本神代史に於いては、古事記も日本紀も舊事記も祝詞集も風土記等の一冊さへ備へ置かざるものが多いではありませぬか。それでは餘りに忘恩の所爲かと思ひます。私は思ふてこゝに至ると、暗夜鬱々として熱涙の滂沱たりつゝあるものであります。昔英國の有名なる日本駐在全權公使パークスが、日本は佛敎國なりとはいへ、偶像崇拜の國民にして、狐などを祀り居る未開無智の國民である。それが何故に忠君愛國の念强く、擧國一致の團結力があるのであるか不思議で堪へられず、疑問中の疑問であると種々研究の後、伊勢の皇太神宮のあることを聞き、早速伊勢に行き、皇太神宮の前に至れば、覺えず知らず首を垂れ、頭を伏して彼は嘆息して曰く、是れある哉、是れある哉、日本民族の忠君愛國、擧國一致の念力行動はこゝに沸き出づるのである、と知ると共に恐怖の念を發したのである。歐米各國より來るところの博士先生方が伊勢大廟に參詣して覺えず崇高の念に打たれつゝ、その首の上らぬのは如何なる次第でありませう。「何ごとの御座しますかは知らねどもかたじけなさに涕こぼるゝ」ので、如何に佛敎信者にても基督敎信者にても、將た無信仰者にても、獨り西行法師のみならず何人にても崇高の念に打たれ、畏敬の心を發するのは、これ全く天照大神の和身靈が御鏡に宿りつゝその稜威を發揮まし〳〵つゝあるがゆゑに、眼にこそ見えね恰も電氣に擊たれしそれの如くその稜威に打たれて、覺えず知らず然るのである。今日は祖神垂示の靈魂の説明をなすこと能はざるが故に、この處の意味の充分に申し述ぶることが出來ないのでありますが、祖神の垂示としては生前に人生を經綸するのみならず、經綸して人生を終ると共にその根本直靈《なほひ》は宇宙根本、大本體の天御中主太神の下に歸り、その和身魂、眞身魂、奇身魂等なほこの土に留まりて子孫と邦土を照鑑し、その子孫と事業とを監督守護せねばならぬものとなり居るのである。生前に於いても人間として生れ、人間として活動し、人間として死すれば、その任務の終りたるものとせず、生前に於いても人間として活動し、人間としての神といはるゝ迄に活動して、死して後にも、神として家に祀られ、鄕黨に祀られ、郡に祀られ、縣に祀られ、國家に祀らるゝだけの身となり、神となる迄にならねばならぬのであります。日本の家々の祖神、村社、鄕社、縣社、大中小の官國幣社、別格官幣社の如きが卽ちそれであります。その先人が子孫を照鑑し、子孫を監督し、子孫を守護するの念が强きが故に、子孫もまた遠きを追ひ、終りを愼しみ、本に報い、始めに反るの祭を怠ることがないのである。神代より今日に至るまで歷代天皇が一世一度の大嘗祭を始め、神嘗祭、新嘗祭、元始祭、春秋皇靈祭を始め、朝夕天皇が神殿、賢所、皇靈殿等の御遙拜遊ばさるゝが如き、それであります。下、臣民の家々に於ける日祭、月祭、年祭の如き、それである。佛敎に於ける每月の月忌とか、祥月、命日とかは、支那印度にありたるものでなく、奈良朝まで日本に行はれたる日祭、月祭、年祭の形式を變じて、每月の月忌とか年忌供養とかに改めたのであります。日本民族の如く先人の子孫を愛し、子孫の先人を慕ふ國は、世界列國何れの民族にもない。生前に於いて父母祖父母が子孫を愛し、また子孫が父母祖父母を慕ふのみならず、死後に於いてもなほその祖父母は子孫を愛してこの土に留まり、子孫も亦祖父母の死に事ふるは祖父母の生に事ふると異なるところがない。先人の和身魂は家の靈代《たましろ》に宿り、位牌に宿り、或ひは神社に宿り居ると共に、その荒身魂は墳墓に宿り、或ひは神社にも宿り居るのである。故に子孫はその位牌に接するには父母祖先に事へると等しく、その墳墓その神社に仕へるのも父母祖先に仕へるのと同様である。維新以前頃迄は不良の少年青年、または不良の家族を誡しめるに言葉多き教訓を要せぬのであつた。その少年青年等を率ゐて位牌または墳墓の前に至り、御前はこの位牌に對し、または墳墓に對して申譯ありやといへば、如何なる惡人も熱涙を流して懺悔謝罪したのである。昔時は靈代、位牌といふものがかくの如き權威を有し居りたるものである。草木にても下等動物でも、その祖先系統が強くして子孫を愛するもの程がその宗族の興隆するのである。日本民族の如く死生を一貫して子孫を愛し、死生を一貫して祖先を尊ぶ民族が、それ將た何れの國に有りますか。この民族が世界に向つて興隆發展せずして止まるべきぞ。是れ實に祖神が子孫としての天照大神を愛して御頸珠を與へ、天照大神が「子孫を愛し、この鏡を見ること尙ほ我を見る如くせよ、我が靈はこの鏡に宿りて爾を照鑑するなり」と仰せられたのは、伊邪那岐命が、この御頸珠を見ることなほ我を見る如くせよ、我の靈は御倉板擧之神として、この珠に宿り、爾が統一の靈魂を照鑑守護するなり、との意味を相續して勅し給ふたのである。天照大神が高天原に於いて大嘗、新嘗の祭をなし、祖神を主賓として天津神を祭り給ふたるが如く、歷代の天皇陛下はその大嘗祭に於いて天照大神を主賓として天津神、國津神を祭り給ふの御心に則りて、下々に至るまで家々にその家神を祭ると同時に、天津神、國津神を祭りつゝ、家を思ふの念と國を思ふの念と、世界を思ひ宇宙を思ふの念とは、この祭に於いて常に合體しつゝ天地萬有、同根一體の眞心を發揮しつゝあるのであります。往年グランド將軍日本に來朝し、日本の神典神義を窺ひ、その歸る時に於いて　明治天皇陛下に奏上せられた事は如何。「グランド國にありて御國の古國たるを聞く、來朝してその神典神義の儀式を見聞するに至りて、その皇位が一系連綿として天壤と窮まり無きことを會得したのであります。今日は歐米の文物制度を容るゝに多忙なる貴國は、或ひは恐る、かゝる世に有り難き神典神義までを破壞し給ふことあらんことを。グランド國にありて不肖なりと雖も、一國の主權者として、政治の樞機を執り、國民を統治したる經驗を有す。貴國の如き、元始祭、四方拜、大嘗祭、皇靈祭、神嘗祭、新嘗祭、祓禊祭、鎭魂祭等の如きものありて、始めて元首としての任務を盡すことを得ると共に、元首としての慰安をも得るのである、一國民衆の儀表となる大威嚴をも現はすことを得るのである。かくの如きの御儀式は必らず保存遊ばされて、外國の文物制度の爲めに破壞せられ給ふことなきことを奏上して御勸告いたします。而して外國より借金せぬ様に御注意あれ。借金は申すまでもなく、大は國を亡ぼし、小は國を危からしむる基なれば、御注意あらんことを望む。これ實にグランドが陛下に對する微衷であります」といふが如き意味を奏上し奉つたのではありませぬか。外國より來るものは獨りグランド將軍のみならず、一國の統治に志あるものは同一なる感想を發すること少からぬと聞き及ぶのであります。然るに日本民族のその多くは總べての祭の淵源するところを知らず、祭政一致の何物たるをも深く研究するところのものなく、甚だしきは總べての祭日を利用して遊樂の爲めに供し、逸樂を貪らんとするもの少からぬのである。是れまた日本民族としては大いに自覺反省するところあると共に、祭の淵源するところを究明會得し、朝廷の御儀式に則りて家々に於いて神人合一の至誠と經緯統一、顯幽一貫、本末不二、神人合一、君民同體の國民性を涵養發揮するところなくてはならぬのであります。

第二十五章　忘恩的家庭と大中小學

日本國民性は日本神代史によりて始めて知らるゝと共に、祖神の垂示に基きてこそその國民性も訓練發揮せらるゝものである。祓と禊と鎮魂の如きは國民性訓練の實行法である。今日に至る迄日本帝國大學に、日本神典の講座なきは一大缺點である。哲學の講座も佛教の講座もあり、宗教の講座も法律、經濟、理科等の諸科學の講座も悉くあるのに、獨り根本生命ともいふべき日本神典の講座なきは實に一大缺點ではありませんか。一國學問の淵源たる帝國大學に於いてかくの如き缺點あり、家々に於ける父兄は神史國典を忘却して一冊だも供へ置かざるもの多く、公私大中小學校にも神代史、國典を講ずるものなしとせば、全國の學生を通じて國民的靈魂氣魂の薄らぎつゝあるのは怪しむに足らない。私は帝國大學に神典の講座を設けざるべからざることを大聲叱呼すること久しけれども、何分にも微力にしてその志を達すること能はざることを常に遺憾としつゝあるところであります。

第二十六章　世界的活動の國民性

要するに神代は天葦船《あまのあしぶね》、天鳥船《あまのとりぶね》、天之石樟船《あまのいはくすぶね》等にて世界を股に天翔り國驅りたるものである。天斑《あまのぶち》駒《こま》、栗毛、白毛の駒にて世界を股に天翔りたるものである。然り、駒の爪の至り留まる限り、舟の艫《へ》の至り留まる極み、又青雲の靄々として棚引く極み、或ひは國土の退《そ》き立つ極み、白雲の墮居向伏《おりゐむかふす》限りを國驅りて、蒼天壁《あまのかべ》の隨立つ限りの遠き境に至るまで、稜威大稜威の至る極み、伊都《いつ》の雄健《をたけび》踏み健びて、四圍十表《よもやを》の天津碧空と國津磐根とを國驅り天翔り、狹國《さくに》は廣く、嶮國《けくに》は平らかに、遠き國は綱のその八十綱を打掛けて引き寄する事の如くに、人の芳譽《ほまれ》、人の榮光《さかえ》は、神の稜威の十表《おほみそら》を天照するが如くにこそ、その光明を輝かし、陸《くが》の荷前《のさき》、海の荷前としての海陸の產物は横山の如くに積み上げて、朝に夕に天津大神、國津大神に齋き奉り、天照皇御孫天皇《あまてらすすめみまのすめらみこと》の大御世を、手長の御世の足らし御世の茂御世《いかしみよ》として、常磐《ときは》に堅磐《かきは》に大磐石の如く堅固に固め成し、伊賀志八桑枝《いかしやくはえ》の如く彌榮えに榮え、百千萬代の窮み無く榮えまさんこと壽き奉り、仕へ奉りたるものである。天照皇大神を祭り奉る祝詞の如きは、神代の意味をその儘に發表しつゝ來りたるので、神代には八百萬神が世界を股にして如何に横行濶步したるかを徵せらるゝのである。少くとも奈良朝以前迄は海外に向つてなほその大氣魄を發揮しつゝあつたのであります。神代より奈良朝頃迄は日本民族としての言葉に、「明《あかり》」とか「淨《きよみ》」とか「正《たゞし》」とか「直《なほし》」とか「勇《いさむ》」とか「太《ふとい》」とか「豊《とよ》」とか「勤《いそしむ》」とか「務《つとむる》」とか「廣《ひろい》」とか「進《すゝむ》」とか「追《おふ》」とか「壯《さかんなり》」とかいふ如き言葉を盛に使用したものである。例へば明心《あかきこゝろ》、直心《なほきこゝろ》、太心《ふときこゝろ》、猛《たけき》心《こゝろ》、淨心《きよきこゝろ》、正心《たゞしきこゝろ》、美心《うつくしきこゝろ》、善心《よきこゝろ》、眞心《まごゝろ》、振魂《ふるたま》、豊明《とよのあかり》、等の如きがその證明である。更に推古天皇の時代に於いて隋の制に模して冠位を製し、その冠位の名稱に徳冠、仁冠、義冠、禮冠、智冠、信冠と名づけ、これに大小を配して大徳冠、小徳冠、大仁冠、小仁冠等といふたものである。然るに天智天皇の時に至るまで、餘りに支那の思想を輸入し過ぎて國民性の根柢を覆すの嫌あるを以て、天武天皇はこれを革新し、日本傳來の思想を以てその冠の名として位階を定め給ふたのである。如何に革新せられたかといへば、明冠、淨冠、正冠、直冠、勤冠、務冠、進冠、追冠となし、而して大小に換ふるに「大」「廣」を以てし、大明冠、廣明冠、大淨冠、廣淨冠といふが如くに改正したものである。かくの如き文字は、支那に於いてはかくの如き場合に於いて使用すべきものでない。全く日本傳來の思想を支那の文字に飜譯してこれを表彰したるものである。これ等の言葉これ等の意味は當時の宣命等の文に現はれ居りたるものであります。丸山作樂大人の如きも盛にこの冠を改正したる意味を唱道したのである。日本民族は消極的の思想を忌むと共に、常に積極主義をその思想にも行爲にも發揮しつゝありたるものである。故に如斯く「明」とか「大」とか「廣」とか「正」とか「直」とか「進」とか「追」とかいふ思想と共に、その行爲は積極的で快活勇壯で神勇、壯快なる民族心理であり、國民性であつたのであります。天武天皇が冠位を改め給ふたについて日本傳來の國民性を發揮し、特に大小の小を忌み去りて、換ふるに「大」「廣」の「廣」を以てしたるが如きは、何と愉快なる御改革ではありませぬか。かくの如く進取、敢爲、勇壯、快活の國民性でありたることを後世子孫たる身としては偉大なる敎訓として修養發揮するところがなくてはならぬのである。さればとて徒らに自負誇大して他を輕んじ、他を蔑しみ、他を妬み、他を防ぐが如き頑固偏曲にして頑迷不靈なる國民ではない。天御中主太神の宇宙萬有を呑吐陶冶ましますそのまゝの御心を有すると共に、天照大神が自他の別なく照鑑光被ましますその儘の御心を心としつゝ、自尊自重したものである。故に自から自己としての性格を充實して自尊自重すると共に、悦んで他を迎へたものである。先刻述べたるが如く儒敎も入り佛敎も入り、歐米の思想も入り、世界の文化物產は悉く迎へて入るゝ事を辭さない。然れども自己としての性格、自己としての國民性を害するものありとすれば、斷じて寬容することなくこれを擊退驅逐す。例へば湯武革命の如きは斷じて入れず。小乘寂滅の佛敎は斷じて入れない。國約憲法も惡平等の均一的社會主義も斷じて入れない。而して我が國民性にその善良なるものをば同化し感化して孔孟以上の五倫五常を現はし、支那印度以上の大乘佛敎を現はし、歐米諸國に超絕したる欽定憲法を現はしたのである。身體の健全なるものは總べての食物を消化して益々健全なるが如く、國體と國民性とが健全なるが故に、古に今に何ものをも消化し得てその國體とその國民性とは益々健全に發揮しつゝあるのである。日本國民性は一時はそのものに心酔し、そのものに中毒するが如き危地までに達すれども、その極致に達すれば必ずや反省するところありて我に反り、我を現はし、我に同化し去らざれば止まざるものである。是れ全くその國體に淵源する根柢あり、その國民性に淵源する源泉があるから、一時泥水濁流の四面より流れ來るとも、必らずやこれを陶冶し洗濯し盪滌し淸澈して淨水たらしめねば止まざるところの源泉的にしてまた大海的なる大威力を有し居るからであります。島國的思想となりたるは奈良朝以後の事にして、儒佛渡來後に於いて佛敎の後世を談じ、往生得樂を望んだからである、儒敎の机上的仁義の空理を空談し、文學を空吟して祖先傳來の積極的氣慨氣魄が消磨したからであります。

第二十七章　靈魂組織の系統と必要に應じたる科學的萌芽及發達

日本には、祖神の垂示としてかくの如き雄大なる宇宙觀あり、天地觀あり、世界觀あり、原人觀あり、靈魂觀あり、人倫觀あり、處世觀あり、神人合一觀等のありながら、獨り科學の開けなかつたのは何故であるかといふに、山河美にして土地肥え國富み、禽あり獸あり魚あり、氣候温暖日月淸明にして、衣食住の豊かにしてその不足なきが爲めに科學の起り來る必要が少かりし爲めである。然れどもその必要あるものには神代よりして科學思想も發揮せられつゝあつたのである。刀劍の如き舟筏の如きはそれである。日本刀鐵斷つべしと支那人の歌ひたるが如き正宗等の名劍には、悉く金銀を調和して鍛錬したものである。その雲水の色彩を發揮しつゝあるのは調和されたる金銀の光輝である。勿論神代の寶劍は天上よりの隕石にて鍛錬し、その隕石は發熱して鐵と化晶し、その化晶鐵には自然と金分銀分を含有し居りたるものである如く、その本來に於いて金銀混淆の沙鐵より鍛錬したる備前兼光等の名刀なきにあらねども、後世人工的に金銀を加味して鍛錬したるの名刀が尠からぬのである。英國にて鐵道のレール等を切斷する鋸を發明するに苦しみ、漸く金を入れて鍛錬したる鋸を製し、始めて鐵を切斷することを得るに至りたるはこゝ三十年以前に過ぎず、日本は叢雲劍《むらくものつるぎ》といひ、布都御魂《ふつのみたま》といひ、悉く天上より落ち來れる金氣を含みたる隕鐵より製したものである。それ等の傳へよりして正宗の名劍等はその鍛錬法を發見せしなり。獨逸人は日本の正宗を分析してその鍛錬法を應用し、現に四十二糎以上の巨砲を製造しつゝあるのである。奈良朝時代にはその必要に迫れば、活字も製造したものである。世界に於いて最も夙く飛行機を製造し始めたのは平賀源内である。その必要に迫れば、各種の機械等に於いても發見せられ應用せられたものは尠からぬのであるが、その必要の滅すると共に、相續者が消滅するから、特に發達することが出來なかつたのである。繪畵とか彫金、木彫、漆器、陶器等の美術品も一時盛大なる發達をなすかと思へば、世の技工の轉變と共に相續者の現はるるものなきが爲めに衰微したのである。是れ畢竟祖神の垂示したるその事業と共に相續者を養成することに注意せざりし結果である。特に日本民族の靈魂觀としては偉大なる心理系統が神代より流れ來りつゝあるが故に、その宇宙觀世界觀等に相應したる科學思想の根柢も萌芽しつゝあるのである。それで必要に迫れば、科學的發明も將來大いに發達すること疑なき民族である。陸海軍の武器の如きは世界先進國と馳驅する迄に發達しつゝある民族である。醫學の如きも世界に認められんとする迄に發達しつゝあるところの民族である。されば理化學天文氣象學の如き、如何ぞ將來に向つて大發達せずして止むべき國民でありませうぞ。要は唯神代のそれの如く堅忍不拔にして、事業の建設と人格の發揮と相續者の養成といふことを以て世界統一、世界固成の任務と心得、以て天壤無窮の皇基を一代は一代よりより以上に發揮せねばならぬのであります。

第二十八章　天皇と世界統一——祭政一致と政教混濁

天壤無窮之御國體とはたゞ徒らに一系連綿として天壤無窮なるのみの意味にあらず、天皇とは「スメラミコト」と申しまつるでありますが、「スメラミコト」とは「スベルミコト」、「スメルミコト」といふ意味である。「スベル」とは統一といふ義にして、「スメル」とは同化といふ意味である。天皇は世界人類を統一し、世界人類は天皇に心服同化するといふ意味なのである。その外面の最も能く統一したるものはその內容の最も能く淸徵同化したるものである。その內容の淸徵同化したるものに非らざれば、その外面の統一は永續するものでない。それで天壤無窮とは世界を統一する爲めの天壤無窮である。世界統一は一二代、若しくは二三十代位の時間を以て統一せられ得るものにあらず。五十代百代と神人合一の下に陰德を積みつゝある天皇ならでは、世界人類の仰ぎ望みて心服し來るものでない。祖神垂示の「スメラミコト」としての政界統一は、我より進んで武力または政治法律等を以て攻略征服するの意味ではない。武力政治法律の統一では外形の統一にして、征服者と被征服者との心が合體しない。怨恨の心ありて心服するものでない。「スメラミコト」としての世界統一は我より進んで攻略征服するのではない。彼より我の後を慕ひ、我の威嚴を仰ぎ、我の助成、我の擁護、我の統治を求めつゝ我に心服し、我に同化し來るものを、居ながらにしてこれを統一主宰するの意味である。是れ迂遠なるが如きも斷じて然らず。我克く務めて宗敎、哲學、科學等の世界に超絕すると共に、その民族の人格がまた克く世界に超絕し、模範となる迄の國民性を發揮し、その天皇その國家は世界の事業、世界の道德の淵叢中心中樞たるの威嚴に性格を發揮しつゝあらんには、その正義と慈愛と武力と積德聚義の光彩は天地十表を照破するを以て、世界列國中には自然とその弱者弱國が我に訴へて來り、我の保護を求め、我の統治を望むに至るのである。强者强國も我に向つては反抗すること能はず、自然と我に心服し來るものである。故に天壤無窮の御神勅と共に神籬磐境の御神勅ありて、天皇と臣民とは先づ以てその祭を共にして以て神人合一の表誠を實行し、神を祭るの心を以て政治をなすべきものとして、その萬業積徳の大根本を修養鍛錬せんことを垂示せられたる所以である。日本の祭政一致とは羅馬法王廳に於けるが如き政教混濁の意味にあらず。その形に於いては政と祭とは井然秩序あり。各自分掌するところを同じうせずして、その心は相互に合一し居るのである。御政治始めに於いて先づ以て神宮の御無事を奏聞するのは、天皇陛下が天照大神の御心を御心として御政治遊ばすの表彰なるが故に、これを奏上し奉るところの人もまた內閣總理大臣でなくてはならぬのである。內閣總理大臣は天皇の御心に則り、等しく天照大神の御心を心として政を助け奉るところの赤心を表彰し奉らねばならぬのであります。是れ行政に於ける第一の御行事に屬するのである。而してその神事は宮中賢所に於いて掌典長以下その御祭の行事を執り行ひ、伊勢大神宮に於いては齋宮、大宮司以下その祭儀を執行ふのである。掌典長等は內閣大臣となることを得ざるが如く、內閣總理大臣も掌典たることは出來ないのである。內外表裏、各自分掌するところは合して天皇陛下の御一身に集り、國民全體に光被するのが祭政一致の國儀國典であります。

第二十九章　天皇の御軍と過去の世界統一、將來の世界統一

大日本天皇の御軍には神代のむかしよりして無名の戰や無名の征伐ありたることなし。彼れ我に寇

なす時は、先づ神問《かんとは》しに問はせ給ひ、それにてもなほ且つ犯し來る時は風發電撃、神攘《かむはら》ひに攘ひ給ふのである。而して彼遂に服從らへ《まつ》ばこれを慰撫し、これを安養して血食を斷たず、その子孫をして安んぜしむるのである。遠きは出雲族が服從すればその子孫を安養し、武御名方神《たけみなかたのかみ》が服御すれば信濃の國に安養し、近きは德川氏が服從すればその子孫を安養して血食を絕たしめず。琉球服從すればその子孫を安養して血食を絕たしめず、韓國服從すればその子孫を安養して血食を絕たしめぬのである。その始めに於いて我に禍心を抱き、我に寇をなすが爲めに我これを神問しに問はせ給ひ、神攘ひ給うて彼自からに悟るところを待ち給ふに過ぎないのである。將來と雖も決して我より進んでこれを攻略征服するといふことはない。他國の如くその子孫を殺し、若しくは放逐してその血食を絕たしむるが如きことはないのである。天皇の御軍としては神代のむかしよりして無名の征伐と云ふ事の斷じて是れ無きものであります。たゞ臣下としては源平二氏の如き、相互に血食を絕つが如きことのありたるに過ぎず。天皇の御軍としては「スメラミコト」なるが故に、內外統一同化すべき祖神の垂示を脫出することは出來ないのである。これまで世界統一を企てたるものは、古今東西尠からぬのである。或ひは武力を以て統一せんとするものあり、宗敎を以て統一せんとするものあり、經濟財政を以て統一せんとするものがあつた。然れども彼等は皆失敗したのである。將來と雖も、かくの如き一方のみの方法を以て世界を統一せんとするものはまた等しく失敗に終るのである。世界は複雜なり、人類は單純ならず。宗教を要し、哲學を要し、科學を要し、武力を要し、文學美術を要して法律經濟を要し、有ゆる事業を要すると共に、第一人格と國風とを要するのである。然り、有ゆる衆德衆業を發揮統一し得たる人格的民族、國風的國家國民にして始めて世界を統一し、世界統一の業を完うし得るの大天皇たることを得るのである。故に宗教、哲學、政治、經濟、法律、財政、文學、美術、陸海軍の諸科學、乃至慈善、公德、私德、陰德、氣概、節操、品性、人格、國風等、有りと有ゆる衆義衆德の超絶したるところの民族的國家の表彰體たる大天皇にして始めて世界統一の業を完うし、世界の修理固成の功を完うし、天皇として大天皇としての實を完うすることを得るのであります。されば祖神垂示の「スメラミコト」、「スベルミコト」、「スメルミコト」としての統一同化と、世界修理固成の神命と、天壤無窮の神勅と、神籬、磐境の神勅と、祭政一致の行事と、その宇宙觀、世界觀等とは、後世子孫としてはその淵源するところを糺明し、大いに自覺奮闘するところなくてはならぬのでありま す。我より世界統一の道に上らざれば、彼より世界統一の途に上る、世界の民族は悉く世界統一の責任を有し居るのである。特に我には世界開闢と共にその神勅の天降りつゝあるものなれば、平然として安居することは出來ないのである。世界の統一とは人類の平和である。全人類責任の遂行である。何も遠慮するところはないのである。以上は實に是れ大日本建國の大精神なると共に、日本民族としてはこの精神を發揮實踐して世界の統一人類の平和を靈顯し、修理固成の天職責任を全うせねばならぬのであります。

第三十章　全神教趣大日本世界教

私の唱道する全神教趣大日本世界教とは不肖なる私の發明したものではない。たゞ祖神の垂示を現代的術語に譯して全神教趣大日本世界教と稱するに過ぎないのであります。おさんには大おさん主義あり、權兵衞には大權兵衞主義あり。人類萬有その自性を發揮し、その輪廓を廣大にするといふことは、人類萬有それ自身の自性である。一國としてその國の大ならんことを欲するのは國それ自身の自性である。自國を大ならしむるのは他の國を導きてより以上に感化し、同化せんとするに過ぎず。我に善良なる素質なくんば、他を感化し同化することは出來ぬのである。他も亦感化し同化し來るものでない。我に善良なる素質あれば、他は自然と感化せられ同化せられ來るものである、我が善良なる素質は獨り我の私し得べきものでない。均しく彼の善良なる素質と合體しつゝ相互に感化し、相互に同化するのである。然り、天地同根、萬物一體なるが故に、我より善良なる動機を發すれば、彼等は喜んで感應感動し服從同化し來ると共に、相互の輪廓は大となるのである。たゞ我その主動者たることを得ば根本中心の國家となり得るのである。根本中心の主宰者となり得るのである。その善良なる素質とは全き神の教ならでは發揮することが出來ないのである。一角一片の教にては世界を感化し、人類を統一するの素質を發揮することは出來ぬのである。我が國の如き全き神の敎なる祖神の垂示を實行するものがあれば、その者はよしや亞米利加人にしても全神敎趣大亞米利加世界敎として世界を統一する事を得るのである。また英吉利人にしても全神敎趣大英吉利世界敎として、佛蘭西人にしても全神敎趣大佛蘭西世界敎として、乃至獨人露人も全神敎趣大獨逸世界敎、全神敎趣大露西亞世界敎としていづれも僉人類を同化し、世界を統一することを得るのである。何ぞ必ずしも獨り日本民族に限りたる譯はない。怠るものは衰へ、努むるものは必ず興るのである。故に我等日本民族は怠るべからず、努めざるべからず。祖神の垂示を發揮してその宗義は世界の有ゆる宗教宗義に超絶し、その哲學倫理道德は世界の有ゆる哲學、倫理、道德に超越し、その政治、法律、財政、經濟等は世界の有ゆる政治、法律、理財、經濟に超絕し、その文學美術も陸海軍も乃至有ゆる理化學的發明、工業商業等も世界の有ゆる國民民族に超絕するところがなくてはならぬとの自覺を有すると共に實行すべきである。殊に最も注意すべきは祖神が垂示し給へる神人合一の祭政一致である。神を離れては、宗教、哲學、倫理道德、政治、法律、財政、經濟、文學、美術、軍隊、衞生、商工業等に至るまで、是れ靈魂なき外觀の裝飾に過ぎざるものとなる。奈良人形となるに止まるのである。何等の活氣なく生命なく、何等の威嚴なく元氣なきものとなる。神を離れたる宗教、哲學、倫理、道德等は永久に傳はることなきが如く、神を離れたる民族も家族も國家も永續することは出來ないのである。希臘の末路は如何。羅馬の末路は如何。佛國の革命は如何。その宗敎哲學倫理の懷疑に陷ると共に、人心腐敗し、元氣衰退し、國家も滅亡したのである。人類を同化し、世界を統一せんとする大國民は、その根柢に於いて全神の敎趣を離るべからざるものである。是れ祖神が夙に世界邦土の開闢と共にその意味を子孫たる全人類に向つて天啓垂示せられある所以なのである。故に私は固より以て取るには足らざる淺學無智なれども、その子孫の一人として已まんとするも止むこと能はず、感慨鬱々として自からその分のあるところを忘れず、その垂示を現代的術語に譯出し、全神敎趣大日本世界敎といふと共に、御敎主としては窃かに祖神より歷代の天皇を仰ぎ奉り、我が身の及ぶ限りの一分を實行しつゝ我が愚を捨てざる友あれば相互に共鳴實行し、一人づゝその實を擧ぐべく期待しつゝあるのであります。委細は今日進呈したる宣言及び會則にその一端を認めあれば、幸に御一讀を願ひ度いのであります。日本の國民性は日本の神代史による以上のものなし。仰ぎ願はくは世界冠絕、古今無比の大日本神典――原人直系根本としての祖神の垂示を一室に保存して子孫に傳へつゝ修養訓練せしめられんことを。今日は同鄕の御契を以て愚かなる私の爲めに一席を御設け下され、私は父や兄やに御會ひ申したる心地がするのであります。何等取るべきところなきものを、殘暑燒くが如きこの烈日に殆んど二時間餘も申し上げ、貴重なる時間を浪費して申譯なき次第であります。何卒父兄の愛情を以てその罪を寬容し、將來共御鞭撻を望む次第であります。以上かしこ。

餘説

神と我、我と神

我に魂あるを知らば宇宙に神あるを知れ。全身に靈魂《みたま》あるを知らば、分身の細胞筋肉にそれ〴〵の魂あると共に宇宙また八百萬神あるを知れ。我は一人にあらず、千萬人なり。而も我は一魂一神なりとすれば、千萬人もまた一魂一神にして、我と千萬人とは八百萬神たりつゝあるものぞ。人類が神なると共に萬有もまた神なりと知れ。

我に主魂《ぬしみたま》あるが如く宇宙にも主魂あり。我の主魂は唯一絶對なりと知らば、宇宙の主魂はより以上の唯一絶對なりと知れ。

その唯一絶對の主魂は
天御中主太神なり。各國皆これを尋ね、その主魂を呼びて各自の名稱言語となり、各自風俗の習慣形式となる。わけ登るふもとの道は多けれど同じ高根の月を見るかな。たゞその信仰形式の淺深厚薄あるのみ。各國のはその道その形式の迂回して高根に出づる能はず、斷巒絶峰の傍山に出づるのみ。而も出でゝ後はその小道たりしを悟り、その淨土その天國より再び修行し、再び旅途に出るものと知れ。

何事につれ、願事あらば祓へ禊げ。大祓戸大神祓ひ禊ぎて感謝の意を表せよ。

何事につれ、念々行々

天御中主太神を稱へまつりて感謝の意を表せよ。

自律より云へば、我より神に近づくなり。近づき得たる奮闘を喜ぶなり。他律より云へば、神より我を近づけ給ひしを喜びまつるなり。

守り救ふは太神の分際なり。我の分際に非ず。人力の及ぶところにあらず。我より願ひまつらずとも、太神は我等萬有を守りつゝ救ひつゝあるなり。我等はたゞその守られつゝ救はれつゝあることを自覺して感謝の意を表しまつり、その守りの中に救の中に安身立命しつゝ、天職に國務に勉むべきものぞかし。

平生よく「かむながら」「神流魂流靈《かむながら》」と云ふ流の命と、靈和魂和《まにまに》と云ふ安心とを會得し、吉凶善惡の流れに驚かず怖れず、靈和魂和たることを實修し置くこと肝要なるぞかし。

「まにまに」に三義あり、神の靈が我の魂を招きて和ぐる事。我の魂が神の靈の中に投じて和ぎ安身する事。我の直靈《なほひ》と八千《やち》靈《みたま》との調和安身する事の三義ありと知るべし。

故に日本民族は生老病死を怖れず、吉凶禍福に怖れず、平生に於いてその流の命に立ち、自から安身なし居るべく、まさかの時に及びて狼狽すべからざる事。

失敗絶望の極には、徒らに煩悩することなく、たゞ一心一念に神を拜み、祝詞を奏し、大御名を稱へまつれ。いかに嫌やなりと思ふ時にも必ず拜神せよ、一時間なり二時間なり一日一夜なりとも。さすれば胸も開け、身も快くなり來ると共に、必ずや一道の光に接す。前途再び開くるに至るものぞ。努め、拜神せずして自暴自棄の念を起さゞれ。

苦しき時には樂しみを知れ。樂しき時には戒しめあれ。苦しき時に樂しきを知らず、樂しき時に戒しめなきものは危し、惡魔《あらぶるまがつび》に誘はれつゝあるものと思へ。

建國の精神　終

第三　三種の神器

第一章　神器と古典及び相傳

掛卷も畏き三種の神器に就いては、これ迄種々なる解釋あれども、その多くは日本古典に基きたるもの尠く、支那や印度の思想を以て解釋し、此頃は又西洋の思想を以て解釋するものさへあるに至り居るのであります。日本の事は日本傳來の古典及び相傳に基くのが正當なる義と存ずるので、殊に三種の神器に至りては尤も然るので、支那や印度や西洋の思想などを以て解釋し得べきものとは思はれないのであります。支那思想を以て、三種の神器は智仁勇なりとは、皮相の見に過ぎない。これは單に支那思想の智仁勇を以て三種の神器に配合したに過ぎないものである。猶ほ印度思想の大圓鏡智を以て鏡に配合したのと同樣であります。智仁勇とか大圓鏡智とかは三種の神器と本來關係なきものであります。天照皇太神の三種の神器を皇孫瓊々杵尊に御授けになる際には、斯かる御言葉はないのであります。又支那には三種の神器なくも、智仁勇を説明し居るので、三種の神器がなければ智仁勇は説明することの出來ないものとは云はれないのである。猶ほ三種の神器はなくとも印度は大圓鏡智を説明し居るのと同樣であります。此頃西洋思想を以て、三種の神器は眞善美なりと解釋するのも同樣で、西洋には三種の神器はないけれども、眞善美を説明し居ると共に、今なほ説明し居るのであります。さすれば智仁勇とか大圓鏡智とか眞善美とかを以て、三種の神器を解釋せねばならないといふことはなきものと存じます。これは全く支那印度西洋思想を以て三種の神器に結び付けたものに過ぎない。言ひ換ふれば、智仁勇とか大圓鏡智とか眞善美とか云ふ支那印度西洋の衣服を以て、三種の神器に著せたものに過ぎないのであります。三種の神器を御授けの時代には斯かる御言葉も衣服もないので、全く三種の神器の何物たることを知らないから、强ひて外より斯かる衣服を著せ奉りて解釋したるものと思はれます。

第二章　古典の表と相傳の裏

今日世界を通じて人智の發達と制度の進歩とは昔日の比ではない。然れどもその寶とするものは世界列國を通じて玉である、劍である、鏡である。彼等は古より今に至るまで玉と劍を寶とするも（鏡を寶とすることは知らないものもあるのであります）、世界人文の發達したる今日でさへ玉や劍を以て寶とせねばならないのに、皇國に於いては遠き上代よりして三種の神器を無上の國寶となし居ることは如何に遠き古代に於いて已に發達し居りたる民族であつたかを窺ひ奉らるゝのであります。斯かる無上の國寶なるが故に、これを眺め奉れば、その三種の神器の中には智仁勇の意味も含まれ居り、大圓鏡智の意味も含まれ居り、眞善美の意味も含まれ居り、義の意味も禮の意味も德の意味も含まれ居り、意識の意味も知情意の意味も含まれ居り、その他凡有ゆる意味が含まれ居るので、如何にとも外より眺め奉ればその材料次第で解釋することを得るのであります。然れどもその一事實を以て外より如何に解釋すればとて、その全きを得べきものでなく、三種の神器は斯かる狹隘淺薄なるものでなく、萬能萬德、全智全能を具足し居るものなのであります。斯くの如き二三の外來的言語事實を以て解釋するとも、ほんの一端一鱗に過ぎないもので、これを內より古典故實により、又その相傳の秘事に依りて解釋せねば、徹底したる意味を窺ひ奉ることは出來なきものと思ふのであります。然らば內より解釋するには如何なる古典故實の據るべきものありやと云ふに、古事記日本紀祝詞等歷然として存在し居ると共に、又その道の流れありて、御代々々に言ひ繼ぎ語り繼ぎつゝ傳へ來り居るので、その古典の表と相傳の裏と相俟つて物語り、語り繼ぎつゝ言ひ傳へ來り居るのであります。

第三章　天沼矛と修理固成

三種の神器の由つて來る歷史は、その淵源由來の崇高森嚴に、幽玄高遠にして、言語文章のみにては說明すること不可能なれども、今その一端を述べまつれば、この我等の世界開闢の始めに當り、原人の始祖たる伊邪那岐神、伊邪那美神に、天津神より「この多陀用幣流國《たゞよへるくに》を修理固成《つくりかためなせ》と、天沼矛《あまのぬほこ》を賜ひて言依賜也《ことよさしたまひき》」とある御神授に始まるものであります。修理固成とは、生み修り、生み理め、生み固め、生み成すといふ意味にして、生み修りとは創造するので、造り創めるので、生み理めとは整理するので、造り創めたる仕事を整理整頓するので、生み固めとは堅固にするので、整理したる事業を、固め堅めて堅固にするので、生み成すとは大成するので、堅固にしたる事業を大成成就する意味なので、この世界を創造し、整理し、堅固にし、大成せよとの御神勅なのであります。斯くの如くこの世界邦土を創造整理堅固大成すべく天沼矛を御授けになつたのであります。沼矛とは天御中主神《あまのみなかぬしのかみ》の「ヌ」にして、御靈といふ意味なので、天津神の御魂を矛に宿り寄せて「この矛を視ることなほ吾を視るが如くせよ」、この矛を視て、吾の靈魂の宿り居りて、汝の多陀用幣流世界を生み修り、生み理め、生み固め、生み成す、創造整理、堅固大成の事業を照鑑するのであるぞと仰せられた意味となるのであります。それで伊邪那岐神、伊邪那美神の二柱には、常にこの矛を視ることなほ天津神の如く仕へ奉りつゝ、その照鑑の間に多陀用幣流この世界邦土を生み修り、生み理め、生み固め、生み成しつゝ創造整理、堅固大成したのであります。而してこの御神勅は獨り二柱神のみに天降りたるばかりでなく上は御代々々の天皇に亙り、下は御代々々の臣民乃至人類を貫き居るので、獨り人類ばかりでなく、禽獸蟲魚、山川草木、雲烟氣流を始め、總べての萬有萬物を貫き居るのであります。各自その境地境遇に應じて、一代は一代より、より以上に生み修り、生み理め、生み固め、生み成し、一代は一代より、より以上に創造整理、堅固大成しつゝあらねばならないのです。原人の始祖たる二柱神に言依賜ひたる御神勅は、その創造整理堅固大成したる總べての人類萬有に言依し賜ひたるものとなり居るのであります。兩柱神は常に天御柱に天沼矛を懸けて御祭りになりたるものであります。

第四章　御頸珠と御倉板擧神

それで伊邪那岐大神には、天津神の大御心を朝な夕なに時々刻々に、體現して、多陀用幣流この世界を生み修り、生み理め、生み固め、生み成して、創造整理、堅固大成したれば、その凡有ゆるものを生み生んで、生みの終りに於いて三貴子を得給ひ、大歡喜して「卽其御頸珠之玉緒母良邇。取由良迦志而。賜二天照大御神一而詔之。汝命者。所レ知二高天原一矣。事依而賜也。故其御頸珠名謂二御《み》倉《くら》板擧《たな》之《の》神《かみ》一」と古事記等にあります如く、伊邪那岐神には天津神より傳はりまし丶大御心を御頸珠に寄せて、天照太神に「この御頸珠を視ることなほ吾の如くせよ」、この御頸珠には吾の靈魂の宿り居りて、汝の御代に於ける、生み修り、生み理め、生み固め、生み成す所の創造整理、堅固大成の皇業を照鑒するであるぞと言依し給ひたる意味となるのであります。それで天照太神には御頸珠を視ることなほ伊邪那岐大神の如くして、朝な夕なにその靈魂の宿りますところの御頸珠を御倉板擧神として齋き奉り給うたのであります。「クラ」とは藏で、をさむるの意味にして、米麥などを倉庫に收藏するの心にして、板擧とは魂で、靈魂といふ意味であります。「アカサタナハマヤラワ」の横の通ひにて「ナ」が「マ」と通ひ、「タナ」が「タマ」となるのであります。それで御藏靈魂神《みくらたまのかみ》と云ふ意味なのであります。

第五章　御鏡と神宮及び賢所

天照皇太神には天津神の大御心を體し奉りて、その大御代に於ける、生み修り、生み理め、生み固め、生み成したる創造整理堅固大成の皇業を成就ましく〱たれば、その大御心を御鏡に宿し奉りて、皇孫瓊々杵尊に「この鏡を視ることなほ吾を視るが如くせよ」、この鏡には吾が靈魂の宿りて、天壤無窮《とこしへ》に汝《なれ》及び日嗣の御代々々に於ける、生み修り、生み理め、生み固め、生み成す、一代は一代よりよりも以上に創造整理堅固大成する皇業を照鑑するであるぞと言依し給ひたる次第である。この御鏡には天照皇太神の御和身魂《にぎみたま》の宿りまし居るものにして、現今伊勢太神宮に齋き奉る所の御鏡がそれである。宮中に於ける賢所の御鏡はその寫しである、寫しなれども御分靈なれば、太神宮の御鏡に宿ります所の御神靈と異る所はない、同一太神の御神靈である。而して太神の御荒身魂は荒祭の宮に齋き奉り居るので、太神の御衣を御形體の形見として祭りあるので、伊勢神宮の裏に於ける荒祭宮がそれなのである。而して太神の直靈《なほび》は日の大宮に御歸り在らせ居るのである。日の大宮とは太陽である。太陽の中心に於ける天照宮《みあらか》の御本體としての天照太神に復歸ましまし居るのである。これを平易に現代の言葉を用ひて説明すれば、根本意識は太陽に復歸し、意識は御鏡に宿り、屍は荒祭の宮に宿り居るので、荒祭宮とは今日に於ける御陵とか墳墓とかに當るものと思ひ居ればよいのである。然れども御國に於ける和身魂とは無形なる意識と云ふが如きものでない。質あり體あり、人間に顯はれ給ふときは人間身を有し居るので、その微妙なる人間身としての和身魂が原型となりて外に現はれ出でたるものが荒身魂としての天照太神である。その荒身魂の神去り給ふと共に、人間身としての和身魂はより微妙精細にこそあれ、均しく人間身の和身魂として御鏡に宿り居られ給ふのである。それでその稜威が時々刻々永久不斷に輝き出でつゝあるので、何人でも參拜するときは、目にこそ見えねその稜威に射られ、その稜威に打たるゝが故に、我とは知らに森嚴の氣に打たれ、有難さの身に泌みて、得も堪へられぬ心地がするのであります。獨り西行法師許りでなく、何事の在しますかは知らねども有りがたさには涙こぼるゝのである。信仰を異にしたる英國公使パアクスが參詣しても、覺えず叩頭再拜し、「これあるかなこれあるかな、日本の忠君愛國の思想はこの源泉より湧き出づるのである」と感嘆して已まなかつたのである。信仰を異にする歐米の博士學者が參拜しても、その崇高森嚴の氣に打たれ、覺えず叩頭再拜して讚嘆讚美し、去ること能はざる境地に魂躍りつゝあらぬものはないではないか。「この鏡を視ることなほ吾を見るが如くせよ」と詔り給うたのは、正しくその御鏡の中に御宿りましまし居るからである。正しく御鏡の中に宿りましませばこそ、歴代の天皇朝な夕な同殿共床報本反始の御心を盡し給ふのみでなく、下臣民の太神を信仰し、太神の御守護を蒙り、御利驗を受けしもの、古に今にあらたかなる例證尠なからぬではないか。その守護御利驗を直接に感ぜざるものも、悉く皆その御神護に與り居らぬものは一人もないのである。我國に於ける佛敎各宗の如きも、その開山祖師は悉く太神に願ひ奉り、太神の御許しを蒙り、太神の御神託に依りて開宗立敎したものではないか、たとへ僧侶の方便假託なりとするも、太神に據らざれば、我國に於いては立敎開宗することは出來ないのである。

第六章　太神宮の威嚴と昔を偲ぶ大和民族の姿

御鏡に宿る所の御神靈が、如何に威嚴赫灼として大和民族の内部に徹底しをるかを思はねばならない。如何に儒敎盛んなりとも、道敎行はるゝとも、佛敎各宗の起り來るとも、太神宮に於ける信仰は別物にして、儒敎もこれを犯すこと能はず、道敎もこれを犯すこと能はず、佛敎各宗もこれを犯すこと能はず、太神宮の信仰は儒敎道敎佛敎に超絶し居りたるものである。儒者も道者も佛者も伊勢太神宮に參拜するときは、維新後に至るまで儒服道服僧服にて參拜するを得ず、儒佛道者俳諧師の如き、皆宮前川岸に於て髢を被り、昔を偲ぶ大和民族の姿となりて參拜したではないか。伊勢の忌言葉とて御經と云はず「染紙」と云ひ、寺と云ふこと叶はず「あらゝぎ」と云ひ、坊主と云はず「長髮」と云ふが如く總べて抹香臭き言葉を用ふることを得ないのであつたではないか。僧服にて參拜することは、維新後大久保利通の內務卿時代に、淨土宗の管長日野靈瑞が官許を得て參拜したるに始まるのである。德川時代に於ける佛敎全盛の際にも、僧服にて參拜することは許されなかつたのである。奈良平安朝を通じて德川時代に至るまで佛敎は全盛を極め、兩部神道の本地垂跡說を以て窃かに諸國の神社に佛像を納めて御神體を取り換へたりと雖も、內外皇太神には一指を染むることが出來なかつたのである。如何に太神の威嚴赫灼として犯すこと能はざるものありしかを窺ひ奉らるゝではないか。

第七章　信仰の上の信仰、世界古今唯一無二の奇蹟

世界列國を通じて一の信仰ある上に更に一の信仰の犯すこと能はざるものありと云ふことは、一大奇蹟ではないか。歐米各國を初め、古に今に新たなる信仰起り來れば、古き信仰は淘汰され自滅するもので、新たなる信仰を有するものがなほ且つその腦底に古き信仰を留め居ると云ふことは絕無である。舊獨逸皇帝カイゼルが、一の信仰を有し居る奧底になほ一の信仰を有し居ると云ふことは、歐洲民族の解すること能はざる所である。日本民族はその平生に於いて佛敎信者と云ひ乍ら、ことあるときには忽ち天照太神を初め八百萬神の現はれ來るので、誠に以て不可解の民族であると云はれたのは尤もである。これ我國に於ける傳統的思想信仰を知らないからである。我國の思想傳統としては、平

面的には中心あり分派あり、立體的には根幹あり枝葉あり、立體中心統一の內には中心の中心あり、楨幹の楨幹あり、以てその經緯表裏を總合統一し居るもので、これが宇宙成立の根本原理根本基礎なると共に、國家成立の根本原理根本基礎である。而して、これが天照太神の大御心に現はれ居ると共に、日本民族の內底に感染潤澤し居るのである。故に儒敎來るも平面的儒敎は行はれず、日本の國家に禊祓し、天皇に歸入し、湯武の革命の說は淘汰せられて行はれざるが如く、平面的道敎は流行するを得ず、國家に禊祓し、天皇に歸入し、自然無爲は淘汰せられて道樂的風流三昧に應用せられたるに過ぎない。平面的小乘寂滅の佛敎は行はるゝを得ず、國家に禊祓灌頂し、天皇に參內歸入し、鎭護天台となり、護國眞言となり、興禪護國論となり、王法一體となり、立正安國となり、寶祚萬歲を祈願し奉るとの理由の下に、勅願所建設ともなつたのである。故に平面的民約憲法は行はれず、君民共約憲法も行はれず、流血憲法は行はれず、平和親睦の間に、世界唯一の欽定憲法の現はれ來つたのである。これ皆天照太神の中心分派楨幹枝葉經緯表裏綜合一貫の大御心の現はれて然るのである。この大御心に合體せざるものは國家成立の根本原理に背き、根本基礎に戻り、宇宙萬有成立の根本基礎に背き、根本原理に戻るものなるが故に、行はるゝことを得ないのである。この宇宙と國家との成立を一貫したる太神の大御心は、如何なる敎も制度も來りて同化せざるを得ないのである。故に如何なる敎も信仰もこの大御心以上に出づること能はぬが故に、國民が佛敎を信じ、儒敎を信ずるとも、その信仰の上により以上の信仰潜み居るが故に、國家の中心楨幹に一大事あるときは、その信仰思想が佛教儒教の信仰以上に顯はれ來る國民性となり居るのであります。

第八章　天皇の威嚴と世界唯一無二の一大奇蹟

國民皆新たなる信仰に化し居るも、古き信仰依然として存在し、その存在に一指を染むること能はず、天壤無窮にその權威の赫灼たることは神に卽したる信仰的一大奇蹟にして、世界唯一無類の奇蹟ではないか。かくの如き天照太神の大御心としての信仰が國民に感染して國民性となり居るが故に、人に卽したる一大奇蹟も別に存在し居るのである。鎌倉以後北條足利織田豐臣德川の諸時代を通じ、朝廷に於いては何等の城廓もなく、御濠もなく、手には一兵を擁せずと雖も、威嚴赫灼として犯す能はず、百萬の軍勢を有したる鎌倉も北條も足利も織田豐臣德川も、陛下に拜伏して勅命を仰がねばならない、一步も踏み入ることは出來ない。萬一にも皇統を覬覦し奉ることあるときは、忽ち身首所を異にす。日本國民性は斷じてこれを許さないのである。それでこれを覬覦してその終りをよくしたるものは古より一人もない。城廓もなく、御濠もなく、手に寸兵を有せざるも、百萬の軍勢これを犯すこと能はざりしとは、世界列國古今を通じての一大奇蹟にして、唯一無類の奇蹟ではないか。これ天照太神の大御心の國民に浸潤徹底し居る信仰の表現明證ではないか。ともすれば日本民族は、古より今に至る迄外來思想にかぶれ、今にも我を忘れ盡したるが如き境地にまで沈醉すれども、愈々と云ふ極致に臨めば我と我が身の內底にその國民性が復活し、我と我が身の本心自性に立ち歸るのである。「濁れどもまた濁れども澄み歸る水や御國の姿なるらむ」、これまた大神の大稜威に喚起せられ覺醒せられて然るのである。されば平面的共存生活も、社會主義も、我國に入りては立體に歸入して同根一體の生活と進み、平面立體、中心分派、根本枝葉、經緯表裏、一貫統一の大社會主義に大成せねば安定しないのである。大神の御心が然るので、國民性として然らざるを得ないからである。

第九章　御鏡と天御中主太神、天津神、御祖神、天照太神、歷代天皇の靈魂

天沼矛には天御中主太神を始め天津神の御靈魂が宿りまし居るが如く、御頸珠には天御中主太神、天津神の靈魂と、御祖々々の神の御靈魂が宿りまし居るので、御鏡にも獨り天照太神の御靈魂のみでなく、天御中主太神、天津神、御祖神の御靈魂が宿り座し居るのでありますと同時に、御代々々の天皇の御靈魂も宿り座し居るのであります。昔は御鏡のみ宮中に御祀あらせられましたのは、全く宇宙の祖たる天御中主太神と、その連鎖神たる天津大神と、原人の祖たる二柱大神と、開國の祖たる天照太神と、御代々々の天皇との御靈魂が宿りまし居るものとして御祀あらせられましたのであります。

第十章　天照太神と八百萬神、大嘗祭、新嘗祭、朝餉夕餉祭

また天照太神をのみ宮中賢所に御祀り奉つたのは、天照太神を祀れば、その天照太神の中に天御中主太神を始め、生産靈神、足產靈神、玉留產靈神、高皇產靈神、神皇產靈神、天津神、神留岐神、神留美神、伊邪那岐伊邪那美の二柱の神より、御代々々の天皇の直系的靈魂の御宿り依させ給ふと共に傍系的八百萬の天津神、國津神の宿り寄させ給ひ居るものとしての大御心より出でたるものでありま す。それで天照太神の御一體を祀り奉れば、天御中主太神、生產靈神、足產靈神、玉留產靈神、高皇產靈神、神皇產靈神、天津神、神留岐神、神留美神、伊邪那岐神、伊邪那美神より御代々々の天祖、皇祖、皇宗、歷代天皇と、百八百萬の天津神、國津神を齋き奉るものとなるのであります。天照太神にかくの如く直系傍系の根本分派的八百萬の神々が宿り寄させ給ふが如く、その御代々々の明津神たる天皇の玉體にも經緯本末綜合一貫して、天津神國津神の神集ひに集ひ、神宿り寄させ給ひ居るのであります。それで御代々々の天皇が一世一代の御祭なる大嘗祭の時に、天照太神を主賓として迎へ奉ると同時に、天御中主太神、生產靈神、足產靈神、玉留產靈神、高皇產靈神、神皇產靈神、天津神、神留岐神、神留美神、伊邪那岐神伊邪那美神より、天祖、皇祖、皇宗、御代々々の天皇と、八百萬の

天津神國津神とを迎へ奉りて、經緯本末、綜合一貫的報本反始の御大祭を行はせらるゝのであらせられます。この一世一代に於ける由基殿、主基殿の行事たる大甞祭を縮刷して年々の新甞祭となり、年年に於ける新甞祭の縮刷して毎日の朝餉夕餉祭となり居るのであります。

第十一章　賢所、神殿、皇靈殿

維新後はこの意味を開きて、賢所には御鏡を祀りて天照太神を齋き奉り、神殿に天御中主太神、高皇產靈神、神皇產靈神を始め、天津神、伊邪那岐神、伊邪那美神より總べての天津神、國津神を祀り奉り、皇靈殿に御代々々の天皇を祀り奉るものとなり居るのであると聞きまつるのであります。何れにしても同一なる意味に歸するものにして、古も今も均しく太神大神等の大御心のまに〳〵然るものと窺ひ奉るのであります。

第十二章　忌部殿祝殿八神殿、九神殿

天津神籬《あまつひもろぎ》、天津盤境《あまついはさか》の御祭は皇國《みくに》に於ける大切な祭りであります。天津神籬には、始めは生產靈神足產靈神、玉留產靈神を祭りて、天御中主太神の大御心の顯はれたる中心分派、幹根枝葉、經緯表裏總合統一、不二一體の活動を拜ろかみまつると同時に、宇宙萬有の中分幹枝、經緯表裏、總合統一、

不二一體の活動を體察體驗體得體顯しつゝあつたのであります。

この天津神籬、天津磐境は、天照太神の天壤無窮の神勅と同時に降りたる高皇產靈神の神勅でありまず。天壤無窮の神勅は表の神勅で、神籬磐境の神勅は裏の神勅なので、表裏相俟つて全きものとなるのであります。裏の神勅たる神籬磐境の神勅を體得體顯して、始めて表の神勅たる天壤無窮の神勅を全うすることを得るのであります。三種の神器は天壤無窮の神勅と離るべからざるがやうに、神籬磐境の神勅とも離るゝことは出來ないのであります。然るものを、世は天壤無窮の神勅をば知らないものなきが如きも、神籬磐境の神勅に至りては知らないものが多いのであります。これは皇國に取りて由々しき大事である。勤めて國民に知らしめねばならないのであります。

この神籬に祭るところの神儀の存在することを忘れてはならない。これは後の代にうつるに從うて八神殿として祭りまつるやうになつたのである。それは天津神の布斗麻邇《ふとまに》の時に祭られたる神は、歷史にこそ顯はれ居らね、云ひ繼ぎ語り續ぎつゝ鎭魂の中に傳へられつゝあるのであります。

生產靈神、足產靈神、玉留產靈神を主神として祭り、神皇產靈神、高皇產靈神、御氣津神、大宮賣神、事代主神を相嘗めの神として祭り、別に一座を設く、大直靈神であります。後世大宮賣神、事代主神等を誤解し居るのであります。これは、直靈としての神の大宮賣神、事代主神を意味するのであります。宇受賣命や出雲の事代主命ではない。それは御鎭魂の章に別に解釋します。これには祭に關したことのみを述べるのであります。

天津神の布斗麻邇に奉られたる三靈神二靈神は、沼矛に祭られたる神にして、また皇祖二柱の神の天乃御柱に祭られた神で、この神はまた御倉板擧神でありますと共に、この御倉板擧神は天照太神と共に、御鏡にも御遷宿《うつりやど》り居るものとなり居るのであります。而して宇賀御魂神と共に豐受大神として祭られたものとも云ひ傳へ居るので、後世外宮が太神宮様の崇敬せられた宇宙萬有の根本神なりと云ふ說なども起り來つたのであります。

今日の神殿には、天御中主太神と共に、この三靈神二靈神は固より祭られ居るものとなり居るのでありますが、また別に八神殿としては、主としてこの三靈神二靈神を祭り來り居るのであります。それでこゝに述ぶるところは、

(一)合して天照皇太神のみを祭るとすれば、相甞の神として同時に天津神、皇祖皇宗、歴聖、國津神の一切を祭りたるものとなり居ること。

(二)開きては神殿として天津神國津神を祭り、賢所として天照皇太神を祭り、皇靈殿として神祖天祖皇祖皇宗歴世の神靈を祭ること。

(三)別に忌部殿祝殿八神殿として、九神殿として奉齋するの神儀を有すること。

の三神儀を述べ置くのであります。委細のことは別に鎭魂の章で述べます。

第十三章　神器の表徴と起因

天沼矛は主として創造を表象し、御頸珠は守成を表象し、御鏡は創造守成、不二一體を表徴し居るのであります。皇國に於ける三種の神器はかくの如き淵源を以て傳はり居るのであります。天照太神の大御代に於いて、御鏡は石凝姥命の造りし御鏡にして、御珠は神祖の神より傳はりしもの、御劍天沼矛に換ふるに叢雲劍を以てせられたのであります。叢雲劍は、素盞嗚尊の高天原に於いて犯しまし許々多久の罪と科とを悔い改めて、直しき心を顯はす爲にその子孫をして奉らしめたるものなのでありますㇾ天津日嗣は神聖なり、犯す能はざるものなれば、その素盞嗚尊の悔い改めて、直しき心を表象したる御劍を以て沼矛に換へましゝこと、深き大御心のあらせられますものなりとこそ窺ひ奉らるゝのであります。

第十四章　御鏡と天照太神の和身魂及び太神と天皇との御姿

特に心を留むべきは、「この鏡を視ること、なほ我を視るが如くせよ」との御神勅で、申すも畏けれど、御代々々の天皇が御鏡に臨み奉らせ給へば、御鏡に現はれ出づるところの御姿は天照太神なのであります。天皇は天照太神の直系直統の御繼體に御座しませば、天皇の御身が卽ち天照太神なので、天皇の御姿の御鏡に映り出でさせ給ふのは、直ちに天照太神の御鏡に現はれ出でさせ給ふものとなるのであります。然るを御鏡は大圓鏡智とて公平無私なるものなれば、花來れば花を映し、塵かゝれば塵を映し、有りの儘なる公平にして、一點の私なきものなりとの意味にて世の多くは解釋すれども、これ外より解釋したものに過ぎないので、若し天皇の御身として、花來れば花に化し、塵來れば塵に化する意味ならば、善人左右に侍れば善に化し、惡人前後に伺へば惡に化し給はねばならなきものとなる。その間に善を選び、惡を遠ざくるといふが如きこともあらば、これ公平にあらで私あるものとなるのである。ましてや鏡は表面は淸徵明淨なれども、裏面は暗黑にして、何ものも照し見ることの出來なきものである。かゝる意味を以て三種神器たる御鏡を解釋することは出來ないものであります。

太神の大御心は鏡にあらずして、御鏡に映り出づるところの天照太神なのであります。御鏡に現れ出づるところの天照太神の御繼體としての天皇には、花來れば花に化し、塵來れば塵に塗れ、善來れば善に化し、惡來れば惡に化するといふ所動的御行爲を示されたるものでなく、花なればよき花を選び、塵來ればこれを拂ふと共に、そのところを得せしめ、善來ればその善を採り、更により以上の善をなし給ひ、惡來ればこれを罰すると共に、そのところを得せしめ、花は花、塵は塵、善は善、惡は惡と一々鑑照して、これを取捨裁斷なさせ給ふ大御心を傳へられあるのであります。特に御鏡には天照太神の和身魂を宿し依さしまつらせ給ふものにして、御代々々の天皇の御姿の映り來るを受けさせ給うて、その御鏡より、また大御心を御代々々の天皇に映じ奉らせつゝ御座しますのであります。鏡よりも鏡の內容に御留り座すところの太神と大御心とが、より以上に大切なのであります。大圓鏡智とか公平無私とか云ふ如き一角を以ては說明し得べきものではないのであります。

第十五章　御玉と眞身魂、御劍と幸身魂、奇身魂

また御頸珠には眞身魂の宿り依させ座して、御代々々の天皇に、深き御心を垂れさせ給ひ、御劍には幸身魂と奇身魂とを宿し寄させ座して、御代々々の天皇に深き大御心を垂れさせ給ひけることは、申すも畏し。特に御頸珠を曲瓊《まかたま》と呼び「まみだま」とも呼びなしありて、曲瓊《まが》とは呼びまつらず、「まがたま」と云へば、禍魂《まがたま》となり、禍の魂となるからで、「まかたま」若しくは「まみだま」と呼びまつるのであります。「まみだま」とは眞身魂なることを表徵し居るのである。眞身魂とは大神と天皇の御意志にして、天皇としては御意志の一貫が何より大切のことであります。天皇の御意志が動搖しては、一日萬機の大政が動搖し、民草は不安に耐へないのであります。天皇の御意志が一定不動なれば、國民もまた一定して平らけく安らけく、滑かに靜かに樂しむことを得るのであります。それで天皇としては和身魂も幸身魂も奇身魂の御はたらきも必要であらせられますが、それ等の魂よりも眞身

魂の御活動が第一であらせられます。臣下が奇身魂としての知識に關する御輔佐あり、幸身魂としての情愛に關する輔佐あれば、天皇としては、その知識情愛に關する政務を御裁斷遊ばすところの意志の御活動が何より御大切なことなのであらせられます。それで太神の和身魂は御鏡に宿り依させて、伊勢と賢所に祀られ、幸身魂奇身魂は御劍に宿りて熱田に祀られあるも、獨り曲瓊としての眞身魂は、古より今に至るまで天皇の御身を離るゝことがないので、天皇としては一日もこれを御離し遊ばすことは決して出來なきものとなり居るのであります。この御鏡に和身魂の宿り、曲瓊に眞身魂の宿り、御劍に幸身魂、奇身魂荒身魂の宿り居ることは、宮中に行はるゝ大祓と、御鎮魂との行事に於いて、始めて明瞭なるものとなるのであります。なれどもこれは昔より傳へ來れる祕事にして、言語文章に公然と現すべきものならねば、遺憾ながら省き置くの餘儀なき次第であります。荒世服《あらよのふく》、和世服《にぎよのふく》の如きは、正しくその證據なのであります。

第十六章　曲玉と眞玉と眞身魂との關係
及び眞玉の筥と夜の御殿

眞身魂とはまた眞玉《まだま》で、神皇正統記の八坂瓊の玉がそれであります。或ひは八坂瓊の曲玉とも世に讀み來り居りますが、それは間違で、曲玉とは曲り居る玉と云ふ意味でなく、眞玉と云ふ意味なのであります。玉には巴形に曲りたるもあれば、圓玉もあり、管玉もあり、獨り曲玉のみでない。眞玉と云へば、何れをも包含する普通名詞となるのである。それで曲玉と讀むべからず、眞玉と讀まねばならない。況してや「まがたま」と讀むときは禍魂となる。眞玉とは眞身魂の意味である。「み」を略して「まだま」と讀むのであります。さなくば「まかたま」と讀まねばならないのである。然れども眞身魂の宿り居る意味よりして「まみたま」と讀み、「み」を省きて「まだま」とも讀み來り居るのであります。この眞身魂としての眞玉は、天皇には一刻も御側を離し給ふことの出來ないのが、千早振神代の昔よりの御傳統でましますのであります。それは增鏡御醍醐天皇の條にも記されてありますが、禁秘鈔(註1)などに依りますと、昔は夜の御殿御帳の中に在はしますので、それは神代の昔から深い〳〵御神慮が傳はりて然るのであります。畏れ多くもこの眞身魂としての眞玉は四角な筥に納まつて居ると共に、筥には二鎰二壺ありて、靑絹を以てこれを包み、更に紫の絲を以てこれを結び、その上に網を懸け置かれありたるものと洩れ聞くのであります。神代の昔よりの御傳へとして、何人もこれを見奉ることは出來なきものと定まりて居るのであります。富家語(註2)に、とある一日、陽成院がこの筥を御開かしめ給はんとしたときに、中から白雲が立ち出たといふ不思議あり。江淡抄(註3)には、冷泉天皇の御代にも、天皇御躬から筥の緖を御解き給はんとする折しも、時の大入道兼家が胸騒ぎし、俄かに單騎疾驅して夜の御殿に馳せ參內し、闖して走り入りたることなどの實例もあるので、畏れ多くも天皇と雖も猥りに御開き遊ばさない深い〳〵御傳統が、神代の昔より傳はり居るとのことであります。それには必ずや由つて來る御神慮の存するものなることを拜承し奉るのである。それを單に皇位繼承の證明のみと思ふものあらば、大變なる間違ひが起り來るものぞと存じます。その御神慮の傳統を知らざるよりして、眞身魂としての眞玉を曲玉とも漢譯し、勾玉とも漢譯し、而して「まがたま」などと讀み來り居るのである。畏れ多き次第で、申譯のなき誤解であります。

註1神靈自二神代一不レ替云云。夜御殿御張中。御枕二階上安置。覆二赤色打物一。自二内藏寮一進レ之。内侍雖レ持自レ下取。典侍取レ之傳。讓位時許直取也。此故僧女又上﨟内侍外人。不レ入二夜御殿一。自地案二朝餉一。同不二近候一云々。(禁祕鈔)

2陽成院令レ開二璽筥一給。自二其中一白雲起時。天皇恐怖令二打弃一。召二木氏内侍一。(富家語)

3冷泉天皇欲レ解二開御璽結緒一給事。故小野宮右大臣語云。冷泉院御在位之時。大入道(兼家)忽有二參向之意一。仍仲單騎馳參二御在所於女房一。女房御二夜御殿一。只今令レ解二開御璽結緒一者。乍レ驚排レ闥參入。如二女房言一。解二筥緒一給之間。因奪取如レ本結云々。(江淡抄)

第十七章　客觀的眞玉と主觀的眞身魂との分離と御神慮の不徹底

橘守部は本居宣長平田篤胤よりも深く研究せられたるもので、その説明に依れば、曰く、「勾玉の靈徳は、裏に隱りて、表に顯はれず、一向に陰に在しますのが、神慮にして、如何なる折も、天皇の御許を離れ坐さず」と。更に説明して曰く、八坂瓊の曲玉は、「オホミマキノタマ」の玉（大御身親玉）である。「オホミマキ」とは、天皇の御身近に親しく坐しますと云ふ意味で、主觀的には大御身親魂となる。本居宣長は加茂眞淵よりその究明の進みたるが如く、平田篤胤は本居宣長よりもその究明が進み、橘守部は平田篤胤よりもその究明が進み、この眞身魂としての眞玉に就いても、前諸大人に比して一隻眼が開き來り居るのである。裏と表とを區別して説明したのは、前人の未だ知らないところであつたのであります。然れどもその裏としての事實を示して明かに説明しなかつたのは遺憾の次第なると共に、均しく客觀的眞玉のみの説明に止まりて、主觀的眞身魂の説明が缺乏し居るが故に、何故に眞玉の天皇の御許を須臾も離るゝことの出來なきものであるかの御神慮が判然しないのである。ただ北畠親房のいふ、八坂瓊の玉として傳へられたものに一歩を進めたばかりである。これ我等同人の遺憾とするところは、世の國學者としての諸先輩が、常に表に於ける言語文章にのみ沒頭して、裏に於ける御鎭魂《みたまふり》の行事を實修せざるの一事である。萬一にも我國唯一傳統の裏に於ける御鎭魂の行事を實修せられたらんには、その究明その解釋のより以上に徹底したることとならんと思ふので、千慮の一失とはこれなんめりと思ひ、口惜しく慨かはしく存じ參らするのであります。橘守部も神慮の裏に隱りて表に顯はれざることを氣付きながら、深くこれを究むることなかりしは、全く一歩を進めて我國唯一無比の御鎭魂の行事に入られなかつたからであります。

第十八章　國學者と俗神道者との表裏一面の脱線

御國の神典を解釋するには、表と裏との二方面あり、表面のみの言語文字のみでは徹底しないが如く、裏のみの行事のみにても徹底するものでない。表面のみの解釋では飛んでもなき方面に流れ行くが如く、裏のみの行事でも變な方面に陷るものなれば、所謂俗神道的行者者流が變な方面に脱線し居るが如く、所謂國學者としての訓詁的解釋も飛んだ方面に流れ去り居るもの尠しとしないので、我等同人が、常に何れも表裏不二一體の實修體察體驗ならでは體得體顯すること能はないものと唱道する所以はこゝにあるのであります。この客觀的眞玉を究明すると共に、主觀的眞身魂に到達するのに就きても左樣なので、「まだま」とは「まみたま」の「み」を省きて「まだま」と讀みなしたるものにして、その然る所以は裏に於ける御鎭魂の上から直ちに體驗驗得することが出來るのであります。

第十九章　眞身魂と御鎭魂の表裏

御鎭魂の上に於いては、直靈和身魂眞身魂奇身魂幸身魂荒身魂等の調和統一的關係が顯はれ來るのであると共に、和身魂が御鏡に宿り、眞身魂が眞玉に宿り、幸身魂奇身魂荒身魂が御劍に宿り居ることの行事が顯はれ出づるのであります。御劍は荒身魂としての勇を示す許りでなく、一刀兩斷的直截の奇身魂の明斷を現はすと共に、幸身魂としての仁愛を顯はし來るのであります。獨り眞身魂のみ眞玉に宿りたるは何故ぞと窺へば、直靈和身魂以下に於ける活動としては、眞身魂が第二の直靈としての位置に立ち、第二の和身魂としての位置に立ち、幸身魂奇身魂荒身魂を統一支配するものである。この眞身魂が堅固不動でなくば、和身魂の威力も遮ぎられ、直靈の威力も遮ぎらるゝので、直靈としても和身魂としても眞身魂の堅固不動を要求して已まないのであります。また奇身魂としても幸身魂としても荒身魂としても、直接には眞身魂の承諾を經ねば如何ともすることは出來なきものとなる。眞身魂さへ承諾すれば、奇身魂と幸身魂と荒身魂とは相互に結托連合して覇國を現はし、和身魂に反抗し、直靈に反抗し、如何なる謀叛をも企つることを得るのである。この意味に於いて眞身魂の確固不動と云ふことは、總べての人間の活動上何より缺くべからざるものとなり居るのである。殊に一天萬乘の　天皇の御體としては、眞身魂の確固不動が國家統治の上に於いて何よりの一大事に屬するのである。それで眞身魂は直靈和身魂に次いで獨立的に眞玉に宿らせて、常に　天皇の御許を離れない樣に定めある神慮ぞと窺ひ奉り居るのであります。天皇の御鎭魂としては、裏よりは直靈の鎭ります と同時に、和身魂の鎭まり、眞身魂の鎭まり、幸身魂奇身魂の鎭まり、八十萬魂としての荒身魂の鎭まりますと同時に、表よりは八十萬魂鎭まり、荒身魂鎭まり、奇身魂鎭まり、幸身魂鎭まり、眞身魂鎭まり、和身魂鎭まり、直靈鎭まり、表裏不二一體に鎭まりて、大御身親魂《おほみまきのたま》となり、統一魂となり、大直靈の神とならせ給ふその御鎭魂を助くるのも妨ぐるのも多くは眞身魂であります。八十萬魂が如何に荒びるとも、荒身魂が如何に騷ぐとも、奇身魂幸身魂が如何に動くとも、眞身魂さへ確固不動なれば、これを制御して和身魂の旨を受け、直靈の命に從ふことを得るのであれども、眞身魂にして柔弱なるときは奇身魂幸身魂に制せられ、八十萬魂荒身魂に迫られて全身の攪亂となり、和身魂も直靈も如何ともし難き境地に陷るのであります。この意味に於いて眞身魂が如何に御鎭魂に影響することの多大なるかを知らるゝのであります。天皇としては特に眞身魂を重んぜらるべきの御神慮の程、返す返すも有難き限りであります。

第二十章　眞身魂と眞玉と文字歷史との關係

且つ　天皇としては、奇身魂の働きは臣下これをなし、臣下が文物制度の知識的働きをなし居るものなれば、臣下に任かせて差支なく、幸身魂としての働きも臣下これをなし、天皇の旨を受け、慈善事業等は洩れなくこれを施し得るのである。然れども眞身魂としての意志の裁斷は、天皇御躬から行はねばならない。これを臣下に委任するときは、臣下の增長となり、僭上となり、天皇としては遂に以て虛器を擁し、その實權が臣下に移り行くから、須臾も臣下に委すること叶はず、常に　天皇自から實行ましく〳〵つゝあらねばならないのであります。これまた特に眞身魂を單獨的に眞玉に寄せ參らせて、寸時も天皇の御許を離れ給ふことなき御掟としての御定めある御神慮の一なりとぞ、側かに拜承し居るのであります。以上は總べて御魂鎭《みたまふ》りの行事に入りて初めてその總べてを審かに體察體驗體得體顯することを得るのであります。世には御魂鎭りの行事を修めないと共に、眞玉の何ものたるかを會得せず、眞身魂と云ふ文字が神典に顯はれ居らないのを見て、また諸先輩の解釋したものもなきよりして、これを怪しみ疑ふものありとか聞きしかど、それは飛んでもない淺薄で、誤解の甚だしきものであります。全く　天皇としては寸時も眞身魂を離るべからず、神代より深き〳〵御神慮のありて、眞身魂と云ふ文字が鎭身魂《みたまふり》に潜められ、表面にこそ顯れなかつたと云ふに過ぎないので、下々の身に至るまで、苟くも祖神垂示の傳統的鎭魂の行事を修めたるものは、その行事を體察體驗體得體顯すると同時に、眞身魂の譯を會得すると共に、名稱をも知得し、而して　天皇の御躬を寸時も離れ給ふことなき秘事を拜承し居つたものであります。歷史や文字に顯はれざるも、今日迄傳はり居るの故實は尠からぬのである。御鎭魂に於ける荒世服、和世服、御紐、息入れの筥、乃至御鎭魂の歌より、天津詔勅の太詔勅等尠からぬのである。これ等は神代の昔より秘密裡に言繼ぎ來り語り繼ぎ來りて、秘密裡に授受すべき秘事にして、公然と文字や歷史に顯はすべきものでなく、文字以外の行事としてこれを實行し來り居るのである。眞身魂と眞玉との如きも、また、その一たることを知らねばならない。昔は鎭魂の行事を餘りに秘密に餘りに大切にしたるが故に、かゝる誤解の種ともなりたることゝ思へば長けれども、今は世に示してその誤解を解くのであります。その委細は鎭魂の行事を初め言語文字に顯はし得らるべきものでなく、また顯はすべきものでない。ほんのその人と思ふ人々にこれを傳ふるより外に道なきものでありますれば、こゝには、御鎭魂りの內客は物語らないのであります。一にたゞ眞身魂に關したる一端を説明したに止まるものと思召しありたきものであります。

第二十一章　三種の神器と外國思想との配合

三種の神器にはかくの如き意味と歷史とを有し居るものでありますなれば、支那の思想、印度の思想、西洋の思想等を以て外よりこれを解釋し得らるべきものでないのでありますことは、判然いたしましたことゝ存じます。かくの如き幽玄崇高にして、深遠宏壯なる意味を含み得るものなるが故に、これを外より望みて智仁勇と眺むれば智仁勇とも見え、大圓鏡智と眺むれば大圓鏡智と見え、眞善美と眺むれば眞善美と見え、そのこれを望み樣、眺め樣では、如何樣とも見奉ることを得るのでありま す。然れども劍を以て簡單に勇なり果斷なりと眺め、玉を以て仁なり慈悲なりと眺め、鏡を以て智なり大圓鏡智なりと云ふことは出來なき所以であります。三種の神器はより以上の萬能萬德を有し居るのでありますことが諒解せらるゝことゝ存じます。

第二十二章　三種の神器と智仁勇との歴史的沒交渉

三種の神器を以て智仁勇なりとせば、それはほんの比喩的解釋に過ぎない。三種の神器と智仁勇とは別ものである。嚴格に云へば、歴史的には初めよりして何等關係なく、交渉なきものである、三種の神器と智仁勇とは別ものである。三種の神器は智仁勇の名稱なくとも、初めよりして存在し居るものなると共に、智仁勇も亦三種の神器なくとも成立し居るのである。支那には三種の神器なくとも、智仁勇の名稱あり、敎ありて行はれたるもので、孔子も孟子も智仁勇は說明したれども、同時に三種神器を說明したものでない。三種の神器とは別ものなる智仁勇なるが故に、三種の神器を假らざるも說明することを得たのである。三種の神器なくとも、支那に於いては盛に智仁勇を說明して、古も今もその智仁勇を敎へつゝあり、またその智仁勇を體察體驗しつゝあるのである。それと均しく、大圓鏡智と云ふことも、印度思想として佛敎中に顯はれて居るもので、彼の印度に於いては釋尊初め龍樹馬鳴等、若しくは婆羅門一派に於いても、何れも皆これを說明しつゝありしかど、三種の神器としての鏡に向つて、何等の說明を用ひて居ないのである。支那民族が三種の神器あることを忘れ居るが如く、印度民族も三種の神器あることを氣附きもしないのであつた。而も印度民族は支那民族のそれの如く、三種の神器としての鏡には氣付き居らねども、大圓鏡智と云ふことは說明もし、且つ悟道の體として體察體驗しつゝあつたのである。この意味に於いて三種の神器と智仁勇と大圓鏡智とは、初めよりして歴史的に何等の關係なく、何等の交渉のなきことが明瞭ではありますまいか。

第二十三章　三種の神器ご智仁勇この結合、神皇正統記以來の解釋

三種の神器と智仁勇及び大圓鏡智とを結び付けたのは北畠顯家が初めにして、神皇正統記等にこれを說明したのである。それより以來、三種の神器は智仁勇なりとの說明が起り來りたるものに過ぎない。御鏡は大圓鏡智なりとも解釋するに至り居るに過ぎない。三種の神器を智仁勇なりとか、大圓鏡智なりとか云ふことは、なほ近代に於いて三種の神器は眞善美なりと云ふのと同樣で、甚だ淺薄なる解釋たるに過ぎない。三種の神器の歴史と、その內容に於ける意味とを相傳せざるが故に、三種の神器の意義を會得すること叶はず、强ひて智仁勇を假りてこれを說明し、大圓鏡智を假りてこれを說明し、眞善美を假りてこれを說明するに過ぎなきものである。三種の神器には智仁勇を假らざるも、より以上の神慮存し、智仁勇以上のものを具足し、大圓鏡智より以上のものを具足し居ると共に、智仁勇より大圓鏡智より、より以上にその意味が流れ出でつゝあるのである。天照皇太神が皇孫に三種の神器を御相傳遊ばさるゝ時に於いて智仁勇の御說明もなく、亦大圓鏡智の御說明もなかりしも、その

實體本質たる靈魂を御相傳ありしことを思はゞ、智仁勇よりも大圓鏡智よりも、より以上の意味と權威との存在するものたることを窺ひまつらるゝではないか。

第二十四章　客觀的天照皇太神と主觀的天照皇太神

天照皇太神には、「この鏡を視ることなほ我を視るが如くせよ」と詔り給うたのである。この我を視るが如くせよとの御言靈には、三個の神慮が祕藏《ふくま》れ居るのである。その(一)は、太神の御和身魂をこの御鏡に御寄せ宿らせまして、永久に神留まりに神鎮まりまし居るものなれば、皇孫を初め御代々々の天皇は、この御鏡に對し奉れば、直ちに天照皇太神に見え奉るの意味を御示しになりたることを知らねばならない。これ客觀的對照の天照皇太神である。その(二)は、皇孫瓊々杵尊を初め奉りて、御代々々の天皇がこの御鏡に對し奉れば、直ちに我としての天照皇太神が顯はれ給ひ居るのである。皇孫を初め御代々々の天皇は天照皇太神の直系的御繼體なれば、その御繼體としての皇孫と御代々々の天皇との御鏡の中に映り給ふのは、直ちにこれ天照皇太神の御繼體である、天照皇太神の顯はれ給ひ居るのである。皇孫及び御代々々の天皇には、それ御自身の玉體を以て直ちに天照皇太神なりと自愛自重被遊ねばならないのであります。御躬自からを直ちに天照皇太神として自尊自重し給はねばならないのであります。この鏡を見て映り出づる玉體を見ること、直ちに天照皇太神を見るが如く尊重し給はねばならないのであります。これ主觀的繼體の天照皇太神なのであります。その(三)は、こゝに述ぶるも畏れ多し、その道の人ならでは說明することが出來なき御掟となり居るが故に、遺憾ながら省略するの已むを得ない次第であります。

第二十五章　太神は鏡にあらず、天皇は鏡に非ず

公平無私を以て鏡の德とすることは如何にも立派なるが如きも、さまで尊重すべき意味でない。何故なれば、鏡は塵來ればその儘にその塵を映し、花來ればその儘にその花を映すのみである。これを稱して公平無私と云へば公平無私とも云ふべけれども、人間の釆りて以て則とすべきものでない。況してや天津日嗣の天皇として則るべきものでないことを會得せねばならない。人間にしては善人來れば善人に化し、惡人來れば惡人に化せねばならなきものとなる。善人來りて善人に化するは喜ぶべきものなれども、惡人來れば惡人に化すると云ふことは、甚だ危險千萬である。如何に公平無私なればとて、善惡選ぶことなく、その來るところのものを映し出でゝ、その善惡擇ぶことなく映しもし化しもするとは、餘りに愚なる道行きで、人間の釆るべき道でないことが判然するでありませう。況してや八隅しゝ天皇の則り給ふべき道でないことが判然するでありませう。さればこそ天照皇太神には、「この鏡を視ることなほ我を視るが如くせよ」と詔り給うたのである。皇孫を初め御代々々の天皇が

御鏡に對し奉りて顯はれ給ふところの天照皇太神の御繼體としての天皇及び御代々々の天皇は、鏡でない、鏡の中に顯はれ給ふ處の天照皇太神である、天照皇太神の御繼體としての御代々々の天皇である。その御繼體としての天照皇太神たる御代々々の天皇には、大前に善人來ればこれを容れ、惡人來ればこれを斥く、善惡選ばずしてこれを容れ、これを化するにあらず、その善惡曲直を取捨兩斷し給ふのである。これ實に人間の釆るべき道なると共に、特に御代々々の天皇としてなすべき「かむながら」の御道行きである。鏡は公平無私なりと云ふ意味と、その映り來るところの塵と花とを取捨し、善と惡とを兩斷するところの意味とを比較して、何れが人間の則るべき道なるか、御代々々の天皇の釆るべき道なるかを知ることは容易なる次第ではありますまいか。これで鏡は公平無私なる德を顯はすと云ふ意味よりも、より以上の神慮潛み居ることを窺ひ奉らるゝことゝ存じます。

第二十六章　智仁勇以上の實質實體と智仁勇の本源根本

三種の神器に寄せ宿りて、神留りに神鎭まり居るところの奇身魂は、智の體にして、支那で云ふ智以上のものを含み居ると共に、より以上の大智を顯はし來るのである。幸身魂は仁の體にして、支那で云ふ仁以上のものを含み居ると共に、より以上の大仁を顯はし來るのである。眞身魂は勇の體にして、より以上の大勇を顯はし來るのである。況してや和身魂は眞身魂幸身魂奇身魂を調和統一するものなれば、三魂調和の地盤にして、三魂を支配し、三魂を活動せしむるものなるが故に、智仁勇の本源たるものなるが故に、智仁勇よりもより以上の大智太大智、大仁太大仁、大勇太大勇を顯はし來るものである。これを要するに、三種の神器は智仁勇以上のものである。眞善美以上のものである。その本來に於いてより以上のものを含み居るからである。智仁勇とか眞善美とか明鏡とかの意味を以て盡し得らるべきものでない。それは末の末たるものにして、これは本の本を含有し居るからである。智仁勇と云ふ名稱を假らずとも、眞善美と云ふ名稱を假らずとも、より以上の意味を發揮し得ると共に、自らそれ等の意味も顯はれ來るのである。三種の神器として幾千年間相傳し來ることは、單に器物として然るのでなく、かくの如き神慮の存在し、靈魂としての實體が寶藏せられあるが故に、天壤と共に窮りなく相傳相續せられつゝあるものであります。何と世に有難い御神慮ではありませんか。御相傳ではありませんか。三種の神器としての權威は實にこゝにあることを窺ひ奉らねばならないのであります。

第二十七章　眞身魂の勇の體と荒身魂の勇の體

こゝに特に注意を促し置くことは、眞身魂を以て勇の體と申したることである。全體勇の體は荒身魂でなくてはならない。然るをこゝに眞身魂を以て勇の體と云うたのは如何なる譯ぞと云ふに、眞身魂は意志である、意志は決斷遂行をなす、決斷遂行は勇で、眞身魂決斷遂行して後に荒身魂のこれを遂行するものなるが故に、荒身魂遂行の原因は眞身魂より發現するので、荒身魂は勇の外因外體にして眞身魂は勇の內因內體となる。故に眞身魂を以てもまた勇の體と申した次第で、特に三種の神器を以て智仁勇なりと解釋するものあるに對して辯明する際なるが故に、勇の內因內體なる眞身魂を以て勇の體となした次第である。されば荒身魂を以て勇の體でないと云ふ意味ではない。

第二十八章　實體の魂と影たり響たる智仁勇眞善美

智仁勇とか眞善美とかは空想的虛名虛體である。その智仁勇、眞善美を現はすところの和身魂眞身魂奇身魂幸身魂は智仁勇の本體である、眞善美の實體である。故にこの本體實體は智仁勇より以上の智仁勇を顯はし、眞善美より以上の眞善美を顯はし、大圓鏡智より以上の大智大心を顯はすものなりと申した次第である。言ひ換へれば智仁勇とか眞善美とかは實體としての影たるに過ぎない、本體としての響たるに過ぎない。この影たり響たる智仁勇を目的とし、眞善美を標準として進むよりも、その本質實體たる和身魂眞身魂幸身魂奇身魂荒身魂を基礎として出發するのが當然ではないか。基礎としての本體實體が堅固不動なる以上は、その活躍の影響としての智仁勇眞善美は自から顯はれ來るものなれども、基礎としての本體實體の薄弱にして動搖せば、何んの智仁勇があるべき、何の眞善美があるべきぞ。支那を見よ、智仁勇の敎は今もなほ昔の如く存在し居れども、讃美激賞すべき智仁勇の顯はれ來らぬではないか。實體なければ虛名虛體の智仁勇存するも、何等の影響なき證明ではないか。印度を見よ、大圓鏡智の敎すら本來が虛名虛體なるが故に、印度全般を通じて地を拂うて去り、何等見るべき活動なく、影響がないではないか。希臘を見よ、その眞善美の敎は哲學書に空しく文字とし留まるも、本來虛名虛體のものなるが故に、今日の希臘民族は世界を讃美せしむるべき何等の眞善美も發揮し得ないではないか。天照皇太御神には夙にこれを見そなはし給ふが故に、虛名虛體の智仁勇を以て敎へ給ふことなく、影たり響たる眞善美を以て敎へ給ふことなく、その實體たる和身魂眞身魂幸身魂奇身魂荒身魂を以て三種の神器に宿り寄せ、天壤無窮に後世子孫を敎訓し給ひたる所以である。何と世に有りがたき天壤無窮の御神勅ではないか。御敎訓ではないか。

第二十九章　三種の神器と荒身魂との關係

こゝに、三種の神器と荒身魂との關係に就きて疑を抱くものあるべきを以て、更に明瞭に說明すべく、それは既に述べたるが如く、歷代の天皇は天照皇太御神の直系的御繼體である、その御繼體としての天皇が御鏡に對し給ふ時は、直ちに天照皇太御神の御繼體としての天皇の顯はれ給ふが故に、天照皇太御神の繼體たる天皇としての荒身魂が顯はれ出づるので、天皇は御躬ら直ちに天照皇太御神の荒身魂の御繼體的延長身としての荒身魂たることを御感得して、天皇御躬らの荒身魂を天照皇太御神の荒身魂として、天照皇太御神と天皇との不二一體の荒身魂として、自愛自重し給ふからである。この意味に於いて御鏡は獨り天照皇太御神の和身魂の宿り寄りまし〳〵居るのみでなく、和身魂としての荒身魂もまた顯はれ出づるものとしての御行事傳はり居る所以である。これ三種の神器と荒身魂との關係である。

第三十章　智仁勇眞善美以上の實體的靈魂

御劍に幸身魂と奇身魂と荒身魂と宿りますのは、獨り劍としての勇を顯はすのでない、武斷的勇のみを顯はすのでない、肉慾的荒身魂のみの勇を顯はすのでない。幸身魂としての情愛と調和したる勇でなくてはならない、奇身魂としての知識と調和したる勇でなくてはならないのである。天皇の御荒身魂として勇を顯はし給ふ時には、幸身魂としての情に反省して、その調和を御求めにならなくてはならない、奇身魂としての知識に反省して、その調和を御求めにならなくてはならないのである。幸身魂奇身魂に調和せざる荒身魂としての勇を御劍に顯はし給ふことは出來なきものである。これその御警戒として、御劍に幸身魂奇身魂荒身魂の御宿りあることを御示しある所以なのである。この故に我が國に於ける尙武と云ふ意味は支那とは異なれり。文を離れた武でなく、武を離れた文でなく、文武不二一體の意味を顯はすに就きて、壯烈なる對象として、尙神尙武とはなるのである。この勇ましき美はしき淸き明かき高き廣き深き厚き靈肉不二の體を顯はすには、尙神の國とも云ふべきところを支那の文字に漢譯して、尙武の國とは云ひ來つたのであれば、特に注意する次第である。故に日本の尙武とは尙神の意味で、または文武を總合したる神の國と云ふ意味なることを忘れてはならない。

第三十一章　三種の神器と靈魂との關係

これを要するに、三種の神器は單に神器として御傳へあるのではない。太神の大御心としての靈魂を宿り寄せまして、歷代の天皇に御傳へに傳へ繼ぎ、繼ぎ次ぎに天壤無窮に御相傳相成りつゝあるのであることを日本國民として最もよく會得し居らねばならない。この天照皇太御神の御神慮の幾分を會得し得て、初めて三種の神器の世に得がたき絕對無比唯一無上のものなることを自覺し得るのである。たゞこゝに注意すべきは、御鏡に和身魂と荒身魂との宿りありしとしての行事に於いては、御劍には幸身魂奇身魂のみにして、荒身魂は宿り居らなきものとなり、御劍に幸身魂奇身魂荒身魂の宿り居るものとしての行事のときには、御鏡には荒身魂の宿り居らざるものとなるのである。

第三十二章　荒身魂の分魂と廣田宮荒祭宮との關係

天照皇太御神の荒身魂は、天皇の御側に近づき難しとして、心廣田の神宮に御鎭りましたることは、歴史に於いて明かなる事實である。然るを御鏡に、また御劍に荒身魂の宿りますとは如何なることぞ、と疑惑を抱くものあるべきも、祖神の垂示に依れば、直靈も和身魂も眞身魂も幸身魂も奇身魂もその必要に應じ、幾十百千萬に分靈分魂するが如く、荒身魂もまたその必要と共に分靈分魂しつゝあるのである。天照皇太御神の靈魂は、その何れの靈魂も、百千萬と分靈分魂しつゝ、天皇と臣民とを御擁護ましく〳〵つゝあるのである。この意味に於いて、御鏡にも御劍にも御宿り御顯はれ給ふことは、何等の疑惑あるべきものでない。況してや御鎭魂と三種の神器との關係に於いては容易ならざる行事の傳はり居るに於いてをや。この行事あるが故に、三種の神器のより以上に尊重すべき權威ある所以であることを思はねばならない。若し荒身魂は分魂しないものとすれば、荒祭宮は如何にすべきぞ、廣田宮にのみ荒身魂の留まりましたるものとせば、荒祭宮は空虛となりますではないか。廣田宮にも荒祭宮にも在しますものとせば、これ荒身魂の御分魂ある證明ではないか。既に御分魂ましますの事實的證明あるものとせば、歴代の天皇は直系的御繼體としての分魂的荒身魂なることが、より以上に事實に於いて證明しあらせらるゝではないか。その荒身魂は御代々々毎に御鏡に顯はれ出でゝ、天照皇太御神の御和身魂と感應道交坐しましつゝあるの事實を如何すべきぞ。その荒身魂は天皇の御側に近づくべからずとの大御心は、天皇の玉體が直ちに天照皇太御神の御繼體的荒身魂なるが故に、重ねて近づくの御必要なきことを示さるゝと共に、何より第一に直系的繼體の天皇の荒身魂を御自愛御自重あるべきことを御教へ給はりたる大御心なることを思はねばならないのである。

第三十三章　三千年以上相傳相續の歷史と生命意義

古より今に至る迄、鏡は世界列國中何れにも存在し居るのである。然れども三千年以上相續相傳したる歷史を有し居る鏡はないもので、玉も何れの國にも寶藏され居らぬものはない。英國なぞには世界第一大形のダイヤモンドなぞを所有し居るのである。然れども三千年以上相續相傳の歷史を有し居る玉はない。劍も世界到るところに於いてこれを所有し居らないものはない。然れども三千年以上相續相傳の歷史を有する劍はないのであります。獨り我國の三種の神器のみ三千年以上の相繼相傳したる歷史を有し居ることは、人間界に於ける唯一不二絕對無比の一大至寶ではないか。これ全く人力以外に天祐の存し居ることを窺ひまつると同時に、この三種の神器に含包し居るところの意味と行事とが人間建國の上に缺くべからざるものありて然ることを自覺せねばならない。宇宙間のことは何ものたるを問はず、その內容に於ける生命と意味とのありて始めて活躍すると共に、相續相傳せらるゝものなることを思はねばならない。その內容に於ける生命の消耗し意味の乾燥したるものは、主觀的にも客觀的にも永續すべきものでない。その永續するには必ずやその內容に於ける生命の潑剌として、意味の豊富に深遠微妙にして活躍し居るからである。天壌無窮に相傳相續せられあるところの三種の神器には、如何にその內容に大生命の充満し、大意義の活躍しつゝあるかを自覺すると共に、より以上に一代は一代より世界列國に發表して、人間建國の大基礎と生活組織の體系とを包含秘藏し居ることを知らしむるところなくてはならない。

第三十四章　天津日嗣と三種の神器

天津日嗣の高御座に御即位まします日の皇子は必ず直系的御子孫なると同時に、三種の神器を直接に授受相傳まし〳〵たるものでなくてはならない。如何に直系子孫なりとも、三種の神器なくんば、御即位の式を擧ぐること能はず、三種の神器ありとも、直系的父子の授受にあらねば御即位式を擧ぐること能はず。況してや三種の神器ありとも、傍系的子孫は故なく御即位の式を擧げ得べきものでない。これ等の意味は憲法と皇室典範とに於いて　明治天皇の祖宗大御心を承けて御欽定遊され居ることなれば、赫灼として日月の如し、今更こゝに辯ずるの必要を見ず。こゝにはたゞ三種の神器に於ける內容の生命たる意味と行事との消息を兼ねて拜承し居るところの千百分の一を認めて、後世子孫に告げつゝその自警自發を促がすの微意たるに過ぎない。後世子孫たるもの、珍重々々自警自發することを努め努め忘れてはならなきものぞ。

原著引

三種の神器は國體に重大の關係を有す、國民としては、必ず會得し居らねばならない、さるにてもこれを解釋するもの、古に今に尠からねど、いづれも、外面よりこれを觀察し、甚しきは、外國思想を以て、これを解釋し、一もその當を得たるものがない。これ全く內よりこれを眺め、その古典故實と、不言の神授相傳とを典據として解釋するものがないからだ。稜威會發行の三種の神器は、古典故實と不言の相傳とを典據として、內より解釋し、外に對照し、以てこの世界唯一無比の神慮を顯はしたるものなれば、誠に宇宙間一ありて二なき珍書秘典である。我等國民の始めて三種の神器の如何に尊き傳統なるかを確實に會得することを得るので、一日も早く同胞國民にその喜びを頒ちたく、こゝにこの書を刊行する所以である。

大正十三年秋新嘗月菊薫ずる生日の足日

六峰須永武義

三種の神器終

第四　神社崇拝

第一章　人類魂民族魂個人魂の異同

世界の人類としては人類一般に通じたる靈魂あり、民族としてはその民族一般に通じたる靈魂あり、個人としては個人に現はるゝところの靈魂あり。人類一般に通じたる靈魂とは、人類一般に歸趨するところの目的あり、その目的を認識するの威靈、その目的を達するところの威靈が卽ち人類一般の靈魂である。人類は禽獸にあらず、草木にあらず。故に禽獸の目的とは異なり、草木の歸趨するところとは同じからざるなり。その生活狀態の同じからざると共に、その生活狀態を維持し、發達する點に於いても、禽獸草木とは同一にあらず。これその人類としての靈魂は禽獸草木としての靈魂と異なるところあるを知るべきなり。民族一般の靈魂としては、民族各自の靈魂あり、その位置境遇につれて各自の靈魂は自から異ならざるを得ざるものとす。人類一般の靈魂を以て直ちに民族各自の靈魂に應用せんとするも、各自の境遇に於いてこれを發揮實行すること難し。是れ世界魂あると共に亞細亞魂あり、亞弗利加魂あり、歐羅巴魂あり、亞米利加魂等のある所以にして、更に日本魂あり、支那魂あり、印度魂あり、波斯魂あり、埃及魂あり、獨逸魂あり、佛蘭西魂あり、英吉利魂あり、伊太利魂あり、墺太利亞魂あり、露西亞魂あり、阿蘭陀魂あり、瑞西、諾威、瑞典、希臘、土耳古等の國魂ある所以なり。個人魂とは、個人々々に有するところの靈魂にして、是れまた個々分々の位置、その境遇に應じてその活動を同じうせず。老人魂と青年魂とはその活動を異にし、富貴魂と貧賤魂とはその活動を異にし、女性と男性とはその活動を同じうせず、各自々々にその境遇分限に應じて悉くその活動は千差萬別たりつゝあるものとす。然れども個人魂としても、民族魂としても、人類魂としても、家庭魂としても、國家魂としても、世界魂としても、その本を究明すれば等しく是れ同一の靈魂にして、たゞその人類魂が分派分泌しては民族魂となり、民族魂が分派分泌しては個人魂となり、世界魂が分派分泌しては國家魂となり、國家魂が分派分泌しては家庭魂となりつゝあるに過ぎざるを以て、たゞその靈魂の量に於いて大小あると共に、その活動の點に於いて厚薄の別あるに過ぎないのである。究明すれば均しく是れ靈魂なり、同一の靈魂なりと知るべきなり。

第二章　主觀上の靈魂と客觀上の靈魂

已に個人魂あることを知る時は民族魂あるを知らざるべからず。已に民族魂あるを知る時は人類魂あるを知らざるべからず。已に人類魂あるを知る時は更にまた萬有魂あるを知らざるべからず。已に家庭魂あるを知る時は國家魂あるを知らざるべからず。已に國家魂あるを知る時は世界魂あるを知らざるべからず。已に世界魂あるを知る時は宇宙魂あるを知らざるべからざるなり。個人魂と民族魂と人類魂とは不二一體なるが如く、萬有魂と人類魂民族魂個人魂とは、また均しく不二一體にして、ただその量の大小と活動の厚薄あるに過ぎざるものとす。家庭魂と、國家魂と世界魂との不二一體なるが如く、宇宙魂と家庭魂、國家魂、世界魂とはまた均しく不二一體にして、たゞその量に大小あり、活動に厚薄あるに過ぎざるものたることを自覺すべきなり。然り、客觀すれば宇宙魂なり、世界魂なり、國家魂なり、家庭魂なり。主觀すれば太神魂なり、萬有魂なり、人類魂なり、民族魂なり、個人魂なり、禽獸蟲魚草木魂等なりとす。たゞ宇宙魂が分派分泌して萬有各自の世界魂となり、萬有各自の國家魂となり、萬有各自の家庭魂となり、境遇魂となり、太神魂が分派分泌して萬有魂となり、人類魂となり、民族魂となり、個人魂となり、禽獸蟲魚魂となり、草木木石魂となり、雲烟雨雪魂となり、百千萬億の菌魂たりつゝあるに過ぎざるなり。究明すればその性を同じうし、その質を同じうしつゝありと雖も、たゞその活動を異にすると共に、その狀態の千差萬別たりつゝあるに過ぎざるなり。客觀しての境遇に千差萬別あると共に、主觀しての活動も千差萬別たりつゝある所以とす。究明すれば同一靈魂なり。その間に別ものありて混じつゝあるにはあらず。たゞその分派分泌の厚薄大小精粗强弱等につれ、相互に主觀し、相互に客觀されつゝその活動を異にし、その境遇を同じうせざるに過ぎざるものとす。

第三章　精神と物質との不二一體

これまでの宗義學說としては、東西古今ともに精神と物質とを別樣に見做し、精神を無形とし、物質を有形としあれども、これは實にその究明の足らざるところより誤解したるものである。精神と物質とは決して二物二樣に對立して在るものでない。精神も質あり體あり、物質にも質あり體あり。然るを精神の質とは餘りに稀薄微細にして、人間の五官に上らざるが故に、無形なるものと誤解し、物質は粗大にして五官に上るものなるが故に有形と看做し、精神と物質とを全く別物に見るに至りたるものとす。然るに物質と雖も刻々蒸發して、漸次瓦斯體に變じ、氣體に變じ、無形のものとなり、五官には上らざるものとこそ變じつゝあるのである。然れどもまたその五官に上らざるところの氣體とか瓦斯體とか云ふ極小微細なるものも、漸次結晶して液體となり、流體となり、固形體となりつゝあるなり。人間身の體溫の如きも、時々刻々蒸發飛散しつゝあるものは、それだけ身體が衰退して無形のものと化しつゝあるのである。然れば肉體も有形なるものとばかりは言はれないのである。空氣は目に見えぬから形がないとは言はれまい。電流は目に見えぬから形がないとも言はれない。目には見えずとも、空氣にも元素として分子として、原子として原々子としての形が實在して居るのである。電流にも光として光波として、電子として電々子として極小微細なる形を有して居るのである。五官に上るから形がある、五官に上らないから形がないとは、實に幼稚なる究明であり、形あるものも飛散しては極小微細なるものとなつて、五官に上ること能はざるところの無形なるものとはなり、五官に上らざるところの無形なる光とか氣體とか云ふ様なものも、漸次結晶して五官に上るところの有形になりつゝあるのが何よりの證據である。それで精神と物質とを二様二物に見做しつゝありたるのは、全く幼稚なる究明としての誤解であると云ふことが判然したであらう。されば精神とは稀薄微細なる質と體とを有するものにして、物質とは極小稀薄なる精神が、輪廓を漸次膨脹したる結果に過ぎざるものにして、精神と物質とはその實不二一體である。同體不二なるものである。然らば精神と云ひ、物質と云ふものは、將來に於いては必ずその意味を改めねばならないのであると共に、この精神と物質との表はれ出づるところの根本本體を尋ねねばなりません。然るに世界各國東西古今に於いてその根本本體を説明し得たる者はないのである。それで世界列國何れの辭書を繙きても、その名稱も文字もない。獨りこれあるのは日本ばかりである。日本に於いては神代の昔よりして夙にこれを發見し、その實體を自覺し、その名稱も存在して居るのである。

第四章　日本民族の人身觀

日本の神代に於いては、この精神と物質との現はれ出るところの根本本體を稱して、靈《ひ》と云ふ。この靈は全宇宙に充滿して居るものである、全宇宙が卽ち靈であるなり。然るにこの靈の出づるところの大根本、大本體あり。この大根本、大本體より現はれ出るところのものが全然彌漫して宇宙に充滿しあるのであると共に、その靈と靈との活動に自から勤怠を生じ、勤怠に伴はれて强弱を生じ、その勤むるもの强きものが、怠るもの弱きものを吸收結晶して人類萬有の個々體が發現しつゝあるのである。その勤むるもの强きものが、他の怠るもの弱きものを吸收して、いつも微細なる個體をなす、これを稱して魂《たましひ》と云ふ。魂とは「タマシヒ」なり。「タマシヒ」とは水の溜るが如く靈の溜まりたるものである。水としては同一なれども、水の溜まりかたには、大小、厚薄、方圓、長短、精粗等のありてその形を同じうせざるが如く、人類個々萬有個々に形を同じうせざるのである。靈としては同性同體にして、平等なり、普遍なり。その靈の溜まりたる魂はそれ〴〵形を異にするが故に、差別あり、個性なり。而してこの魂を日本では和魂《にぎみたま》と云ふ。世界列國に於ける精神と云ふに相當するのである。またこの魂の勤むるものと怠るものとの自から生じ來ると共に、勤むるものは强くなり、怠るものは弱くなり、その勤むるもの、强きものは、他の怠るもの、弱きものを吸收して一の個體を現はし來る。この個體が卽ち人間の五官に上るところの人畜草木萬有なるものである。この魂の結晶したるものを世界列國に於いては肉體と云ひ物質と云ふ。日本では荒身《あらみ》魂《たま》と云ふ。荒身魂と云ふことは世界列國で云ふところの肉體、卽ち物質なるものに相當して居るのである。荒身魂とは「アラワミ」と云うて、現はれ、明らかに五官に觸るゝところを意味したものである。また荒《あら》とは「アラヒ」と云ふ意味にて、粗大、堅固の意味である。それで荒身魂と云ふものは、一の靈の主動して他の靈を吸收する時は、その主動の靈を「直靈《なほび》」と云ふ。直靈が溜りて他の直靈を吸收して魂《たま》となる。その魂を「和魂《にぎみだま》」と云ふ。和魂と云ふ時は、直靈と他の一の靈が抱合し居るものにして、一の靈《たま》の中に直靈が主人公として鎭座し居るのである。この和魂が他より數多の和魂を吸收結晶して個體を現はす、これを稱して荒身魂と云ふ。この荒身魂には數多の和魂が群集結晶し居るものにして、その中身に和魂が主魂《しゆだま》として鎭座しあるのである。故に荒身魂の內に和魂あり、和魂の中に直靈があるのである。荒魂《あらみたま》は五官に上れども、和靈《にぎみだま》と直靈とはあまりに極小稀薄なるが故に、五官に上ることは出來ないものである。然れども五官に上らないと云うても、荒魂の內に實在しあると云ふことは、荒魂それ自身に感知することが出來るものである。また荒魂の內に在るところの和魂が我自身を認むるが故に、荒魂も和魂の形を見ること能はざるも、自からその何ものかの潛みありと云ふことは認め得るものである。それの如く和魂の內にある直靈は、和魂それ自身には直ちにこれを見ること能はざるも、更に何ものかの存在しあることを自から感知せらるゝやうになつて居るのであります。よし和魂が感知すること能はずとするも、直靈それ自身が自身を自證しあるが故に、和魂もまたその內より衝動せらるゝに就いて、自から何ものか存在し居ると云ふことを感知せねばならないものである。獨り和魂のみならず、荒魂《あらみたま》それ自身も間接に內よりの衝動を受け、和魂を通して和魂以上に、意識、良心以上、更に何ものかの實在しつゝあることを自知せねばならぬやうになつて居るものであります。されば日本民族の人身觀は、この肉體が直ちに魂なり、荒身魂なると共に、この肉體魂の内に和魂と云ふ魂があり、この和魂の内にまた直靈と云ふものが實在して居るものである。荒魂《あらみたま》は荒魂としての働きがあると共に、和魂《にきみたま》は和魂としての働きあり、直靈《なほび》は直靈としての働きがあるのである。それはその一身の構造上に就いてかくの如き根本たり中身點たり、分派分身點たり、更に中心と分派とに關聯する段階點等ありて、その質を異にし、その體を異にしつゝありと雖も、これを究明する時は同一の魂《たま》なり、靈《み》なり、同一の靈魂《みたま》と云ふに歸着するのであります。

第五章　人類萬有と直靈和魂荒魂との關係

獨り人類が直靈《なほび》と和魂《にぎみたま》と荒魂《あらみたま》とより成立して居るのみならず、萬有悉く直靈と和魂と荒魂とより成立して居るのである。而して宇宙には宇宙としての直靈あり和魂あり荒魂あるが如く、一塵一埃、一毛一菌に至るまで、更に一元素、一分子、一原子、一原々子に至るまで悉く直靈あり和魂あり荒魂があるのである。更にこの直靈には直靈としての和魂あり荒魂あり。和魂には和魂としての直靈あり荒魂あり。荒魂には荒魂としての直靈あり和魂あり。更に荒魂の分身分體としての一節一骨一細胞一神經に至るまで、個々分々に悉くそれ相應なる直靈あり和魂あり荒魂等の具足して居るものたることを承知すべきなり。

第六章　主客位置を變ずれば同一靈魂

客觀すれば元素なり、分子なり、原子なり、電子なり、原々子なり、電々子なり、肉體なり、物質なれども、元素、分子、原子、電子、肉體物質等のそれ自身が自身に主觀する時は、悉く是れ靈《び》なり、魂なり、直靈なり、和魂なり、荒魂なのである。東西古今の宗義學說としては、人間のみ主觀客觀を有し居るものとして、人間以外の萬有をば悉く人間より客觀したるところを以てそれ〴〵の判斷推定を下しつゝあるなり。それは甚だ自分勝手の判斷推定たるに過ぎず。これたゞ人間より人間を本位として客觀したる判斷推定に過ぎずして、人間本位の判斷推定としてはその通りなるべきも、人間本位の客觀的判斷にては萬有それ自身の自性を明かにし得たるものとは言ふべからず。人間より大根を客觀すれば、人間の滋養分たるべき大根が上等にして、人間はこれを切りこれを食すべきも、大根それ自身に主觀するときは餘り喜ばしきことにはあらざるべし。若し人間以上のものありて人間を切り、人間を食ふものあらば、人間は如何にその苦痛を感ずべきぞや。元來人間にのみ獨り主觀客觀あるにあらず、萬有悉く主觀客觀を有し、相互に主觀し、相互に客觀せられつゝあるのである。故に人間が一草一木を客觀して究明し分析し判斷したるところのものと、一草一木それ自身に主觀するところとは全然その趣を異にして居る。人間が客觀して元素、分子、原子、電子なりとするも、それは人間の客観的推定にして、元素、分子、原子、電子それ自身に主観するところとは全然その趣を異にして居ることを知らねばならぬなり。人間に荒魂あり和魂あり直靈あるが如く、萬有にも悉く直靈あり和魂あり荒魂ありと云ふことは、また以て疑ふべき餘地なきにあらずや。故に曰く、人間より客観すればこそ元素、分子、原子、電子なれ、元素、分子、原子、電子それ自身に主観する時は均しくこれ靈《び》なり魂なり直靈なり和魂なり荒魂なのである。人間より客観すればこそ一草一木、一石一砂、一塵一埃なれども、草木石砂塵埃等のそれ自身が主観する時は、均しく是れ靈なり、魂なり、直靈なり、和魂なり荒魂なのである。人間より客観すればこそ水は平波鏡の如く見ゆれども、水それ自身に主観する時は滴々個々分々微々、それ〴〵の菌あり、蟲あり、靈あり、魂あり、靈魂あるものである。故に曰く、人間萬有均しく是れ靈なり魂なり靈魂なりと。

第七章　顯幽両界の感應道交

人間各自が自己に靈魂あることを知る以上は、萬有各自にもまた靈魂あることを知らねばならぬと共に、大宇宙にもまたその大靈魂あることを知らねばならぬ。然り、何人もその困難苦痛若しくは快樂の極度に達する時は、我と我が身に何ものか潜在しつゝあることを知ると共に、宇宙にもまた何ものか一種の威嚴が存在しつゝあることを自知するものである。宇宙に一種の威嚴あるを知り、自己に何ものかの存在し居ることを知る以上は、萬有各自にもまたその何ものかの存在しつゝあると云ふことを知らねばならぬなり。宇宙に存在する威厳とは神にして、自己と萬有とに何ものかの存在すると云ふことは靈魂のことである。人間の死と云ふことは全くこの直靈が和魂を脱し、荒魂を出づるからである。出でたる直靈はその人の世に於ける善惡の行爲に伴れて、行くべきところの先方に向つて行き去るなり。而して和魂はこの世に留まり、子孫の祭るものあれば、その祭るところの靈代《たましろ》たる御幣なり、位牌なりに宿りつゝ子孫の祭を享くると共に子孫を守りつゝあるのである。荒魂は墓所に留りてまた子孫の祭を享けつゝあるものとす。然れども和魂も荒魂も子孫の祭絶ゆる時は、漸々直靈の後を追ふて、直靈の在るところに向つて去りつゝ、遂には以て直靈に同化するものである。また荒魂は烟となり、土となり、水となり、火となり、氣體となりて飛散しつゝあるが如きも、これは人間より客觀したる狀態にして、烟や火や土や水や氣體やのそれ自身が主觀する時は、人間の客觀したる如き烟にあらず、火にあらず、土にあらず、水にあらず、氣體にあらず、悉く是れ靈なり、魂なり、自己性格を有しつゝあり、自我を有しつゝあるものである。これまた直靈の留るところに向つて去りつゝあるものであるなり。子孫これを祭れば、その祭るところの祝詞や經論は和魂も聽き、荒魂も聽きつゝ、その祝詞その經論に感化しつゝあるを以て、十年二十年三十年五十年、乃至百千萬年の後までも漸々次第と先方の直靈の後を追ふて同化しつゝあるが故に、先方の直靈の爲めにはその同化し來るところの荒魂和魂は悉く幸魂となりて非常なる愉快を受くると共に、非常なる幸福となるものである。これに反して子孫のこれを祀るものなき時は、祝詞の聲も聽かず經論の聲も聽ざるを以て、彼等はその食に餓ゑつゝあるが故に、自然と他の魂を犯すの罪を造りつゝあれば、十年二十年三十年五十年、乃至百千萬年の後、先方の直靈に追ひつき同化するの際に於いて、先方の直靈には悉く、禍津毘《まがつび》となり、惡氣惡魔となり、非常なる苦痛を感ずると共に、非常なる災難に遭遇するものとなるなり。さてまた子孫がこれを朝夕に祭り、或ひは一年祭、二年祭、三年祭、五年祭、十年祭、二十年祭、三十年祭、五十年祭、乃至百千萬年祭と祀りつゝあるときは、その朝夕の祭と共に和魂も荒魂も祝詞の聲に化し、經論の聲に化し、愉快を感ずると共に、その感ずるところの愉快なる伊吹は刻々先方の直靈に通じ、直靈もまた愉快を感ずると共に、その感じたるところの愉快の伊吹は和魂に來り、荒魂に來るなり。直靈の愉快なる伊吹を受けたる和魂と荒魂とは更に一層の愉快を感ずると共に、その感じたるところの伊吹は悉く我を祭りつゝあるところの子孫の全身に泌み來りつゝあるものとす。子孫はこれが爲めに何となく我と我が身に愉快を感じ、その感じたるところの伊吹は一家に充滿し、一家平和の世界を開くと共に、その交際するところの親戚朋友にまでその伊吹は傳はり行き、その親戚、朋友、知人、鄕黨の人々までをして何となく我に交はるの愉快を感ぜしむるに至るものである。子孫が先人の祭をなしたる後に於いて、何となく言ふに言はれぬ愉快を我と我が身に感ずるものは全くこれあるが爲めである。これ獨り日本神道に於いてのみ神々の垂示せらるゝところにして、未だ佛敎にても基督敎にても、世界のあらゆる宗敎哲學道德倫理學等に於いても說明すること能はざるところである。

第八章　顯幽感應の杜絕と國家の自滅

先人の靈を祀り、國家に勳功ある人々の靈を祀ると云ふことは、その子孫たり國民たるものゝ自然の責任なり天職なり。先人の恩を忘れ、勳功者の恩を忘るゝと云ふことは子孫としては耻づべきの行爲なると同時に、かゝる子孫の永く平和なる家庭を維持し得べきものにあらざると共に、國民の永く平和なる國家を建設すると云ふことは斷じて出來ないものである。日本の家庭には靈代あり、位牌あり、町村には產土《うぶすな》の神あり、氏の神あり、郡縣國家には大中小の官幣社、國幣社を初めとしてそれぞれ鎭座守護の神々を奉祀しつゝあり。世界茫々國を建て家を造るもの少なからずと雖も、そのよく先人の靈を祀り、國家の勳功者の靈を祀りて神と仰ぎ、その恩を紀してこれを慕ひ、その勳功を紀してこれを慕ひ、永くこれを忘却せずしてその恩その勳功を慕ひ、またその德に化すると共に、その子孫たるものが我もまた第二の神たらんとしつゝあるものは、世界蒼茫、廣しと雖も實に我が日本のみである。彼等の家庭には靈代なく位牌なく、彼等の國家には彼等の國家を建設したる偉人を神として祭るものなく、たまく祭るものありとせば、その國には因も緣もなき他國に現はれたる神佛を祭るに過ぎず。然らざれば開國の人、若しくはその國に教を立てたる人等を紀するに一の紀念碑を建設するに過ぎざるなり。その先人の靈と子孫の靈との感應道交する連絡を斷絕し、或ひは開國者の靈とその國家に勳功あるものゝ靈と國民同族の魂との感應道交する道を斷絕しつゝあるなり。故にその國は悉く興亡常なく、一代開國者の宗廟若しくは紀念碑は後代開國者の子孫の爲めに破壞せられ、若しくはこれを祀り、これを慕ふもの漸々滅亡するに至るのである。豈憐むべき次第にあらずや。更に紀念碑を建てゝその功績を紀念するものとせば、何ぞ進んで更に家に靈代を設け、村落郡縣に神社を建ててその靈を祭りて神となし、その恩を紀してその德に化し、顯幽感應相續するの大道に上らざるか。彼等は悉く先人感應の道を杜絕す、その家庭國家の興亡常なきこと怪しむに足らざるなり。

第九章　宇宙根本神と先人及び立勳者

人類救濟の神として、他國に現はれたるところの神や佛は全宇宙の根本本體なりとしてこれを信じ、これを祭るを見る。これを信じこれを祭るはその人の信仰として、その國民の信仰として敢て不可なるにあらずと雖も、徒らに目前我が身の一身のみを救はれんとして遠き宇宙根本の神のみを祀るのはいかが。故に先づ以て近く我が身に直接なる恩あり愛ある父祖先人の靈を祀り、直接その國に勳功あり德化あるところの開國者建勳者の靈を祀るこそ遠き宇宙根本神の大御心たることを知らざるべからず。先人なり開國者なり建勳者なりは等しく宇宙根本大本體神の分靈分魂分身にして、この分靈分魂分身を祀り、この分靈分魂分身より通じて宇宙の根本大本體神に近づくの正道たることを知るべきである。その身がその根本大本體神に直ちに救はれて、未來に於いて神たり佛たらんとするよりも、先づ以てその先人を神として祀り、開國者勳功者を神として祀り、而して我が身もまた第二の神となり、後世子孫に祀られつゝ、この代に於いての神たり、家の神となり、村の神となり、郡の神となり、縣の神となり、國家の神となり、大小の別こそあれその身相應にこの代に於ける神となりて、而して後に更に未來に於いても神たるこそ初めて我もまた根本大本體神の分靈分魂分身たることを證明し得たるものにして、これ實に根本大本體神の大御心なるものとす。世界茫々國を建つること多く、家をなすもの少なからずと雖も、かくの如く宇宙根本大本體神の大御心を體得實行しつゝあるもの、日本民族を除くの外それ將た何處にかある。かくの如き教を示すこと能はざるの宗教宗義ありとせば、その奉ぜるところの宇宙根本大本體神と云ふものは未だ以て根本大本體神とするに足らざるなり。僅かに根本大本體神の一角一部分を拜み得たるものにして、世界人類一般に通ずるだけの教理たる價値なきものたるを知るべきなり。眞實、宇宙の根本大本體神に同化し行く教としては、日本傳來の神の教にあらずしてそれ何處にかある。日本の神の教は獨り日本ばかりにあらず、世界を通じて教へざるべからず、奉ぜざるべからず、行はざるべからざるものとす。日本の神の教は直ちに以て世界教たることを自覺すべきなり。

第十章　天照大神と幣

伊勢の大廟より全國に頒布するところの靈代を、「大幣《オホヌサ》」と云ふ。「ヌサ」とは「ヌ」は御靈と云ふ意味にして、「サ」は漣《サヽナミ》、砂礫《サヽレイシ》、五月雨《サミダレ》と云ふが如く、こまかに分流したるものたることを意味するなり。故に「幣」とは大廟の御靈の分流して五千萬魂となり、五千萬戶に神宿りつゝあるものとす。天照大神は太陽界より天降りまし〱たるものにて、日本民族が太陽を拜するのは太陽そのものをそのまゝに拜するにあらずして、太陽の內に於いての主神たる天照大神を拜するのである。人間より客觀すればこそ太陽は光なり熱なり火なりと雖も、太陽それ自身に主觀する時は光にあらず熱にあらず火にあらず、均しく是れ靈なり魂なり、靈魂一致《みとたまとのみすまり》の神なり。なほ人間より客觀する時は水なれども、水それ自身に主觀する時は水にあらず、均しく靈なり魂なり、靈魂一致の體にこそあれ。太陽は熱なり光なり火なり、人類生物は生存すべからずと云ふか。然らば水は極寒にして人類生物は生息すべからざるものなりと云はざるべからず。然るに人類こそその冷その寒に堪へざるなれ、水の內にはあらゆる魚類あり、獸類あり、蟲類あり、若しくは海苔、海草等あらゆる植物までその海底に繁殖しつゝあるのみならず、水の滴々中にもそれ〲微細なる菌あり蟲あり、潮の滴々中にもそれ〲微細なる菌あり蟲ありて生存しつゝあることを知らずや。人間こそ生息することを得ざれ、水には水相應なるものありて生息しつゝあるが如く、火には火相應なるものありて生息しつゝあるものと知るべきなり。太陽には太陽相應の生物ありてそれ〴〵生息しつゝあること、また疑ふの餘地なきにあらずや。人間を本位として人間の客觀したるところのみを以てそのものゝ自性を解し得たるものと思はゞ、とんでもなき誤謬なること、已に大根の比喩を以て説明したるが如し。太陽界の天照大神の分靈が天降りて伊邪那岐命に宿り、その宿りたる分靈は直靈となりて伊邪那美命に遷りて伊邪那美命の胎内にある和魂と抱合合體し、更に八千魂を吸收しつゝ荒魂を構成し、こゝにこの豐葦原の瑞穂國に神現はれ給ひたるものである。而してこの世の神業終ると共に、その直靈は太陽界にましますところの本體たる天照大神に復歸りまして合體し、その和魂は伊勢大廟に鎮座《かむつまり》ましますと共に、その大廟の和魂の分靈は宮中賢所に鎮座まし〳〵、更に大廟の和魂は分靈まし〳〵て五千萬戸に神宿りまし〳〵つゝあるのである。各村社、各郷社、郡社、縣社、國津社《くにつやしろ》、天津社《あまつやしろ》の神々は、かくの如く皆その八百萬の天津神國津神の和魂の鎮座なると共に、また和靈の分靈、分魂の鎮座たるものにあらざるはなきなり。而してこの代に於ける天照大神の荒魂は伊勢の荒宮に鎮座まし〳〵つゝあると共に、各村社、郷社、郡社、縣社、國社の神々の荒魂がそれ〴〵埋骨の墓所なり、塚なり等に存在しつゝあるものとす。乃至家の神としては、先人の直靈は先方に行き去りたるものにして、その和魂は家の魂代《たましろ》若しくは位牌に宿りつゝあると共に、その荒魂はそれ〴〵埋骨の墓所ありて存在しつるものとす。更に奇魂《くしみたま》を祀りたる神社あり、幸魂《さきみたま》を祀りたる神社あり、荒魂を祀りたる神社等あり、これ等は別著「靈魂觀」に說明しあれば、總ての詳細なることは「靈魂觀」にて承知あるべきなり。更にまた高天原と云ふことは三ヶ處あり、これまた「靈魂觀」に說明あり。就いて見らるべし。

第十一章　靖國神社と一の統一體的神

「靖國神社」の如きは百千萬人の靈を祀りたる神社にして、日本の神社としては一種の新例を開きたるが如きも決して然らず。人間萬有の構造は第一生魂《いくたま》が主動して百千萬の同一なる生魂を吸收す。これを八千《やち》魂《たま》と云ひ、また足魂《たるたま》とも云ふ。足魂とは百千萬の八千魂を吸收具足したりと云ふ意味なり。初めに第一生魂が百千萬の足魂を吸收したるが故に、その中心點に留まりてその百千萬魂を支配統一しつゝ、こゝに一の統一體を實現するものとす。その足魂の中心點に留まるところの第一の生魂《いくたま》を玉留魂《たまとまるたま》と云ふ。玉とは魂なり、魂の通音なり、また略字なり、魂と云ふに同じ。故に魂の中に留まりたる魂となる、これ第一の生魂が足魂の內に留まりて主人魂となりつゝありと云ふ意味なりと知るべし。第一の生魂とは直靈のことにして、第二の生魂とは和魂のことである。八千魂たる足魂とは荒魂のことなりと知るべきなり。人類萬有は悉く生魂《いくたま》、足魂《たるたま》、玉留魂《たまとまるたま》として一個體を構成發現しつゝあるものである。たゞその顯界のものはその質その性の粗大なるが故に肉眼に上ると雖も、幽界のものはその性その質の細微なるが故に肉眼に上らぬと云ふ差別あるに過ぎざるなり。「靖國神社」の如きは卽ち千百萬人の靈魂合體して、生魂、足魂、玉留魂として「靖國大神」と云ふ統一體を構造發現しつつあるものとす。なほ出雲《いづも》大神《おほかみ》と云へば素盞嗚尊、大國主尊、事代主尊（或る書に大國主命三穗津姬命を祭祀すとあり）の三柱より成立しつゝあるが如く、何々神社、何々大神と云ふ内に二柱若しくは三柱若しくは幾柱かの神を祀り、主神と相嘗めの神との合體して祭祀せられつゝあるのと同一である。たゞその數に於いて多きと少きとの別あるに過ぎず、歸するところは同一なりとす。かくの如く顯界に於いても、生魂、足魂、玉留魂より人類萬有がこゝに成立し或ひは家庭國家として統一體を組織發現しつゝあるのみならず、幽界に於いてもまた生魂、足魂、玉留魂としてそれぐ統一體の神として靈顯しつゝありと自覺し居るものは、世界廣しと雖も、建國少なからずと雖も、またそれ日本を除いて抑も何處にかある。

第十二章　人類萬有の同性同體と基督教の偶像身

偶像天

何人と雖も自己の内底に何ものか存在するを知ると共に、宇宙の宏大崇高幽玄なるに俯仰しては何ものかの威嚴實在することを自覺し、自己の何ものに向つてはこれを稱して心と云ひ、良心と云ひ、精神と云ひ、靈魂と云ひ、宇宙の威嚴に對してはこれを稱して靈と云ひ神と云ひつゝあるなり。已に自己の心を信じ、宇宙の神を信ずると云ふことは人間の性情として自から已むこと能はざるものなると共に、已に自己に心の存在するを知り、宇宙に神の存在することを自覺する以上は、更に進んで萬有個々にもまたその心あり、精神あり、靈あり、神あることを知らねばならぬのである。心と云ひ、精神と云ひ、神と云ひ、靈と云ひ、悉くこれ同一物にして、たゞその宇宙根本大本體より分派分泌したるところに過ぎず、たゞその人に於いて心と云ひ良心と云ひ、萬有に於いて心と云ひ、宇宙に對して神と云ふに過ぎないのである。人類萬有は宇宙の根本大本體より分派分泌したる分靈分魂分身なるが故に、人間のみ獨り心あり靈魂ありて、他の萬有は心なし靈魂なしとは云はれないのである。然るに基督敎の如きに於いては、宇宙に神ましますを知りても、その神の外にはまた神あることを知らないのである。たゞ人類にのみ靈魂あるを知りて萬有個々に靈魂あることを知らないのである。已に自己に心あり、宇宙に神あることを知らば、更に進んで萬有個々にも心あり、神あることを知らねばならぬものである。それたゞ知らず、故に神は人間のみを救うて、萬有をば救ふと云ふ福音がないのである。萬有は人間の爲めに造られたる食料なり、資料なり、器械なりとしてあるのである。是れ人間の爲めには有難き次第なれども、動物植物それ自身としては甚だ迷惑なる次第である。神は人間のみを愛し、人間のみを救ひ、動物植物をばこれを殺し、これを食ひ、人間の自由と自儘に放任しあるは動物、植物等のそれ自身としては甚だ迷惑千萬なる次第である。人間がその生を愛するが如く、動植物等もまたその生を喜び、その死を厭ふのである。かくの如くんば、基督敎の所謂エホバの神なるものはその愛たゞに人間にのみ及んで、動植物等の萬有には及んで居らないのである。これその萬有個々に主觀客觀を有して居ることを知らざるより來る誤謬にして、傳來の所謂エホバとは未だ以て宇宙根本大本體の神とするには足りないのである。彼等は日本の神社を見て偶像なりと退け、神靈の在しますものでないと云うて居るのでいのである。ほんの宇宙に神ありと云ふことを知り得たるに過ぎなある。而して彼等は、眞の神は天の上に在しましつゝあり、宇宙の外にありと云うて居るのである。然れば天と云ふも偶像である、神はどこに在しますか見ること能はず、天は蒼々として氣體の鬱積して宏大崇高となり居るものなり。彼等の言葉を以て言はしむればこれ物質なり、神は到底見ること能はざるものなり。宇宙と云ふもまたこれ偶像なり。神は何處にましますか見ること能はず、たゞその氣體の鬱積して崇高宏大濃厚幽玄たりつゝあるに過ぎず、これまた物質なり、神は到底見ること能はざるなり。然れば基督敎もまた均しく偶像敎にして、見えざるところの神をあるものと迷信して居る、これまた迷信敎たるに歸着するなり。人間もまたこれ均しく偶像なり、物質なり。心はいづれのところに存するか見ること能はず、知ること能はず。見得るものは物質のみ、知り得るものは物質のみ。人間もまたこれ偶像身としてこの世を終るより外には致し方なきに至るなり。ことごとに肉迫せらるれば、彼等は、偶像身、偶像教の迷信的骨頂たるに至ると共に、また一言も發すること能はざるべきなり。彼等にして偶像身たる人間に精神あり靈魂あるを知り、大偶像天たる天地宇宙に靈あり神あることを知るものとせば、更に進んで萬有個々にもまた精神あり、靈魂あり、分靈あり、分身あることを知らざるべからず。若しそれこれを知ること能はずとせば彼等の信仰は未だ以て足らざるところあると共に、彼等の究明は未だ至からざるところあることを自覺すべし。自覺して更にその信仰を進め、究明を進め、以て萬有個々に心あり、精神あり、靈あり、神あることを知るまでに進まざるべからず、究明せざるべからず。日本の村社、鄕社、縣社、國社に神靈の實在しつゝあると云ふことを知るまでに進まざるべからず、究明せざるべからざるなり。然るに彼等の聖書なるものには、新舊二書ともほんの天地宇宙に神靈の在しますことばかりを知り、人間に心あり精神あることを知りたるばかりにして、その他のことは未だこの究明は無いのである。況してや人間の靈魂と云ふことに就いては何等の解釋もなく、たゞ神が吹き入れたりと信じ居る位にて眞に以て幼稚なる串條である。奚ぞ況んやその萬有個々の靈魂に至りては如何ぞこれを知ることを得べきや。是れ彼等基督教が日本の神社崇拜を以て偶像教なり迷信なりと攻擊しつゝある所以にして、恰も井底の痴蛙が大海を知らざると一般、その傲慢不敬なることを痛擊警戒せんとするよりも、寧ろその短見狹慮にして淺薄無智なる點をこそ愍れむ次第である。近頃その筋に於いて、吾人が豫て主張しつゝあるところの神社崇拜を恰も符節を合したるが如く奬勵せられつゝあるに對し、彼等基督敎徒は、神社崇拜は疑問なり迷信なりと叫びつゝありと聞く。而してこれに向つて充分なる説明をなすと共に、彼等をして閉口せしめ首肯せしめ、更に感服せしむるもののなきを歎き、本會同人來つてその説明を世に公にせんことを求めて止まず。これ我が徒同人に於いては二十年以前より夙に唱道しつゝあるところなりと雖も、その主張の廣く世に渡らざれば、この機會につれてこゝに同人の需めに應じ、廣く世に示すと云ふ。若しそれ同胞國民を初め、基督敎徒等のこれを讀んでその萬一を自覺するところあるものとせば幸なり、神明の賜なり。如何ぞ感謝の念を發せざるを得んや。なほ佛敎に對しても云ふべきところあれども、今回はこれを省略することとする。

第十三章　進步的思想の無形式

一日客あり、久しく哲學を研究し、宗敎を究明し、最も近年獨逸出の汎神説を喜び、米國出のユニテリアンを好み、而もその人の信仰より云へば汎神説以上、ユニテリアン以上の獨創的造詣あり、發明ありと公言する人なり。靜かに我が徒同人を難じて曰く、「聞くが如くんば先生は最も進步したる宗敎々義を唱道せらるゝと。然るに今日稜威會本部を訪へば、祭壇《みやしろ》あり、神鏡《みかどみ》あり、眞榊《まさかき》あり、御幣あり、神酒神膳あり、宛然たる古代の舊式にして、最も卑近なる偶像敎なり。誰かこれを見てその思想の頑固にして舊式的迷信たるに驚かざるものあらんや。今日歐米各國に於いて最も進步したる學說宗義としてはかくの如き形式的宗敎宗義を排斥す。神と人との感應合一はかくの如き形式を用ひるを要せず。必ずしも日曜每に敎會に行くを要せず敎會に於いて讃美歌を奏するの必要なし。神社佛閣に參拜するを要せず、神社佛閣に於いて祝詞を奏し、お經を讀む等の必要もなきなり。寧ろ敎會建設の必要もなく、神社佛閣建設の必要もなきなり。かくの如きは悉くこれ一種迷信的形式にして、取るには足らず。神と人との感應合一はかくの如き形式を用ひるの要なきなり。我が心に神を念ずる時は、家に在りても道路を步しつゝありても、その際窃かに神を念じ、神を拜すべし。家に在りて座しながら神を拜するとも、神は直ちにこれを受く、道を步しながら神を念ずるときも、神は直ちに格《いた》るなり。何ぞ必ずしもかくの如き煩瑣なる舊式的形式を要せんや。歐米各國に於いて最も進步したる宗義學說としては、斷じてかくの如き形式的宗義學說信仰思想を排斥しつゝあるを知らざるか、況してや明鏡や眞榊等は偶像にして神宿りありと思ふことの卑近淺薄にして、取るに足らざることは、在來の猶太敎、基督敎、回々敎等に於いても千古の昔よりして夙に稱道せられつゝあるにあらずや。然るに何ぞかくの如き形式、かくの如き偶像敎を以て世界の宗敎宗義等を啓發統一せんとするは、愚にあらずして何ぞ。世界大勢の歸趨するところを知らざることの迂濶さは、それまた甚だしからずや。」と。

第十四章　無形式の自殺論

我が徒同人微笑して曰く、「歐米各國の進歩的思想なるものは窃かにこれを聞く。その形式的宗教宗義を排斥しつゝあることもまた窃かにこれを聞く。神は始めて人間に顯はれ、人間の心裡に顯はれて自己性格を認むると云ふこともまた窃かにこれを聞く。その明鏡、眞榊等の偶像にして取るに足らずとする猶太教、基督教、回々教等も固より夙にこれを承知す。然れども形式論も偶像論も未だその一を知りて二を知らざる不明の見地に屬すると共に、彼等は皆自身の刄を以て自身の腹に突き刺しつつあるところの自殺論者に過ぎず、足下の如きもまたその自殺論者の相伴者なり。我が徒同人今その解答を與へん。請ふ靜かにこれを聞け。足下の生命は我が徒同人の解答を與ふる間の十分間に存す。解答を與へ終るの時は足下は直ちに自殺せざるべからざるの運命に接着したるものと觀念せよ。否、足下は自殺するよりも更に苦痛なる境に立つべし。自殺せんとするも自殺すること能はず、自殺せざらんとするも自殺せざるを得ず、生くる能はず、死する能はず、たゞ我一個の身を生死の間に束縛されて如何ともすべからざる一大悲境に陷落するものと知れ。その際唯一の活路あり、豁然としてその非を悔い改め、日本神代の御教に歸入せば、それ始めて身首を全ふすることを得べきか。」と。客怒りて曰く、「そは面白し。請ふその說を聞かん。」と。

第十五章　觀念理想と形式

曰く、「歐米の學者と共に足下は何故に形式を忌み、形式を排斥せんとするか。形式は神の發顯したる御姿にしてこの形式に依らずんば神と人との感想合一すること能はざるものぞ。この形式なくんば獨り人間の思想行爲のみならず、森羅萬有の發顯もなく、宇宙の構成もなきに歸着すべきなり。日月星辰の運行も形式なり、地球の公轉自轉も形式なり、風雨雲烟も形式なり、花鳥も形式なり、禽獸も形式なり、山の高きも形式なり、水の流れも形式なり、詩歌も形式なり、音樂も形式なり、宇宙萬有悉くこれ形式にあらざるものなし。その形式を除き去るときは、そのもの直ちに滅却したる時と知れ。この形式の高大なる程そのものゝ崇高宏遠なるを知るべきなり。今日歐米哲學者が頭腦胸裡に思想するところの觀念理想は單にその頭腦に潛め、胸底に藏め置かんとするものにはあらず。必ずや學者の一觀念一理想はこれを社會に發表し、社會をしてその觀念を發顯し、その理想を實行せしむるだけの形式となりて顯はれざれば滿足するものにあらざるべし。こゝに一の博士あり、哲學的思想を懷けば、その一室その書齋は悉くこれ哲學的形式に化成するなり。彼處に一の博士あり、工學的思想を發すれば、その前後左右は工學的書齋となり、工學的器械室となり、忽ちにして工學的形式に化成せざるはなし。更に一の宗敎者あり、その任ずるところは神にあれば、その書齋は宗敎的書齋となり、宗教的參考室となり、また直ちに宗教的形式に化成するものたるを知れ。」

第十六章　形式と神化

「その座しながら神を念ずると云ふことは、座しつゝあるの形式にて神を念じつゝあるにあらずや。その歩しながら神を拜すると云ふことは、歩しつゝあるの形式にして神を拜しつゝあるにあらずや。座しつゝ拜するの形式も、歩しつゝ念ずるの形式も、神社佛閣敎會に參拜するの形式も、默想默念の形式も、祝詞、讀經、讃美歌の形式も、均しくこれ形式なり。一は形式にして一は形式にあらずとの差別、それ將た何くにかあるや。座しながら默念するの形式も可なり、歩しながら默禱するの形式も不可なし。然れども、形式は千差萬別なり、必ずしも一の形式に依らざるべからずと云ふことなし。神を念ずることの最も熱烈なるときは、その恭虔憧憬の念は獨り默想默念にして止むべからず、發して祝詞ともなれば詩歌ともなり、和讃ともなり、讃美歌ともなり、讀經ともなり、說敎演說ともなり、バイブルの暗誦ともなり、講釋ともなる。こゝに於てかその恭虔憧憬の念は更に倍々醱酵醞釀して熱烈壯大となり、神社の建築ともなり、佛閣の建立ともなり、敎會の設立ともなるものなり。默念默想して神と感應道交するが如く、詠歌讃美の間にも神と感應道交することを得るなり。神社佛閣敎會に於いても感應道交することを得るなり。如何に默念默想すればとて、信なきの默念默想は空想空念にして、神に通ずること能はず、信あるの詠歌讃美の間には神の稜威はその人の前後左右に天降りつつあるなり。」

第十七章　生死共に不可能の斷末魔

「更に進んで肉薄追究すれば、默想と云ふことも默念と云ふことも、これまた形式なり。足下は歐米學者の說に心醉して形式を排斥せんとせば、座するの形式を用ふる能はず、歩するの形式も用ふる能はざるのみならず、默想默念の形式もまた用ふること能はざるに歸着す。座し且つ歩する能はず、默念默想することも能はずとせば、足下等は如何にして神と感應合一せんとするか試みに云へ。我これを聽かん。足下若し形式を排斥するものとせば、足下の言語は形式なり。先づこれを排斥せよ。足下の身體は形式なり、先づこれを排斥せよ、足下の座する態、歩する態は形式なり、先づその起居坐臥を排斥せよ。足下の居住する家々は形式なり、これを破壞せよ。天も地も形式なり、これを排斥し去れ。汝の父母、汝の妻子、汝の朋友同胞、悉くこれ形式なり、悉くこれを排斥し去れ。汝の生は形式なり。今我が徒同人の眼前に於いて排斥し去れ。汝は形式を忌み、形式を排斥するが故に、汝の天地、汝の衣食住、汝の父母兄弟妻子朋友同胞を排斥し去れ。排斥し去ると共に、その生れたる形式を厭うて爰に自殺せざるべからざるの運命に接着したるものなりと觀念せよ。汝は勇しくその主張するところに殉死して自殺することを得るか。神は汝の自殺するを憐れむなり。故に安心せよ、汝は自殺せずして可なり。そは自殺と云ふこともまた形式なり、汝は死すること能はざるなり。その忌み、その排斥するところの形式をば應用すること能はざるを以てなり。神は汝の愚を憐れむなり、汝の蒙を啓發し給ふべし。故に汝を自殺せしめざると共にまた汝の生を保たんとすることを懲らしむ。自殺は形式なるが故に、汝はこれを實行せずして生を保つことを得たりと云へども、生もまた形式なり。形式を忌み、形式を排斥せんとするの汝はまた生くることも能はざるに歸着す。咄、形式を忌み、形式を厭ふの汝は今それ死することも能はず、生くることも能はざる大危難に陷落したり。異存あらば解答せよ。我徒同人請ふこれを聽かん。解答すること能はずんば神前に拜し服罪するところあれ。」と。その人顏色を變じて曰く「形式のこと謹んで敎を受く。始めて我の非なるを悔悟す。然れども偶像を拜せんとすることは我未だ能はず。請ふ更に敎ふるところあれ。敎へて以て蒙を啓くところあれ。果して神靈の偶像に宿りつゝあるを知らば、勇しく參拜服罪して大いに謝するところあるべし。」と。

第十八章　基督敎と大偶像

曰く、「猶太敎、基督敎、回々敎等の神とは何ぞや。その神は何處にましますぞ。彼等曰く天にましますところの父の神と。そも天とは何ぞや。これ大なる偶像にあらずや。人間の高く仰ぐところの天に神ましますものとせば、神は高大なり。到る處に神の靈の存在しつゝあらざるはなきを知れ。天にまし在すところの神と云ふも、明鏡眞榊に在しますところの神と云ふも、御幣に在しますところの神と云ふも、將た彫刻繪畫の偶像に在しますところの神と云ふも均しくこれ同一なり。天と云ふも偶像なり、繪畫彫刻と云ふも偶像なり、彼等は蒼々たる天を以て直ちに神なりと信ぜざるが如く、御幣や明鏡や繪畫彫刻等を以て直ちに神なりとは信ぜざるなり。神とは天に非ず、天に在しますところの神靈を意味するが如く、神とは明鏡にあらず、御幣にあらず、繪畫彫刻にも非ず、この眞榊や明鏡繪畫彫刻に宿りますところの神靈を意味するなり。」

第十九章　神と實在

「神は高大なり、宏遠なり、獨り蒼々たる天上に在ますのみならず厚々たる地下にも在しますなり。山にも在しまし、川にも在しますなり。繪畫彫刻にも在しまし、明鏡御幣にも在しますなり。萬有個々の實體の裡に在しますなり。神は廣大なり。宇宙萬有臻《いた》るところに在しましつゝあるなり。何ぞ獨り蒼々たる天上にのみ在しますと云はんや。神は廣大なり。一莖の花にも一滴の水にも、一分の空氣原子にも神々は宿りつゝあるなり。たゞ人の愚なる、その神々の在しましつゝありと云ふことを知らざるが故に神なしと云ふのみ。」

第二十章　神化して神を拜す

「人あり、若しよく自から進んで神に合し、或ひは神より救はれて神となりたるときは、その人の眼には到るところに神の姿を見、その人の耳には到るところに神の聲を聞かざるはなく、境を異にすれば人間相逢ふも行路の人たるが如く、境を同うすれば禽獸すら相和す。人間能く神境に入りて神を呼べば、神は到るところに於いて答へつゝ顯はれ來るなり。御幣に神の宿るを求むれば、その求むるところの至誠に應じ、神は喜んで宿り來り給ふなり。明鏡なり、繪畫彫刻なり、その如何なるものたるを問はず、全身の至誠を顯はして神を念ずるときは、神は颯然として現はれ宿るなり。誰か眞榊や、明鏡や、繪畫彫刻に神宿らずと云ふものぞ。明鏡、繪畫等に神宿らずば、「天と云ふ大なる偶像」にもまた神は宿らざるものとなる。天に神の宿るものとせば、神は廣大なり、幽玄なり、宇宙萬有宿らざるところなきものたるを知れ。人と人と相交るも、その體と體との相交るに非ず。相互の體中に宿りあるところの直靈と直靈との相交りなることを知らば、何ぞ萬有個々に神宿りましつゝあることを疑ふべきぞや。」

第二十一章　汎神論の愚と懷疑論の獨斷

「且つそれ基督敎、回々敎、猶太敎等に於いては、その宇宙萬有の根本たる靈の性格に於いて未だ明瞭なる解釋なきなり。今日進步したりと云ふ歐米各國の汎神說も、神と云ふ性格に就いては未だ能く明瞭なる解答をなすこと能はず。況してや人間個々の靈魂、萬有個々の靈魂に於いては、東西古今のありとあらゆる宗義學說はその未だいづれも能く明瞭なる解說をなし得たるものなし。多くはこれ神明を以て無形となし、靈魂を以て無形となしつゝあるものに屬す。無形となしつゝあるが故に目には見ること能はず、耳には聽くこと能はず、體には觸るゝこと能はざるものとす。故に神は始めて人間に顯はれ、人間となりて我と我が身に自からその神たるを認むるものなりと云ふが如き愚論を唱へつゝあるに至ると共に、これを以て世界列國中最も進步したるの宗義學說なりと賞讃するに至るなり。然らざれば無形なる神の見るべからず、聞くべからず、觸るゝこと能はざるが故に、神とは人間が抱くところの一の迷信たるに過ぎざるものとする獨斷論者、懷疑論者、無神論者等の顯はれ出づるに至る所以とす。これ皆日本神代の敎を知らざるに原因す。」

第二十二章　神に質あり體あり形あり

抑も日本神代の敎に就いて、天御中主太神《あまのみなかぬしのおほかみ》と靈三柱大神《たまのみはしらのおほかみ》と高皇産靈《たかみむすび》、神皇産靈《かむみむすび》、阿斯訶備《あしかび》の三神と八百萬神との神々等を究め來れ。神には質あり、體あり。靈にも魂にも靈魂にも悉くこれ質あり體あり、形あり。たゞその形や體や質や餘りに微細幽玄なるが故に、人間の肉身肉眼肉耳等の荒身魂に見ること能はず、聞くこと能はず、觸るゝこと能はざるのみ。若し能く禊ぎ祓ひして振魂《ふるたま》をなし、鎭魂等をなし、汝の和魂を開き、汝の直靈の顯はれ來らば、御幣に明鏡に神の宿りつゝあることを拜みまつるべきなり。日本の神の教は神の御姿を拜み、御聲を聞くまでに達して初めて人と神と感應合一したる實を顯はしたるものとするなり。誰かまた神は無形なり、靈魂は無形なりと云ふを得べき。更に獨斷說、懷疑說、無神說等を唱へ得べきぞや。」と。語未だ終らず、その人竦然として顏色を變じ、貌を改め、直ちに起つて神前に參拜服罪し、嗚咽泣鳴しつゝその罪を謝すること多時。退いて同人に向ひ、謹んで日本神代の教に還元することを誓ひ、世界教に歸す。

第二十三章　言語思想と形式

同人更に曰く、「幸なる哉足下、神に救はれたり。」と。その人喜びて日暮るゝも去る能はず、更に重ねて教を乞ふ。同人曰く、「形式と云へば人々の言語は形式なるが如く、その思想もまた形式なり。言語は微分子の振動して吾人の耳膜に通ずるものなり。質あり、體あり、形あり、たゞその餘りに微細なりと云ふに過ぎず。思想は潛みたる言語にして、我と我が身に竊かに物語りつゝあるところのものが思想なり。竊かに我が身に物語るところなくば、これ思想なきなり。對手の耳膜に通ずるところの言語が數分子の振動にして、質あり體あり形ありと知らば、對手に聞へざるところの潜みたる言語としての思想もまたより以上の微分子にして、より以上の微細なる質あり體あり形ありと知れ。故に曰く、思想もまた〳〵微分子と微分子との構成したる形式にして、言語もまた〳〵微分子と微分子との構成したる形式なり、文章も事業も、社會組織も、邦家經綸もその微分子の段々歩々と結晶構成しつゝ、その內容的輪廓を漸々次第とより以上に發達膨脹せしめたる結果としての大構成大形式なりと知れ。」

第二十四章　哲學の三觀佛敎の三觀と幼稚

「神は廣大なり、幽玄なり、靈としての活動構成あり。魂としての活動構成あり。神としての活動構成あり、宇宙の構成には七重八重十重、百重、千重、萬重、百千萬重の構成あり。幽なるもの、微なるもの、細なるもの、顯なるもの、粗なるもの、荒なるもの、千變萬化しつゝあれば、主觀客觀絕對觀位にて究明し得べきものにはあらず。假觀空觀中觀の三觀位にて究明し得べきものにあらず。表あり裏あり表裏一致あり。表に裏あり表あり。裏に裏あり表あり。縱斷橫截千百無量觀せずんば、その實質實體實形の全きを究明し得べきものに非ずと知れ」。

第二十五章　祭壇と宇宙の縮圖

「要するに神の形式は廣大なり、幽玄なり。今我等が齋き奉るところの祭壇は甚だ狹隘なる小室なりといへどもこれ神の大形式たる大宇宙の縮刷圖なり。神と我との餘りに遠隔しつゝあるの感あるが故に、宇宙萬有の大根本大本體たる天御中主大神と我等との餘りに距離の遠隔するが如きの感あるが故に、人間の悲しさは時間空間に制せられて直ちに神と物語りつゝあるの身にありながら、全身の八千魂の分裂に引かされてこの距離遠隔の感を抱くなり。故に近くこの祭壇にその分靈分身を齋き奉りて我と神との合一を念じ、神より顯はれ來て我等を導き給ひ、我等よりは進んで神の攝理を自覺し、爰に神人合一の實を陶冶養成し、この縮刷圖の間に信仰を訓練し來ると共に、更にその信仰解釋實行を擴張して日本國家に及ぼし、列國に及ぼし、世界に及ぼし、宇宙萬有に及ぼし、以て神の大なる形式に合體せんと欲するものなり。形式を顯はし得ざるの人は、これ人としての甲斐なし。形式を顯はし得ざるの家は、家としての甲斐なし。國として形式を顯はし得ざるの國あらば、國としての甲斐なし。一代は、一代として形式を顯はし得ざるの一代は一代としての甲斐あることなし。一世紀としては、一世紀なるの形式を顯はし得ざるの一世紀は一世紀とするに足らず。世界として形式を顯はし得ざるの世界は世界とするに足らず。我等の信仰解釋實行は千古萬古億萬古を期するといへども、一身一家、一國、一世界の形式を發達し、更に宇宙の形式をも發達し、神の期しつゝあるところの大形式に合體せずんば已まず。子々孫々に向っても誓って已まざるものとす。その身、その國、その世界、乃至各界萬有とも、その分その位置につれ、大小厚薄、長短遠近、精粗文野、高卑智愚等の差別こそあれ、人間萬有それ何れが形式の發達大發達を欲せざるものぞ。人畜萬有悉く是れ根本大本體たる大神より顯はれ出でたるものなるが故に、その大形式に神習らひに神習ひて、到頭その大形式に合體せざれば、安心立命せざるものたるを知れ。それには先づ祓と禊との神事を實修《をさ》め、汝の眼、耳、鼻、舌、胃、腸、肺、腎、肝、毛、骨、神經系等、一切の八千魂の分裂を統一して汝の和魂を聞き、汝の直靈の顯れ來たりて、神靈《かみのみたま》の明鏡や眞榊や御幣等に宿りましつゝあるの御姿を拜み、御聲を聞き來れ。」と。その人大いに喜び、雄健び雄叫び、再び蘇生したるかの感ありとて、瑞《みづ》の大太前《おほふとまへ》に參拜《をろが》み、改めて祓と禊の實修に入り、我が皇國本來の神社崇拜の門に入ったのである。

神社崇拜終

第五　大祓祝詞眞義

序言

先づ以て大體を講じ、次に字句を講じ、章節を講じ、而して全體を纏めて講ずる考です。學究的に明細に講ずれば「日本古典眞義」の如く浩瀚のものとなり、大部冊ともなるのですが、この度びはほんの必要な部分と思ふところばかりを採りて簡略に講ずるのでありますから、左樣思うていたゞきます。解釋は簡略なれど、祝詞の意味は雄渾森嚴にして微妙、深玄、崇高なものが含まれ居ることを御會得せらるゝでせう。日本民族は吉凶禍福の何事につれ、また生死病健の如何に拘はらず、この大祓を誦しみ居つたのでありますが、大祓の內容を知らないものは何と云ふ單純な國民であり無智蒙昧な國民でありませうか。進んでその內容を究め知り得たならば、何と云ふ簡單な形式にして、その意思の何と云ふ雄渾にして幽玄微妙なものであり峻嚴にして深遠崇高のものでありませうか。何と云ふ賢明銳敏の國民であると思ふに至るでせう。論より證據その果して然るや否や、これより究明講演して見ませう。

第一章　祝詞

この大祓の辭は種々樣々なる異本あり。悉細に點檢すれば五十四五種もあるでせう。これを一々比較してその精確を得んとすれば、非常なる時間を要するのです。それは專門に研究する人のことで、さまで必要のことではない。今度は比較的精確なりとして官民共に據りどころの一となし居る賀茂眞淵翁の祝詞考の本文に據りて說明することゝしました。

第二章　祝詞の解釋

祝詞と云ふことはノリトゴトと云ふのです。古事記に天兒屋根尊のフトノリゴトのみ申す。また萬葉集十八に中臣のフトノリトゴトイヒハラヘなどあるが如く、たゞにノリトといふのは省きたる辭です。その出所は天津祝詞乃大祝詞事乎宣とあるより出たのです。これはカムルギ、カムルミの神のミコトノリをそのまゝにノリマツルと申すのである。カムルギ、カムルミのアマツ神のノリゴトを、兒屋根命がそのまゝにフトノリトゴトとして宣り給ふといふ意味なのです。而して「ト」とは假字にて、賜と云ふ尊む辭である。その賜を約すれば「テ」となる。その「テ」を「ト」に移して「ト」と云うたのです。天津神の宣り給うたノリゴトをそのまゝに宣り給へと宣らすのである。こゝまではその解釋が同樣なれども、こゝに注意すべきは、禊祓の行事の傳へとして裏の御魂振の時にはアマツヌリトのフトヌリゴトをノレと讀むことである。ヌリトは、神の御魂の流れ來りてヌリツクルの意味で、そのヌリツケタものをまたその神のまゝにヌリツケテその上に乘りて行けといふ意味となるのです。

言と事との意味はカムルギ、カムルギの命のヌリ給ふ言葉を兒屋根命の身にヌリマツリて、體驗して、乘リマツリつゝ實行して行くと云ふ意味であります。事は行に屬します。昔は殿様御事、執事御事と云うたもので、殿様の御事、執事の御事の迊へ渡り照り渡ることを賛め學びた言葉であります。またこの天津祝詞乃大祝詞は如何なるものであるかといふことは、本文に入りての後に述ぶるでありませう。

第三章　祝詞と讚詞

「宣りとこと」と云ふことを漢譯して「祝詞」としたのは、故あることにて、神代の昔より大祓の辭を初め、總べて神にイヒノリ申す辭は繰返し繰返して讃美しつゝ述べ謳へたものである。それで神の御名を幾百千萬となく讃へ歌ふが如く、その神功神德を讃へ歌ふ辭も孰れも皆繰返し繰返し歌ひ稱へたものである。大祓の辭の如きも、古は百度祓、千度祓、萬度祓などいふ行事があり、また朝廷に於いて大極殿などに百官省司を集めてその祓をなす時には、朝の子の刻より夜の子の刻に到るまで讀みつゞけたることあり。或ひは三日も四日も續いたることもある。それを後の世に到りては、神様の祓辭には一度讀みまつれば好いので、二度三度百千萬度と讀む如きは佛法に習つたものであると云ふ大人方が出でたので、總べての神職は全く左様に誤解したのである。ところがそれは飛んでもなき誤解で、日本に於いては千度祓、萬度祓といふ習慣があるので、佛法もまたその習慣に依らねば擴まり難いから、その習慣に習うて般若千度の句讀、萬度の句讀、法華千度の句讀、萬度の句讀といふが如きものが起り來つたのである。猶ほ神の御敎は御靈代と云ふを用ひあるが故に、佛敎はこれを慣つて位牌と云ふを拵らへ、神には豐飯を奉るに習つて佛飯を保養し、豐水を奉るが故に、あかの水を奉るに至つたのと同樣である。殊に奈良朝の佛法の行事は神道行事の變化に過ぎない如く、今日の天台眞言禪宗の如き、今なほ神道行事の行はれ居るもの少からぬではないか。般若句讀、法華句讀の如きは全く千度祓、萬度祓に習うたのである。大祓の詞を初め、總べてかくの如く繰り返し居りたるが故に、漢字に譯する時にその意味を吟味して祝詞となしたのである。支那の意味では、祝といふ字は祭に於いて賛詞を司ると云ふ意味で、賛詞を述ぶるといふ意味なのである。それでまた天津祝詞乃太諄辭とも譯した。諄といふ字は繰り返し述べ歌ふの意味を有し居るからである。伊勢の神嘗祭の祝詞をば大祝詞辭と約したのも、全く讃美稱へて歌ふの意味を現はすがために、この諄字を用ひたのである。

第四章　大祓の事

大祓とは全國の祓である。四方の國と云ふ世界の祓である。大虛空と云ふ大宇宙の祓である。一身のみの罪と汚れとを祓ふとも、その國家が罪に充ち、汚れ居りては、一身一家の淸き生活、明き愉快を保つことが出來ない。我が國家の淸く明く淸淨潔白なりとも、世界に於ける四方の國が罪に充ち、汚れ居る時は、その一國だけの淸き明き生活を享受することは出來ないが如く、大宇宙の濁りて汚れ居る時は、この世界の淸き明き生活をば平らけく安けく享けることは出來ない。大宇宙に到るまで淸く明く平らけく安らけくして、この世界の淸く平らけく安らけく、同時に自國も平らけく安らけく、同時に我が身も平らけく安らけく安らけきことを得るのである。一身と國と世界と大宇宙との同時同刻に淸く明くして、初めて平らけく安らけき人間の生活狀態を享受することを得るのです。それでこの大祓といふことは天皇の御身と臣民とが不二一體に淸く明く、同時に敷島の國土が淸く明く平らけく安らけく、同時に大八洲としての葦原の世界が淸く明く平らけく安らけく、同時に大虛空としての大宇宙が淸く明く平らけく安らけくなることを期待するのである。故にこの大祓は　天皇及び臣民と國と世界と宇宙との祓となり居ることを注意し居らねばならないのです。「大」とはおほひつゝむ(覆載)といふ意味で、總べてのものをおひつゝみてその罪と尤とを祓ひ除くものなるが故に、大祓といふのです。また罪と尤と惡魔とを追ひ去るが故に「追」ともいふのである。また弱きものをば負擔して行く勇氣を表はして、これを負擔するだけの勇者となり得るから「負ふ」ともいふ意味を含み居るのである。大祓とはかくの如き雄渾壯烈の神となり得ねばならない。なり得るの資格を顯はし來るのであります。

第五章　本來の神、罪と汚れの人に非ず

主觀的に言へば罪にして、客觀的に言へば汚れである。祖神の垂示に依れば、神の子は神なり、清き明き神勇的神である。生きると同時に清き明き清淨潔白の神である。佛教の如きは凡聖迷悟不二一體の眞佛性も唱へあれども、その人間に卽して云ふ時は、多くは是れ人類を迷惑流轉の身なり、煩惱結果の身なりと眺め居るよりして、これを救ふが爲めに十方如來、十方淨土も出で來るが如く、猶太教、基督教の如きもその先祖のアダム、イヴが罪を犯せしより、罪人の子は永久に罪人として人間を罪惡視し居るのである。その他孰れの宗教にても悉く人間を罪人と見、汚れの人と眺め居らないのはないのです。然るに獨り祖神の垂示に依れば、人間は淸き明き美しき勇ましき神と定められてある。その淸き明き美しき勇ましき神の身が外物に誘はれて、知らず識らずの間に主觀的に罪を作り、客觀的に汚れたる時には、また我と我が身に祓ひ禊げば、その罪を除き、その汚れを去ることを得るものと教へられあるのである。本來が淸き明き神の身なるが故に、誤りて觸れかゝり、かゝり汚れたる雲や煙や穢苦は禊祓によりて除き去ることを得るのである。その本來が淸き明き神の身でなかつたならば、如何に禊ぐとも祓ふとも、除き去ることは出來ないのである。それでこの大祓は人間及びその境

地を罪の人なりと眺めず、汚れのところと眺めて居らない。本來淸き明き日月の如き神の身なるが故に、萬一にもこゝたくの罪と汚れとのあるならば、直ちに禊ぎ祓うて元の淸き明き美しき勇しき神々しき身に返れとの大御心より示されたる大祓であることを注意し居らねばならないのです。

第六章　自他不二の祓禊

それでこの大祓は獨り一人の身の罪と汚れとのみを除き去ることをする行事でない。先づ第三者たる人々とその境地との罪と汚れを我が身と境地とに集め來りて後に、自他平等にその罪と尤とを除き去る行事となり居ることを思はねばならないのです。それは上　天皇より下臣民に至るまで、その行事は異なるとも、この意味は上下不二一貫して動かないのです。

第七章　天皇の祓禊

この大祓とは　天皇の祓を意味するのです。天皇が　天皇の御身とその御寶としての民草と、中津國の大和の國と、四方國の世界と、四方の大宇宙との罪と汚れを覆ひ包みて禊祓ひ給ふ御祭を申すのです。

第八章　表の大祓と荒世和世の行事

表には掌典長が臣民を代表して　天皇を祓ひまつり禊ぎまつり、國としての日本を祓ひまつり禊ぎまつり、世界としての四方の國を祓ひまつり禊ぎまつり、宇宙としての大虚空を祓ひまつり禊ぎまつるのであり、荒世服、和世服といふことが大祓の行事の後に現はれ來るのでありますが、その荒世服とは荒身魂の被り居るところの衣服を意味し、和世服とは和身魂の被り居るところの肉體を意味するので、　天皇の御玉體と御衣服とを尺度しまつりて、　天皇の健康を祝福しまつる行事の一であります。

第九章　裏の大祓と天皇の御行事

裏にはまた　天皇として御親らの祓ひの行事があるのですが、こゝには恐れまつるが故に省略するの餘儀ない次第であります。

第十章　小　祓

大祓と共に小祓のあることを忘れてはならないのです。それは六月の三十日と十二月の三十日にこの大祓は朝廷に於いて行はせらるゝと共に、全國大中小の神社に於いても同時同刻に行はせらるゝのでありますが、先づその前日に於いて我等臣民の家々に於いて祓ひの行事をなし居らねばならないのです。明日は　天皇樣の大祓の行事があるのであれば、我等臣民はその前日より相互に戒しめて、相互に敬み畏みて、我と我が身にその罪と尤とを悔い改め、その汚れと垢とを除き去りつゝあらねばならない。我等臣民の罪と尤との多くして、垢の汚れの深ければ、　天皇樣の大祓の行事をむつかしくならしむるよりして、大祓の後に於ける　天皇樣の鎮魂を妨害するに至るからである。我等臣民の罪と尤との重くして、垢と汚れの深ければ、それだけ大祓の行事が平らけく安らけく參り兼ねると共に　天皇樣の平らけく安らけく、大御心を安め給ふこと能はぬからである。勿論如何に罪尤との重くして垢と汚れとの深ければとて、一度大祓の行專を行へば、主觀的にもその罪と尤とを祓ひ去り、客觀的にもその垢と汚れとを祓ひ去ることを得るのではあるが、何等一點の垢も汚れも止まることなく澄み渡るの心ではあるが、然れども　天皇樣の御腦にはその過去の大祓の行專が悉くそのまゝに　天皇樣の御腦としての和身魂、直靈に映ずるからである。さうしてその罪と尤との祓ひ除かれて後の澄み渡りたるところが　天皇樣の御腦としての和身魂と直靈とにそのまゝに映ずるに至るので、そのところに　天皇樣としては、その御腦としての直靈も和身魂もまた肉體としての荒身魂も、靈肉不二一體に平らけく安らけくなりますのである。たゞその間に於ける御腦を一分時間たりとも、より早く平らけく安まり給ふことを思ひまつらぬばならない我等臣民である。それは　天皇様の裏に於ける大祓の行事は、我等臣民をより以上に平らけく安らけく安らめ給ふの御行事あるからである。それで大祓に對する前日に於ける家々の祓禊を稱へて小祓と言ふのであります。なほ朝廷に於ける大嘗祭あると共に、國々の大嘗あり、村々の大嘗あり、家々の大嘗あるが如く、年々に於ける朝廷の新嘗あり、國々の新嘗あり、村々の新嘗あり、家々の嘗ありたる昔の行事と同樣なのであります。臣民の行事は　天皇樣の御鎭魂の御行事中に悉く映ずるのでありますから、我等臣民は常に平けく安けき生活をなし居らねばならないのです。御國に於いては、大祓の行事によりて臣民平生の行爲が悉く大祓後の　天皇樣の御鎭魂中に映り出ることを敎へて謹愼せしむると共に、臣民の相互がその平生に於いても相互に怨恨呪咀してはならない。相互に怨恨呪咀しては相互にその腦に映じて相互に煩悶し、相互に苦痛するからして、當人の知らない樣に怨恨するとも、直ちに當人の直靈和身魂に映ずるので、自然と當人は知るに到るのである。我が國に於ける道德律の嚴肅なることはかくの如きものあることを知らしめ、行はしむるのであります。

第十一章　大祓の辭の製作の時代

この大祓は　神武天皇の御代、天太玉命の子孫天富命の作なりと云ふ傳と、大津の淸御原の御代の辭なりといふ說との二つがあるが、これは孰れも偏りたる說にして、神武の御代の大祓の辭を清御原の御代に於いて加へ改めたのを知らずして、古き方面のみを見ては神武の御代の作と思ひ、新らしき方面のみを見ては清御原の作と思ふに到つたのである。例へば「集侍」より「諸々聞し食せと宣る」までは後にかへたものである。また本文に「大中臣」と云ふことを加へあるが如き、また下文に「高天原爾耳振立聞物止馬牽立氐」の如き、或ひは「四國卜部等、大川道爾持退出氐祓却止宣」の如きが後世に於いてかへたのである。大祓は古よりかくの如く宣りことのなくては俄かに製作し得べきものでない。

第十二章　清御原の時代と神武の時代と高天原の時代

神武の大御代に於ける天富命の作もまた高天原の天津兒屋根命、天津太玉命の行事に則りて宣り給うたものにして、これまた當代に於いて始まりたるものと思はゞ、それもまた大なる間違ひである。高天原に於けるかゝる行事のありたればこそ、神武の御代に於いてもその行事に則りてかゝる祓の辭が出來たのである。「天津祝詞乃太祝詞事乎宣禮」とあるが如く、高天原の祝詞をそのまゝの御心を受けてそのまゝに宣りたのである。なほ神武の御代の宣りことをそのまゝに受けて清御原の御代に宣りたのと同様である。また清御原の宣りごとをそのまゝに後世に宣り居るのと比較すれば明瞭に承知せられるのである。

第十三章　高天原と祖神、祖神と天津神、天津神と天御中主神

更に高天原の行事も、その昔伊邪那岐尊の國開きの時の祝詞をそのまゝに受けて宣りたのである。伊邪那岐尊の國開きの行事も高天原に於ける天津神の祝詞をそのまゝに宣りたのである。然してカムルギ、カムルミとしての天津神の祝詞は、宇宙萬有根本中心大本體としての天御中主神の祝詞をそのまゝに宣りたのである。これは天津祝詞の大祝詞と云ふことを知らないから、その傳へを受けないから、かゝる間違ひを起したのである。さうしてたゞ外より文字許りを見て判斷するから、大祓の詞は清御原の御代に於いて出來たるものであると云ふが如き誤解を招くに至つたのである。

第十四章　大祓の辭と行事

この大祓の宣りごとを讀むに就いては、單に讀む許りのものではない。この詞と共に行ふべき行事があるのである。この行事の傳を學びもせず、受けもしなくては、この大祓の詞の意味を解するもの

でない。何が何であるか解らないものとなるのである。四大人の如きも然りである。

第十五章　兒屋根命と中臣の祓の辭と太玉命と齋部氏の行事

天兒屋根命は高天原に於いて神事を司どられ、天岩戸の前にて大祝詞を宣り申せり。それよりその子孫たる中臣氏が世々その任に當りて祝詞を申したのである。天太玉の命は兒屋根命と同時に天の大幣を司どり、岩屋戸の前にてその辭に伴ふ行事を取り行うたのである。それでその子孫たる齋部氏は世々大幣を奉り、諸々の社に分つことを司どり居つたのである。たゞ朝廷に於ける大殿、御門の祭の祝詞事を宣ることは、この大殿、御門を護ります豐磐間戸命、櫛磐間戸命、大宮賣神は天太玉命の子にましますが故に、その子孫としての齋部氏が司どりて祝詞をも申したのである。この外は兒屋根命の如く、その子孫たる中臣氏が祝詞を宣り申し、太玉命の如くその子孫たる齋部氏が行事を司どりたるものなることを忘れてはならない。

第十六章　祓禊の種別と不二一體

この祓禊には（第一）瓊矛の祓あり、瓊矛の禊あり。（第二）伊吹撥の祓あり、禊あり。（第三）天御柱の祓あり禊あり。（第四）大身の祓あり。（第五）大祓の祓あり禊あり。また別に矛の祓禊と共に玉の祓禊あり、鏡の祓禊があるのです。

第十七章　行事の形式

而してその内容の行事として一身と周圍還境に於ける祓あり禊あり。國の祓あり禊あり。四方國の祓あり禊あり。四方としての大宇宙の祓あり禊あり。而して孰れも皆直靈と和身魂と荒身魂と周圍還境との四段の祓禊の行事を用ふるのである。また一方には天にも罪と云ふ罪はあらじ、地にも罪と云ふ罪はあらじ、人にも罪と云ふ罪はあらじ、となり居るのである。この四段三段の形式を以て祓禊の行事と定めあることには深き深き注意を要するのですが、それは本文に就いて申すことに致します。

第十八章　六月十二日の晦日と總動員總清潔

この大祓は六月と十二月との晦日の夕陽の降ちの時に行ふのであります。晦日の日とは月ごもりの日と云ふ言葉にて、つきたちの日に向ふ言葉である。これをつごもり、ついたちなどと云ふのであるが、雅言に言へば、つごもりの日、つきたちの日といふのである。六月と十二月の二期に分ちてあるのは如何なる意味ぞといふに、六月は大陰の盡きたる月、十二月は太陽のしはしりたる月にして、天地の時候が六箇月目に變遷し居るが如く、我等人間の筋肉も六箇月毎に變遷し居るのである。猶ほ草木が六箇月毎に變遷し居るのと同樣である。それでこの時期を見計つて植ゑ付をなし、培養すれば、草木も生長する如く、人間もこの時期に於いては精神も變動し、肉體も變遷するものなるが故に、この時期に於いて祓禊の行事を行へば精神も六箇月間は持續し、肉體も六箇月間は持續し得るのである。人間の精神肉體が六箇月間目に變遷するが如く、草木も變遷し、氣候も變遷し、天地も變遷するので、この變遷の時期に於いて神代の昔よりの祓禊の行事を示し置かるるといふことは、如何に深遠なる御神慮なるかを窺はるゝではありませんか。勿論その間にも臨時々々の大祓の行事が朝廷に於いてもあらせらるゝが如く、民間に於いても家々村々または一身に就いてもあるのですが、一國擧つて同日同時刻に大祓の行事をなすのは六月と十二月の晦日の夕陽の降ちに一定し居るのです。これは實に今日より言へば一國の總動員ともいふべきもの、また一國同月同日同時同刻の清潔法ともいふべきものです。人心統一。

第十九章　弗禊・齋戒・沐浴・精進・禊齋・洗禮・祈禱と月日時刻

祓禊としての行事は何れの國にも古き國には古より行はれ居るのです。然れどもかくの如く一定したる月日及び時刻はないのです。そのこれあるは獨り日本ばかりです。支那民族には古き書に弗といふことが書經に見えて居ります。弗とは祓といふことです。然れどもこれには月日がない。後世に及び、三月上巳禊の行事終るといふが如く、三月の上巳の日に禊することが出てゐますが、一國擧つて禊する公の祓もなければ禊もないのです。またその禊に時刻もないのです。儒教には齋戒沐浴と云ふことがあります。然れども一國としての公な齋戒沐浴はなく、またその月日と時刻とがないのです。印度民族には灌頂といふものがありますが、一國擧つて行ふ公の灌頂はなく、その月日と時刻もない。また佛教に精進潔齋といふことあれども、その國として行ふ公の行事なく、年月時刻もない。猶太教、基督教には洗禮祈禱といふものあれども、これまた個人々々のバプテスマで、國としての洗禮、祈禱の儀式なく、またその月日時刻がないのです。みくにに於ける禊と鎭魂には、國としての公の行事なると共に、月日と時刻とを現はし居るのです。日本は神代の昔より幾分の變遷ありとも、今日に至るまで一貫して擧國的公なる行事となり居るのです。支那でも印度でも猶太でも基督教民でも回々教徒でも、國としての行事が古今一貫して今日まで行はれ居らないのです。

第二十章　場所と始祖との有無

而してまた支那の弗であれ禊であれ、齋戒沐浴であれ、印度の灌頂であれ、佛教の精進であれ、猶太民族と基督教徒の洗禮祈禱であれ、如何なる場所にて始まり居ることか明瞭でないと共に、そのこれを始めたる始祖のものゝ名前が缺如し居るのです。而して御國に於ける禊祓は、場所としては築紫の日向の橘の小門の檍原と定まり居ると共に、その外の場所も定まり居り、さうしてこれを始めたる始祖の御名前も伊邪那岐尊なることが明々白々と傳へられ居るのです。

第二十一章　祓禊根本の民族

然れば御國に於ける禊祓が流れて支那に入り、印度に入り、猶太に入り、世界内外に宣傳せられたものと思ふのです。中にも日本はその祓禊の根本國なるが故に、古より今に到るまでかくの如き禊祓を、國としても村としても、家としても個人としても、上下を通じて一般に尊重せられ居る所以なのです。大海を縮刷して神社に於ける瀧となし池となし、その瀧池を縮刷して手洗所となし、手洗所を縮刷して家々の手水鉢となり居るのです。印度の如き、支那の如き、初めは海に禊ぎ、河に禊ぎて祓し、海を遠ざかるに從つて海の潮を汲み、また海の砂を汲み取りて山間避地に持ち行き、その鹽水を振り、砂を撒いて祓禊しつゝ清むるに至つたのです。印度の如きはその山間に至る程水に乏しく、砂を撒くの已むを得ない次第である。その印度佛教が日本に入りては、周圍海あり河あり、鹽も水も豊富なる國なるに、砂を撒くとは眞個に本末を轉倒したる行事である。猶太民族の如き、基督はヨハネに從うてヨルダンといふ河に禊したのでありますが、更に彼等のバプテスマには貝殼を用ひて額に神の水を施すのです。これは御存じの如く、猶太の國は海に遠ざかり居るのです。貝殼などのあるべき筈がない。然るをクリスト敎に至るまでなほ且つ貝殼を用ひて洗禮するとは、是れ全く遠き昔には海岸にて洗禮したるものなれど、今は道遠くして海に入ることが出來ない、せめてはその海の忘れがたみのために、貝殼を以て洗禮を施し、海に潛入したるものと思ひなすの紀念たることを證明しつゝ裏書しつゝあるのである。それでバプテスマといふことを洗禮と譯しあれど、原語の意は潛水とか潛海といふ意味になるといふことです。その意味より見ても、遠き昔は水に入り海に入り居りたることを證明し居るのである。然れば海に入るとは、水に清むとは、筑紫の日向の橘の小門の檍原に於ける海と河との境に於ける禊祓を紀念したることが愈々以て明瞭なのです。要するに禊祓の朝野擧りて一國に於ける行事となり、またその行事の月日と時刻との一定し、その場所の明瞭に現はれ居ると共に、その始祖の明瞭に傳はり居るは日本のみです。そして古今を一貫して精淨清潔を好みたることも日本民族が第一なるを以て、日本民族は祓禊の根本民族なりと論結したる次第です。

第二十二章　六月十二月晦大祓

祓のことは伊邪那岐命の黄泉に到りまして穢れたるを清め給はんとて、筑紫の橘の小門の檍原の河と海との境の入江に於いて大御身に着ませし衣服及び諸用のものを脱ぎ捨て打ち捨てゝ、その穢れを祓ひやらへましたのである。さうして海潮に浸ぎて大御身を滌ぎ給ふ。これを禊と云ふ。第一に穢れものを祓ひ、第二に身を海に滌ぎ給ふので、身滌と云ふ、是れ古事記に傳へらるゝところにして、これが祓禊の本源であります。第三には須佐男命が罪尤を犯したる惡事あるよりして、八百萬神が贖物をせめ出させまつりて、祓へものとして須佐男命を祓ひ逐らへ給へり。これは上に於ける御自からのものを棄て給ふと、他よりせめてそのものを出さするのとは同じ意味であります。たゞその仕業は、前のは自から祓ひ棄つると、後のは他にせめられて贖物をもちて祓ひ棄つるとの別があるのです。所爲は異なれども意は同じなのです。

第二十三章　表裏の禊行事

伊邪那岐命は祓身滌をして清き明き身となりましたのですが、この身滌と云ふことは水で滌ぎ淨めたのでありますが、これは表の行事にして、裏の行事は水を通じて神の稜威を受くるので、神の稜威に依りて心と體を淨むるのです。表の行事は體を淨めて心に及び、裏の行事は心を淨めて體に及ぶのです。この心肉不二の淨め方を「みそぎ」と云ふのです。譯して禊と云ふが如く、祓も表の行事としては穢れのものを出して祓ひ棄つると共に、風に吹かれて祓ひやるのは自からなす表の行事である。

なほ他よりせめられて贖物を出し、その贖物に我の罪と尤とを入れて風に吹かれつゝ祓ひやる表の行事と同一なのです。裏の行事としては、風を通して神の稜威を受け、神の稜威の風にその罪と尤とを入れたる祓物、贖物を祓はれ貰ひ、肉體の直靈を祓ひ、祓物と贖物との直靈をも祓ひ貰ふのであります。それで祓にも表裏の行事あり、禊にも表裏の行事があると共に、自から祓ひ、自から禊ぐことの出來なきものには、他よりせめて贖物を出さしめ、祓物を出さしめ、さうしてこれを祓ひ、これを禊ぎやることがあるのです。

第二十四章　水火の行事

伊邪那岐大神にはこの祓禊によりて水と火との行事を行はせられたのである。祓の風の中より火を取り、禊の水の中より火を取り、その風の中の火と水の中の火とをもちて直靈を淨められ明らめられたのです。高天原に於いても、八百萬神がまた風の中より火を取り、水の中より火を取りて高天原を淨め、この高天原は父の命に依り天照大神のしらしめす國なれば、天照大神の御稜威が赫灼として輝き居ると共に、また風の中の火、水の中の火をもちて、明らめあげて赫灼と輝き居るのであれば、汝の命としての須佐男命には父の命の仰せに從ひて大海原に行きませと祓ひやらひ給うたのである。この火と水との行事が表の行事としても裏の行事としても、祓禊には大切なる行事となり居るのです。

この火の行事は誓に於いても大切な行事となり居り、天照大神と須佐男命との御子生みます時にもこの火の行事に依りて生れたのです。また伊邪那岐命が天津神に言問ひ遊ばす時にも、天津神が宇宙根本大本體の天御中主大神の大御心を窺ひまつる布斗麻邇の際にも火の行事に依りてゞありますと共に、天照大神をはじめ、月讀命、須佐男命の三貴子を生みます時にも、火の行事によりて生まれましたのです。この火の行事に就いては、別に話すと共に行ずるところなくては叶はないのです。こゝには火の行事と水の行事との孰れにも表裏の行事あることを述べ置くに過ぎないのです。

第二十五章　贖罪の初め

伊邪那岐命は穢れたる黄泉に到りまして、外より觸れかゝり來る肉體の穢れを脱ぎ捨てゝ祓ひ、また海潮に浸つて大御身を身滌ひ給ひ、神より淨めて肉を淨めましたのです。これと反對に須佐男命は御自からに罪と尤とを犯し、御自からに垢と穢れとに汚れ給うたので、他よりせめられて贖物を出し、先づ我と我が身の心に悔い改めて心を祓ひ、心を禊ぎ、その祓ひ禊ぎたる心の證明として總べての罪と尤と垢と汚れとを祓物に入れて出すので、その罪をこの祓物にて贖ふものなるが故に、贖物と云ふのです。これが所謂贖罪の初めであります。須佐男命は贖物を出す前にも、固より祓ひもし禊もして、その罪と尤とを、垢と汚とをこの祓物に入れ納めて贖物として出し、さうして贖物をば八百萬神が水に流しやると同時に、須佐男命を大海原に逐ひ給うたのです。

第二十六章　禊こ人格

伊邪那岐命も須佐男命も、その罪と尤と垢と汚れとの、他より來るものと內より出したるものとの別こそあれ、この祓物に依り、贖物に依り、祓の行事、禊の行事に依りて水に淨められたる淸き心となり、火に淨められたる明き心となり、孰れも共に美しき勇しき大御身とならせられ給うて、伊邪那岐大神にはこの祓禊の行事に依りて貴き大御神達を生み給うたので、古事記の如きは祓禊の功德を現はさんが爲め、禊前までは伊邪那岐命と書き、禊後は伊邪那岐大御神と認められあるのです。伊邪那岐命にその御神格の上下優劣ありと云ふのではなく、禊の功德に依れば、かくの如き差別の現はれるものであるといふ意味にて、その禊の功德を後世子孫に知らしめんが爲めにかくの如き命と大御神との別のあることを示したのです。

第二十七章　吉解除惡解除

須佐男命もこの贖物を出し、祓物を出し、禊祓の行事に依りて高天原を祓ひ逐られて後、大海原に罷り行かむとして出雲の國に止まり、祓禊の功德現はれて心淸々しくなりまして御劔をも得たるが故に、高天原に向ひて御詫事を申上げ、また子孫をして背くことなからしめんが爲め、その御劔をも高天原に獻上せしめたのである。天照大神にはその御心を善しとみそなはし、天瓊矛に代ふるに村雲の御劔を以てせられたのである。またこの贖物をもちて罪と尤とを解除するに二つの行事あり、一は吉解除、一は惡解除と云ふことあり、神代記の一書に、須佐男命に千座置戸の解除を科せ、手の爪を以て吉爪棄物とし、足の爪を以て惡爪棄物とする、乃ち天兒屋根命をしてその祓の大諄辭を司どらしめてこれを宣らすとあり、後世に於いては中臣家が祓詞を述べ、齋部家が解除の辭を司どるに到り居るのです。

第二十八章　熔の火輪と贖罪。天照大神と須佐之男命。世界流布の神話と大國主命

舊約聖書に於ける、神がアダム、イブを神園の外に罪人として放逐し、焔の火輪を立てゝ、これより内に入るべからずと申し渡されたのは、正しくこの須佐之男命と、命が高天原より罪人として逐はれたるところを傳へたのではないかと思ふ、慥かに左様なのです。私は獨り猶太の神話のみでなく、バビロンの神話も印度の神話も、埃太の神話も、支那の神話も、墨西哥の神話も、希臘の神話も、悉く日本の神話より出でたもので、日本の神話に淵源し居るが故に、日本の神話と連絡してこれを解釋

すれば、孰れの神話も明瞭に會得せらるゝものと信じ居る一人です。果して然るや否やは申し述べた後にて皆様の御判斷に任せます。焔の火輪とは高天原のことです。天照大神のしろしめす光明赫灼たる御領土なるが故に、罪人としての須佐之男命にはこの高天原に昇ることは出來ないと八百萬神の宣らして、神苑としての高天原より祓ひ逐はれ給うたのであります。須佐男命は罪人であります。祓物に依り贖物に依りてその罪と尤とを許されたのです。この意味が須佐男命の子孫としての猶太民族には痛切に傳へられ居るのです。それで新約聖書となりしも、贖罪の説が起り來る所以なのです。神の一人子としての基督が十字架に磔殺せられたる罪に贖はれて罪人の子は罪人として永久に救はれがたき罪人の子孫が、基督の十字架に磔殺せられたるに依りて罪ある總べての人類の罪は贖はれ、救はれたりとの信仰も起り來り、贖罪と云ふことが何より大切のものとなつたのであります。須佐之男命は青海原としての大多麻流別、またの名は大島に行くべき身なるが故に、遂に韓國に入り、支那に入り、その子孫は西比利亞を經てバビロンに入りたので、バビロンの神話はその原人は葦の股より生れたりとて、彼の神は葦の股より生ると言ひ傳へ居るのである。これは日本神話の宇麻志阿斯訶備比古遲神の神話の一端を傳へたのです。バビロンの滅ぶると共に、分れて猶太國を建設したのです。明瞭にそれを述ぶれば大變なものになりますから、こゝには須佐之男命の御子孫の一民族ばかりのことを述べ置くに過ぎないのです。例へば世界流布の神話として廣く傳へられあるところの神話の一として人間の先祖は木の股より生れたと云ふ説は、亞細亞、亞弗利加、歐羅巴の到るところに傳はり居るのです。これは大國主命が八十神に逐はれて木に昇りて木の股に隱れ、御難を免れて以來韓國に渡りて須佐之男命の御處に到り、須勢野毘女命と相婚してそれより出雲に歸り、大事業を樹て給ふと共にまたこれを皇孫に讓り給うて八十坰手に隱れ給ふとて再び韓國に入り、支那に入り、その子孫がバビロンに入り、猶太人となりたる如く、外にも分派して流れ出でたのであります。大國主命には木の股より出でて後開運し給うたが故に、その子孫に屬するものは孰れの子孫も皆均しくこれを紀念し、我等の御先祖は木の股より生まれ出でたるものなりとの神話が到るところに傳はり居るに至りたのです。

第二十九章　贖物と贖罪罪金。追放と祓物。流刑徒刑と禊行事

この世界の罪と云ふことは、この須佐之男命の天津の罪より始まりたるものです。然うしてその爪等の贖物が後の世の贖罪罪金となつたのです。それから祓物といふことが追放といふものになり、禊の行事が流刑といふものになつたのです。禊祓して罪と尤とを消滅するが如く、遠き島々に追放し置けば自然と風や嵐に吹き拂はれて心に悔い改め、或ひは雨に注がれ、怒濤に注がれて自然と悔い改

め、本心に立ち復ることを得るが故に、贖物に見習うて罰金料金を科するが如く、祓禊に見習うて流刑といふものを設けたのです。古は刑罪などといふものはない。罪と尤とのある時は、垢と汚れとのある時は、祓所を設けてこれに入り、忌所を設けてこれに移り、或る日時を定めて祓禊をなしたものである。これに慣つて後の世には徒刑と云ふものが出來、禁錮と云ふものが出來たのです。それで流刑も徒刑も禁錮も罪金も科料も悉く祓禊の行事に習ひ、贖物に習ひ、祓物に習うてその祓物などを沒收するに至つたのであります。刑法は全く祓禊より起りたるものと知り居らねばならないのです。これは祓禊が人間を罪人と定め居らないが如く、刑法も初めより人間を罪人と定め居るのではないのです。禊祓は人間の罪と尤とを祓ふのです。苦しめるものではないのです。それで刑法も人間の罪尤を救はんとするので、苦しめんとするのではないのです。だから刑法は人間に苦痛を與ふるのが本意でありと思ふものあり解するものあれば、それは根本に於いて誤り居ると思はねばならない。刑法は人間を救ふのです。苦しめるものでない、殺すものでないのです。それで如何なる極惡人でもこれを殺すよりも活かすべく導かねばならないのです。一國の大變事、大凶事等に依りて必ずや死一等を減じ、少くとも獄中に於いて活かしつゝ生活せしめねばならないのです。殺すは道でない。個人としての殺人が罪なれば、國としても殺人罪です。我に迫り國に迫り來る時の外は殺すべきものではないのです。その時でも罪は罪ですが、萬止むを得ないからです。從つて神の御前に於いてその罪の滅ぜらるゝに過ぎないのです。

第三十章　水無月、十二月、晦日、三十日、一日、十五日、始禊祭、中日祭、終禊祭

六月とは水無月と云ふ意味で、炎天の月なるが故にかく申しますと共に、またその炎天のために御魂の和ぎ調和して煮られた如くなるから、六月とも云ふのです。なほ師走とは陽氣の去りたる月なるが故に師走と云ふと共に、また「はたす」の意味で、一月より十二月にて月々の盡き果すの意味を有し居るのです。晦とは月ごもりである。これは月たちの一日に迎へた辭であるとこの前申しましたが、然うして大と云ふことも述べましたと共に、その行事を六月と十二月とに取り行ふのは、六ケ月毎に氣候も天地も植物も人間の精神肉體も變化するからであるといふことも申したのでありますが、今度は月ごもりの日に何故に禊祓の行事をなすかと云ふことを申し述べます。それは三十日は月が差しくもりて見えないのである。暗黑であるのであります。我等は罪と尤とのために、垢と汚れとの爲めに根本の直靈が被ひ隱されてさしこもりつゝ、周圍が常闇の暗黑となり居ることゝ同一であるのです。六箇月の間の罪と尤との爲め、垢と汚れとの爲めに本心の直靈がさしこもりて常闇の暗黑となり居るので、本來暗黑のものではない。一日經てば月も立ち出で、つきたちとなり、二日月となり、三日月

となり、望月となるが如く、我等に觸れかゝれる罪と尤と垢と汚とに依りて常闇となり居る暗黒も、祓禊に依りてはその本心の光りが現はれ出づるのである。本心としての直靈が現はれ出づるのである。故に三十日のことをまた「みそか」と云ふ。「ミソカ」とは「ミソギ」と云ふ意味なのです。加行の「カキクケコ」の「キ」が轉じて「カ」となり居るので、「カ」を通はして「キ」とすれば、「ミソギ」となるのです。「ツモゴリ」とも言へば、「ミソカ」とも言ふのは、かゝる意味より申すのです。三十日の「ツキゴモリ」にはその垢と汚れの著き籠り居るので、これを「ミソギハラヘ」落すが故に「ミソカ」(三十日)と言ふのである。「ミソギ」と云ふのは「ミソギ」の日と云ふのである。「ミソギ」の「ギ」を略し、「カ」は「ヒ」にして、「日」にして、日を「カ」と讀みたので、「ミソカ」とも讀むのです。六月と云ふことも十二月と云ふことも、晦と云ふことも三十日と云ふことも、禊祓に連絡したる言葉にして、かくの如き微妙なる深遠なる歴史と習慣とを含み居るのです。今日でも日向の國に行けば、一日と十五日と三十日を「禊の日」である、「神詣りの日」であると申して、また現在に神詣りを致し居るのです。獨り日向の國のみでない、維新までは一日と十五日と三十日には全國通じて神代の昔より神詣りの日として特にこの日は神様に詣り居つたのです。今日でもなほその習慣は傳はりて、一日十五日乃至三十日には必ず産土神に詣り居るのです。昔は罪あり、尤あり、垢あり、汚れある時は、一箇月間禊祓をしたものです。また神離、磐境の行事を務め、または鎭魂の行事を修むるものは、一箇月間專修したものです。千度祓、萬度祓の如きは則ちその證明なのです。然うして禊祓には一日が始禊祭で、十五日が中日で、三十日が終禊祭なのです。禊祓に參加しない家庭朋友知人または村中の人々、町々の人々が一日の始禊祭に參拜し來るものあり、十五日の中日に參拜し來るものあり、三十日の終禊祭に參拜し來るものあり。この一日の始禊祭、十五日の中日祭、三十日の終禊祭に、その孰れかの日には必ず參拜し來つたのです。少くともその始禊祭の日か中日祭の日か終禊祭の日かの日に、一度は必ず參拜して來られたのです。故に一日、十五日、三十日を禊の日と云ひ、神詣りの日と申して禊あるが故に神に詣り來るのです。日本の公休日としては、昔より一日と十五日に定まり居つたのです。一日と十五日は必ず休みの日として禊をなし、また祓物を出し、贖物を出す日となり居るので、それが三十日は勘定日ともなり、借金拂の日とも流れ來つたのです。なほ中日祭のことに就きて申し述べたいが、それは禊の時に讓りますと同時に、既に申し述べて御承知の人も多いから省略します。

第三十一章　歷史習慣と國民性——お正月の鏡餅

正月の儀式に於いても世の人は單に儀式として取行ふ許りで、その歷史を知り、その習慣の起り來る初めを知らない人が少なからぬやうに思はれます。これ等の歷史的習慣は一度は心得置くべきもので、その習慣歴史は直ちに國民性に關係すること重大なるからであります。第一、飾り餅を御鏡と云ふのは何故であるかと言へば、これは禊祓の行事中に自己の荒身魂としての肉體を鍛錬し、末梢神經を鍛錬し、總べての神經系統、筋肉系統、內臟系統、皮膚系統、毛髮系統、呼吸系統を振動し、訓練し、總べての細胞系統を振動せしめて訓練すれば、五官の鎭定し、一身の鎭定するに伴はれ、心としての精神も鎭定し、御國の所謂直靈、和身魂、眞身魂、幸身魂、奇身魂、荒身魂の鎭定して、心肉不二一體に鎭定して統一の魂となり、鏡の如く玲瓏無垢の身となる。また瞑目中に心としての和身魂の眼にて御鏡を拜し、その御鏡中に神を拜み、祖先を拜み、或ひは過去現在未來の事件を見ることが出來るのです。それで禊祓の行事に於いてはこの御鏡を見ると云ふことが第一條件となり居るのです。それには心肉不二一體に調和結晶して透明なる身とならねばならないのです。餅米は初めは籾なれども、その籾を祓ひ、その粒を臼つき、水そぎて磨き、火にて煮て和らげ、更に臼にてつき、手にて交へ、交へては臼き、臼きては交へ、交へては臼きつゝある間に調和結晶して玲瓏無垢の餅となり、鏡の如く玲瓏無垢に照り輝くにも至るのである。禊祓修行と餅つきが好く似かよつて居ると共に、禊祓には御鏡を目的とするが如く、餅も御鏡の如きものを以て上來とするのである。この禊祓の行事よりして餅を御鏡と名付け、神に供へまつり居つたので、その意味が傳はりて世間もまた神に供ふる餅を御鏡と云ふのです。

第三十二章　海苔と宣言と塗り付け乘り行く

禊祓の御祭は固より總べての御祭に海の苔を供へまつるのです。海苔とは「ノリ」と讀む、「ヌリ」と讀む。神の「ノリゴト」を我が身に「ヌリツケ」、神の「ヌリツケ」たる敎に我が身の乘り行く心を寄せて、海に浮べる海苔を壽ぎつゝ神に供へ、自からもいたゞくので、後には海苔に代ふるに昆布を用ふるやうに思へど、昆布も苔として昔より用ひつゝ神に供へて神の喜びの音を聞きまつり、我の喜ぶ心を神に奏でまつつたのです。後の世に及ぶ程昆布を盛に飾りもすればいたゞくやうになつたのです。

第三十三章　振魂の數と數の子

後には昆布も喜ぶと云ふに因みて、數の子なども數の意味に祝して神に供へ、人もいたゞくやうになつたのも、禊祓中に於ける振魂と云ふことを幾度も幾度も重ねゝばならない。數の多い程がその結果の良いので、その意味を寄せて神に供へつゝ、人もいたゞくやうになつたのです。

第三十四章　心と裏白

裏白とは心の白と云ふ意味で、裏とは心のことなり。心を「ウラ」と讀む。肉體の中にあるからして肉體が表で、心は裏となるからである。「ウラナヒ」とは「ウラアヒ」と云ふことである。「ウラアヒ」とは裏合で、心合とのことで、神の心と我の心と合體するのである。我の尋ぬる心に神の御答へ下さる心との合うて、茲に吉事凶事を知るよりして心合と云ひ、卜占と云ふのである。「シロ」とは潔白無垢の意である。それで心の潔白をこと寄せて裏白を用ひ神に供ふる供物の敷物にしたのです。

第三十五章　讓心と讓葉

ゆづり葉とは相互に讓る心を表はして神の前に供へたのです。

第三十六章　神としめ繩

しめ繩とはしりくめなはのことにして、天照大神の岩屋戸に差し籠りまして出でました時に、手力男命がしめなはを大神の後へ引張りて、「これより奥には入りますな、籠りますな」と申上げた古實より起り來り居るので、神樣は宮の中に籠り居るのではない、神棚の中に籠り居るのでない、常に神棚の前に出でまして居るのである、宮の前に、御社の前にお出まし居るのであるからして、禊祓の時は勿論その平生に於いても、國民一般はその心得でなくてはならないのです。

第三十七章　終禊祭と七草

七草の祝をなすのも、禊祓に於ける終禊祭をそのまゝに實行したのです。禊祓は一箇月間實行すれば、一日が始禊祭で、十五日が中日祭で、三十日が終禊祭となるのですが、これを縮刷して一七の間禊祓したのです。これは初日が始禊祭で、四日目が中日祭で、七日目が終禊祭となるのです。これを縮刷して五日間禊祓し、初日を始禊祭、三日目を中日祭、五日目を終禊祭とし、これを縮刷して三日間禊祓し、初日を始禊祭、二日目を中日祭、三日目を終禊祭としたのです。七草は七日間の禊の終禊祭をそのまゝに實行したのです。初日の始禊祭から四日目の中日祭は勿論、それより後にも毎日參拜者ありて河海の品々、山畑の品々を神樣に持ち來りて供へまつれば、海の幸山の幸の幸々が澤山供はり居るのです。これを終禊祭の日に、總べての祭を取行うたる後に御神前より撤し去りて直會の席にていたゞくべく、總べてのものをそのまゝ鍋に入れて混合し、これを煮て禊祓者と參拜者と相互に祝福しつゝ、その料理を頂戴するのです。これを直會と云ふ。「なほらい」とは、なほひの開けと云ふ意味である。「ら」はつけことばで、「なほひの開けた」と云ふ意味なのです。總べて神樣の前にて御酒と御供物とをいたゞく席を直會と云ふのも、禊祓より出でたのです。正月の七草は、一週間の禊祓の直會をそのまゝ實行したものです。これは神武天皇樣の御即位紀元の日に御實行せられたものと言ひ傳へ、語り傳へつゝあるのです。

第三十八章　磐境と鳥居と門松

門松は松を立て、竹を交へ、後には梅の枝まで交へ、しめなはを張り居るのでありますが、これは正しく禊祓に於ける神籬磐境のその磐境の前面をば形取りて作り立てたもので、後世に於ける門松の始源となり居るのです。鳥居の如きもこの磐境の前面に倣うたる門松より起り來つたのです。或る學者の如きは、日本の鳥居は墓陵より起り來つたのである、墓陵の前面を寫したものであると言つて居られますが、これは甚だ淺薄なる考證です。全體墓陵の前面は磐境の前面に倣うたるもので、なほ磐境の前面に見倣うたる松飾りと同じものです。後の世に及びて松飾りと申しますが、昔は松のみでなく、杉や松も用ひ、樒も用ひ、をがたまも用ひ、眞榊も用ひたものです。必ずしも松のみには限り居らなかつたのです。然うして後の世の如く伐つたものでなく、家々戸々に植ゑ付けてあり、またしめも常に飾り居つたのです。少くとも吉凶のある毎にしめを改めたものです。後の世に及びては眞榊は神樣に供へ、樒は佛の方で死者に供ふるものとなり居るのですが、昔は孰れも共に用ひ來つた習慣がそのまゝに行はれ居るのです。

第三十九章　禊と山海

白妙の衣ほすてふ天の香具山ばかりでなく、禊祓の時には夏も冬も白衣で修行したものです。極寒の時に荒海に飛入りて寒風吹き荒む海岸で雄健雄詰して後は、一枚の白衣を身に著くれば暖かになるのです。これは禊祓したものでなくては信ぜられないのです。健康體の人は朝夕を通じて白衣一枚でその修行を終り得る人も少からぬのです。夏も白衣一枚で高山頂上に登り、瀧に禊ぎ、谷川に禊ぎ、湖水に禊ぐのです。御國に於いては神代の古より冬には必ず海に禊ぎ、廣き心を養ひ、寒さに耐へる強き氣象を養ひ、夏は高山に登りて高き心を養ひ、暑さに耐へる氣象を養うたので、山と云ふ山には神様の祀られ居らないところはないのです。後には佛法の繁昌と共に佛菩薩を祭るやうになつたところも少からぬのですが、然ればとて地主の神は孰れにもそのまゝに祀られ居り、明治天皇の大御心に依りて今日では昔に立復り居るのが多くなりました。またこの禊專修者の部分の軟弱なる方面が佛法に歸依し修驗者となり、山伏となつたのです。硬派の方は依然として古を守り、古を傳へ、修行し來りたるのがあつたのです。それも後には心ならずも表面だけ修驗者に入り居つたものもないではないのです。その孰れに變化するとも、何れも皆白衣であつたのです。

第四十章　死者の白衣

かくの如く禊祓には白衣を貴びたるもので、白衣は神の御姿である、それがそのまゝ應用されて佛の姿と信ぜられ、日本國民としては何人が死しても死すれば直ちに白衣を著するものとなり居るのです。これは佛法の來らぬ前は何人も死すれば直ちに禊祓の時の白衣を著すものとなり居る習慣が、佛法渡來後にもそのまゝ行はれて居るのです。

第四十一章　一膳飯

習慣と云ふものは一朝一夕の間に改むることは出來ないのです。禊祓の時には始禊祭の日に祭が終りて後に、山盛に盛りたる御飯に長い箸を突き立てあるのであるが、これを一杯搔込んで食し終り、それより禊祓の行事にかゝるのです。この一膳飯は旅立の時にも、戰場に向ふ時にも、總べての門出の時に立ちながら食するので、非常に目出度き食事とせられ居るのです。この時は速急を要するので、御酒も一獻、肴も一箸、山のものも一箸、海のものも一箸、御飯も一膳一杯となり居るのです。それで當人の死したる時もまた禊そのまゝに一膳飯を供へ、長い箸を立て、或ひは山のもの、海のものも供へまつるのです。後の世に於いては一膳飯を不祥不吉のものと思ひ居るのですが、それは飛んでもない誤解です。これより目出度いことはないのです。何故なればとて申せば、人間が御飯一杯、酒一杯、海の幸一箸、山の幸一箸だけ食して門出し、大奮闘、大活動なし得らるゝと云ふことは、これより目出度いことはないのです。これ眞個に人間節約努力の大標本です。後の世に於ける二食、三食、暴飲亂食、遊惰放逸の習慣に比較すれば、後の世は我と我が身に自滅すべく自殺し居るので、これより不吉不祥なことはない。古の世は簡單な食事にして、質素険約奮闘努力長生不死の道に上り行き居るので、これより吉祥な目出度い行爲はないのです。

第四十二章　御酒、昆布、勝栗

後の世に及んで、祝の席に御酒と昆布と勝栗のみで儀式を擧げ居ると云ふことは、人の世の世界に比類なき簡單なる儀式にして、またこの上もなき目出度き御機嫌でよろこんで、總べてのことにかちくると云ふ意味の祝旨なれば、この上もなき目出度き祝の表徴である。これもまた禊祓に於いて冬は海の祭にこの三獻の式あり、夏は瀧の祭にこの三獻の儀式あるので、これをそのまゝ應用したのである。

第四十三章　中日祭の小幣と兜の繖

禊祓したるものは中日に小幣を額に差して海に入り、瀧にかゝるのである。然うしてその幣心は家に持ち歸り置くので、吉凶の家に起る時その幣心を以て禊祓するのである。非常な目出度きもの、大切なもので、鎌倉の初期までには武家方が盛に禊祓し、この中日に於ける小幣を持ち歸りて兜や鎧に挿んだものである。昔はをがたま或ひは眞榊を用ひたもので、海に入り、瀧にかゝる時、男は眞直に額上に差し、女は逆樣に左右の鬢頰に差し垂れたもので、これが後の世に於いて、男のは兜の緘となり、女のは瑤珞の鈴鈕となつたのである。が鎌倉の初期に於いてはその中日祭の小幣を持ち歸りて兜に差し、鎧に差したが故に、鎧に御幣立のところがあるのである。この御幣立のなき鎧は、鎌倉時代の鎧としても北條時代のものとなり、値段が廉いのである。

第四十四章　白衣と死者

中日祭の小幣はかくの如く大切なるものなるが故に、かくの如き變化を現はし居るのであるが、また一方にはその歷史を忘れて非常に不吉なる思ひをなさしめつゝあるのがある。それは御國に於いては奈良朝前後までは全國を通じて禊祓をしないと云ふものは殆んど一人もない。國家の行事として盛に行はれ居つたのだから、全國の習慣となり居つたのである。それで死する時には必ずその枕頭にこれを立て、或ひは山に登りし時の息杖や草履や草鞋なども淸きものとして死者に穿かしめたものだ。

後の世になりても草鞋を入れ、草履を入れ、杖を入るゝのも、禊祓したる淨き身の表徴として左様にしたのである。然るを今日では佛法の爲めに誤られて不吉不祥なものに見らるゝやうになつたのである。然ればとて佛者もこれを改めることが出來ず、奈良平安朝以後今日に到るまで死者に白衣を著せしめ、草履も入れ、草鞋も入れ、杖も入れ、またその枕邊に一膳飯を供へ、樒を立て、眞宗を除くの外、小幣に倣うたる御幣をも立てありて、何時とはなしに昔の習慣をそのまゝに行ひつゝある。然れどもこれを行ひつゝありながら、行ふ人々も僧侶も、その習慣の始源をば忘れてゐるものが少くないのである。

第四十五章　質素儉約の基

申すも畏きことなれど、一膳飯と云ひ、長い箸と云ひ、それ等の御儀は伊勢神宮には今日もなほ傳はり居るのである。やんごとなき御方様に御饗應申し上ぐる時にても、その御儀式は取行はるゝのである。これ何より質素儉約の本源である。この心を生前に國民一般が有ち居るなれば、今日の如き生活難はないのである。人々質素儉約に勤勉努力するが故に賃銀も高くならない。物價も騰貴しない。輸出も遲滯することなく、輸入も超過することなく、圓價も低落することなく、土地が狹隘なりと歎ずることもなく、機械が不足なりと歎ずることもなく、生産缺乏の憂もなく、食糧不足の悲しみもなく、衣服原料の不足を歎ずることもなく、事業難もなく、失職難もないのである。それを生前に躬踐實行することを知らず、死後に於いて一膳飯を供へ、一菜一昆布などを供へ、草鞋草履を入れ、杖を入れて活動せよと責め立つるとも、死んだ後では最早活動することは出來ない。何といふ馬鹿氣たことでせう。かゝる大切なる御教あり儀式あるものを、これを忘れ居るといふことは愚の骨頂ではありませぬか。

第四十六章　大祓と大國民

禊祓はかくの如く質素簡單にして、剛健なる精神を發揮し、自他平等愛、人物平等愛、天地萬物同根一體愛を發揮し、その同根一體的生活より出發して眞實なる一國の平和、世界の平和を建設し得るので、人間の自性を發揮し、自性を發揮する道程としては主觀的に人格を創造し、客觀的に事業を建設し、その目的としての個人統一、家庭統一、町村郡縣市府統一、國家統一、世界統一、宇宙統一の目的を達することを得るのである。これには何より禊祓の如く質素簡單なる生活より、水火に打勝つだけの剛健なる氣象がなくてはならないのです。これ御祖の神が後世の人類に禊祓の教を垂れ、我が國にては昔より今日に到るまで國家の行事として全國民に大祓の行事が行はれ居る所以です。然れども近來はほんの名許りにして、實なきに到り居るのですから、我等はその實を擧ぐべく、國家として國民に總動員すべく、國民としても總動員して古の如く、山のある限り、海のある限り、寒暑に耐へ得る心肉不二の剛健雄渾なる大國民とならねばならないのです。以上にて六月晦大祓と十二月准之といふ講義が終つたのです。これより本文に入りて字句の講義に入ります。

第四十七章　祓の行事の歴史

禊祓は伊邪那岐尊の筑紫の日向の橘の小門の檍原に於いて御執り行はれ給ひしより、素盞嗚命の御贖罪とを初め、神代の昔より行はれ來り居るのである。高天原に於ける大嘗の御祭をはじめ、御岩屋戸に御差籠の時は勿論、天の安河に神集ひに集ひ給ふ時にも、總べてことある時には禊祓をなしたのである。古事記の仲哀天皇の御代に於いて、その崩御の際に國の大祓をなすことの出で居るのは、突然に然るのではない。その總べての生剝、逆剝、阿離、溝埋、屎戸、上通婚、下通婚、馬婚、牛婚、鷄婚、犬婚罪を求めて大祓をなしたのも、古事よりの習慣歴史を踏みて然るのであります。天武天皇の御年八月に勅して曰く、四方に解除をなせ、用物は國別に國造より、祓の柱の馬一匹、布一常、以外郡司各刀一口、鹿の皮一張、鑼一口、戸毎に麻一條、また同記十年七月六日に、天下をして悉く大解除をすとあり、また同記朱雀元年七月にもあり、持統天皇記に禊祓の見えぬのは、平生行事の禊祓はありしかど、臨時の禊祓なかりし爲め、現はれないのである。文武天皇の御代初めの記には臨時の大祓あり、大寶元年六月十二月の大祓あり、定例ともなり居るやうに見ゆるからには、これまで孰れの御代にもありしことゝ知るべし。文武天皇大寶元年の御定めとのみには限らない。大寶二年十二月晦日の記に大祓を廢す。但し東西の文部の解除は常の如しとあり、これはこの月太上天皇崩御ましましし故に止めたるに、その東西文部の解除は常の如しとあるに依れば、當時支那かぶれの時代なるが故に、太上天皇崩御のため、大祓を行ふは勿體ないとて、支那流の禊祓解除をなしたるものと見ゆ。大祓としては必ず六月、十二月に行はれ來ることを疑ふの餘地なし。

第四十八章　神祇令

神祇會に六月、十二月、晦日大祓、東西の文部、祓刀を奉り、祓の詞を讀む、終りて百官男女祓所に聚取し、中臣祓詞を宣る、卜部解除をなす、とあり。その後元明天皇の養老元年七月の記に、初めて文武百官をして妻女姉妹を率ゐて六月十二月晦日の大祓のところに會せしむとあり、例の定めにありては、百官集り居れどもその妻女姉妹を率ゐて會せしむることはこの頃より始まりたるものと見えたり。

祓とは不祥を解除するなりと義解に言へり。東西文部の東は、韓史の價、西は韓の文の首を謂ふのである。

第四十九章　太政官式

太政官式に、凡そ六月、十二月の晦日に解除し、宮城の南路に於いて大祓す。大臣以下五位以上朱雀門に就く、辨史各一人、中務、式部、兵部等の省中見參の人數、百官男女を率ゐて悉く合してこれを祓はしむ。臨時の大祓もまた同じ、云々とあり。この義は貞觀儀式に委し。臨時の大祓は建禮門にて行ふこと三代實錄に見ゆ。

第五十章　大祓の詞と中臣の詞

式には大祓の詞とあるを、古語拾遺には中臣の禊詞と云ひ、朝野僉載には中臣の祭文とあり。これ等は皆、その場合に依りて名付けたる詞に過ぎない。大祓の詞なるが故に大祓の詞といふは當然である。ところが中臣氏のこの詞を讀みまつるものなるが故に、中臣の禊詞とか中臣の祭文とかいふのである。然れども獨り中臣の祓とのみ云ふべきものでない。中臣は祝詞を宣り、卜部は祓の業をなすべくそのことを司るのである。中臣の私すべき祓ではない。朝廷の祓である、國の大祓であることを忘れてはならない。この大祓の詞は近江大津の宮の末より、淸見原の宮の頃に出でたるものであるといふことは、誤りたるもので、神代の時代とこの時代とまたその後の時代との混同し居ることは既に辯明したれば、今日は申し述べないのであります。殊に天武天皇の記より以來は、佐男鹿の八つの御耳振立てといふは何事である。神樣は鹿や馬の如く耳振立て、聞召すものでない。詞の綾を飾るに心を奪はれて神を獸にたとふるなどは言語道斷である。それをも知らで、その後の學者達も、これを難ずるに鹿は角の獸にして耳を言はん由なし、耳というたのが惡いと難ずる位である。かゝることは後の詞にして、後に加へたに過ぎない。また集傳云々より仕へ奉る人達諸々の聞食せと宣り給ふは天武天皇の頃より初まりて、大寶令の時より奈良朝に至りて定まりたるものである。然して高天原に耳振立て、馬引立てて、の如きは、後に加へたもので、それから四方の國云々、祓へ遣らへ給ふ云々も後に加へたものであるといふことは既に辯明したのです。

第五十一章　大祓の化粧

この大祓を盛にせんがために集傳云々、諸々聞食と宣り給ふといふことが後の世に於いて始まつたのです。

第五十二章　高天原

高天原とは、「タ」は「タマル」(渟)の「タ」、「タケル」(猛)の「タ」にて、「カ」は「カガヤク」の

「カ」、「ヒカル」の「カ」、「マ」は「ミタマ」の「マ」、「ハラ」は「ハル」(張)といふ意味なので、「ミタマ」のタマリカヾヤキテハリヒロマリヲルといふ意味なので、漢約すれば大宇宙といふ意味になるのである。天地と云ふ意味となる、御國と云ふ意味となる。「アメツチ」とは「アミ」たる「ミタマ」と云ふことで、御國とは「ミタマ」の「クミ」たるものといふ意味となる。また中津國といふ和ぎ調和したる光の國といふ意味になる、こゝに言ふ高天原とは、高天原の中の高天原に、大宇宙の中心にまします天御中主神をはじめ、もろもろの神々の神語りに御心の神詰まりましくて、その御心の直系の神々に傳はり、天照大神に傳はりつゝあるその御心の御警を聞きつゝ、天照大神がその御警のまゝの御教をもちて御神勅を下し給ふといふ意味となるのです。

第五十三章　神留

神留まるとは留るの意味でなく、間隙もなく、水の桶に積りに詰り居るが如き意味を言ふのです。

第五十四章　皇親の狹義

「スベムツ」とは「スベラガムツ」と云ふ意味で、天皇の親しみ給ふ御神である。また天皇の親しみ給ふ御神勅であると云ふ意味です。

第五十五章　神漏伎神漏美命

神漏伎、神漏美命とは、天照大神と高皇産靈神樣を意味したものであると云ふ說と、總べて御先祖の男神を神漏伎と云ひ、女神を神漏美と云ふ說とがあるのです。神漏伎神漏美命とは、獨り天照大神と高皇產靈神とに限つたものでない。なるほど高天原に八百萬神を御招きになり、八百萬神のこゝに御集ひなりたることなどより思へば、このところの神漏伎、神漏美命は、天照大神と高皇產靈神とに限るが如く見ゆるのです。また神漏伎神漏美命は總べての祖神たる高皇產靈神、神皇產靈神、伊邪那伎神、伊邪那美神を代表したるものと見る說もあれども、高天原に八百萬神を御招き、八百萬神の神集り給うた時には、伊邪那伎命、伊邪那美命は直接に御預り居らないのである。ましてや造化三神としての高皇產靈神、神皇產靈神も預かり給うて居りまさぬのである。特に天照皇大神の御政に預かりたる高皇產靈神とは造化三神の神でなく、荒身魂としての肉體を有したる高皇產日神であると云ふ說と、造化三神の高皇產靈神なれども、天照大神の御心に神懸りたる高皇產毘神にして、荒身魂の高皇產毘神にあらぬと共に、造化三神の高皇產毘神にもあらず、神懸りの高皇產毘神と云ふ說もあるのです。然れども御自から弓執り、弓引き給うたることもあり、またその御子の乙姬として皇孫に嫁ぎ給うたこともあれば、是れ荒身魂としての肉體の神にして、造化三神の神にあらぬと共に神懸りの高皇産毘神にもあらぬことを知らるゝでありませう。

第五十六章　カムルギ、カムルミとカムロギ、カムロミとの別

カムルギ、カムルミと、カムロギ、カムロミとは同一の言靈なれども、その意味を異にし居るのである。昔は御祖の神をばカムルギの神、カムルミの神と讀みまつゝたのである。然うして神の祕言をカムロギ、カムロミと稱へまつゝたのである。それで荷田春海の如きはカムロギ、カムロミの祕言たることを學びたるが故に、カムロギ、カムロミの命を以て御祖の命と解釋することを大いに難詰したものである。また近くは、波斯などにカムロギ、カムロミと云ふ讃美の辭あるが故に、日本は波斯より移り來つた民族ではないかと言ふものさへあるとも聞くのである。それは本末を轉倒したる穿鑿であれども、これは「日本古典眞義」で辯ずるとして、こゝに言ふカムロギ、カムロミとは讃美の辭のみでなく、一種の太兪邇としての祕言である。神々の御心の神留りに神詰り居る祕言である。大宇宙に神留ります神達の大御心のそのまゝに鳴り響くカムロギ、カムロミの祕言を、天照皇大神がその祕言を神のまに〳〵受けまして、神達の大御心のまに〳〵なる御神勅令なるぞとの仰せにて、八百萬神達を神集へ給うたのであります。

第五十七章　以　亘

モチテとあるにて知るべく、こゝのカムロギ、カムロミの命とは御祖の神の命といふ代名詞ではなくて、勅令といふ動詞上の命令であることを知るべし。いかにもカムロギ、カムロミの祕言としての勅令を以亘御招きになり、御集ひになりたることの意味が明瞭であります。

第五十八章　皇睦の廣義

されぱその神達の大御心の大宇宙に神留りましつゝ、なり響くカムロギ、カムロミの祕言は、天照大神を始めまつり、歴代天皇が皇命として間斷なく親しみ給ひ、信けび給ひつゝ、常にもがもに聞き洩らすことなからんと思食しつゝあるのです。獨り皇命の睦み給ふのみでなく、我等臣民もその大御心に乘り取りて、神達の高天原に神留ります大御心のなり響くカムロギ、カムロミの祕言を親しみまつり、信けびまつり、聞きまつり、行ひまつりつゝあらねばならぬのです。中津國としての高天原に於ける八百萬神達は、天照大神を通じて大宇宙としての高天原に神留ります天御中主太神を始めとして、天津神御祖の神達の御心の鳴り響き給ふカムロギ、カムロミの祕言としての天津勅詞を承ることを得たので、仰せ畏く八百萬神には一言の返す言葉もなく、嬉しみ〳〵畏み〳〵て、神集へに集へ給ひ、神議りに議り給うたのである。天照大神に依りて承り得るものとは言ふもの丶、その前に於いて八百萬神の心にも宇宙としての高天原に神留ります太神の大御心の鳴り響くカムロギ、カムロミの祕言としての宣りごとを、我と我が身に各自聞きまつりつ丶あつたのです。その時しも、天照大神より今我が宣らす太宣ことは、大宇宙に神留り、鳴り渡る太神達の大御心のカムロギ、カムロミなる祕言としての御神勅令になもましますぞとの仰せなるが故に、八百萬神には、我等はそれを待つてゐましたのだ、仰せ畏しと嬉しみ〳〵て神集へに集へ、神議りに議り給うたのであります。

こ丶に云ふカムロギ、カムロミの意味は勅令として祕言としてのカムロギ、カムロミの意味と、御祖の神としてのカムルギ、カムルミの意味とを有し居るのです。カムルギ、カムルミの御祖の神のカムロギ、カムロミの御神勅令を以て宣らし給ふと云ふ意味なのです。

第五十九章　神集集賜、神議議賜

神集ひに集ひ、神議りに議り給ひて、といふことは、如何に八百萬神の、よりさはに神集ひに集ひ給うたのでありませう。ものに譬へれば雲の如く集り、霞の如く集り來つた有樣であるのです。然して勇ましく春風の如く、また電雷の如く、勇みに勇み、猛りに猛り、和らぎに和らぎ、肅やかにも肅やかに議り給うた有樣が窺はる丶のです。天津神國津神の東西南北より雲の如く霞の如く神集ひに集ひ、風の如く電の如く神議りに議り給ふといふことは、今日の辭で申せば、國家といふを第一とし、その一身一家を忘れて帝國議會に於いて神議りに神議りになりたる公明正大の御活動がありありと窺ひまつられるのであります。

第六十章　世界議會の始祖

この世界に於いて、議會の始めは日本皇國である。世界の大國は尠からねど、支那でも印度でも、波斯でも巴比倫でも、猶太でも希臘でも、その開國の初めに於いて、議會の歴史を有し居るものはない。これを有しをるものは獨り日本のみである。高天原の神集ひに集ひ、神議りに議り給ふことのありしはそれである。

當時は選擧權とか被選擧權とか云ふ如き水臭い行動はない。何人でもその國に生るゝと同時に參政權を有し居るので、その成人するに伴れて何人でも參政權を有し居るものとなり居る。我よりこれを求むべきものでなく、他より與へ得べきものでもない。先天的に有し居るの結果なりとこそ信じてゐた。たゞこれを行ふには自然と家長なるものが一家を代表して應用しつゝあつたのである。何人でも國を思ふものは男でも女でも老人でも青年でも宜しい。我と我が身に御國大切と思ふものは、その御國にことある毎に神集ひに集ひ來りて、神議りに議り給へとのことである。また我と我が身に御國を思ひ、御國の一大事と思ふ時は、男も女も老も若きも心を盡し、身を盡して四方八方より神集ひに集ひて神議りに議つたものである。而してその多くは一家を代表して家長なるものが神集ひに集ひ、神議りに議つたのである。それを天照皇大神の聞召して取捨裁斷し、御實行したのであります。だから宇受賣命などの現はれ居るのはその證據であります。これが漸々次第と神武の代を通じて、奈良朝を經て平安朝に至る頃まで移り變る間に、いつしかと國造とが縣主などが一國を代表して都に驅け集りて神議るやうになつたのです。かくの如く開國の初めに於いて代議的議會歷史を有し居るものは獨り日本のみです。故に我等日本民族が帝國議會を大成する上に於いて世界列國の議會に優るところなくてはならないのです。代議制度としての模範國として建設せねばならぬ責任があるのです。

第六十一章　我が皇孫命ご豐葦原の瑞穗國

我が皇孫命とは皇孫瓊々杵命等であります。太古は地球全體の外廓は海を除く外、葦のみの時代があつたので、こゝにいふ豐葦原とは世界を總稱したる名詞です。その葦原の世界の中に於ける大和島根は五穀の瑞々しく穗の秀で居る國で、誠に豐肥の國であるところよりこれを讃美して瑞穗の國と稱へ、また沿岸の潮も波も川も谷の水も波も穗の如く秀で立ちて潤澤の力に富み居るので、水穗の國とも云ひ、人の靈魂も山嶽の靈魂も河海の靈魂も草木雲煙の靈魂も秀で居るから、靈秀穗の國とも云ふのであります。それが中もに、世の多くは五穀の饒みたる瑞穂國と云ふ意味にのみ解釋してゐるものが多いのです。

第六十二章　安國止平久

安國とは魂安國の浦安く、浦安國の靈安く、精神も安く、肉體も安く、靈肉不二一體に平けく和けく、平和なる國となせとの意味であります。

第六十三章　所知食

所知食とは主宰せよとの意味である。安國と司り治めなして主人となれ、との意味です。

第六十四章　事依奉仗

事依奉仗のことは言なり、依は言ひ寄せ告ぐるとの意味で、かく言ひ寄させ告げ給うたのであります。

第六十五章　荒振神

荒振神は荒び放びて狂ひ猛る惡しき神達をいふのです。

第六十六章　神問志問志賜　神掃爾掃賜

これは經津主神武甕槌神が天照皇大神を通じたるカムロギ、カムロミの祕言たる御勅命に依りて大穴持神に問はせ給へる御詞である。始よりして伊邪那伎神の勅令にて天照皇大神の、この邦土を知所食すべく定り居り居るので、その直系の皇孫命がこの地に君臨し賜ふべく、我等を遣し給うたのである。正にこの國を避け給ふや、如何にと問はせまつれば、御子事代主命と御招議の結果、仰せ畏しとて避けまつり、この國を讓り給うたのである。而して健御方三神まつろひ給はぬが故に、神祓へに攘ひ給うて信濃國の諏訪まで攻めよすれば、こゝに始めて從ひまつろひ給うたのであることを意味したのです。ここに注意すべきは、天照皇大神の御心は皇孫命の御心となり、代々の天皇の御戰としては皇孫の御戰と均しく、古に今に未だ曾て無名の戰を起し給うたことがないのであります。必ずや先づその名實を糺し、理不理、正不正を糺し、理解の行くまで神問はしに問はし給ふ。問はし給うて後に對主が了解歸順すれば、寛容してその血食の祭を存し、身體安全ならしむること遠き子孫にまで及ぶのである。如何に問はせ給うても不理不正なることを反省せず、いつまでも反抗して已まねば、已むことなく神祓へに攘へ給ひつゝ懲罰したのであります。近くは　明治天皇に於かせられても、その大御心が直に現はれ給ひ居るのです。徳川幕府が皇室の衰微に乗じて天下の大勢を私し居ることを神問はしに問はし賜ひ、彼れ慶喜將軍が歸順して服罪すれば、これを寛容して子孫に公爵を與へ永く血食せしめ、その子孫の祭を嗣がしめたるが如く、琉球が支那に通じて仇なせば神問はしに問はし賜ひ、歸順すれば神和はしに和はし賜ひ、子孫に侯爵を與へて永く血食の祭を存せしめ、また韓國が支那に通じ、露國に通じ、東洋の平和を破り、日本皇國に仇なして已まねば、神問はしに問はし賜ふ。歸順して併合を願ひ來れば、その願望を容れて神和はしに和はし賜ひ、その子孫に王號を與へ、皇族同様の待遇を以て永く子孫に血食の祭をなさしめ、天壤無窮に保護することを誓ひ給ふ。これ決して他の國の如くその子孫を殺し、その血食を絶たしむる如き不純の行爲はないのです。米國などが布哇王國を奪ひてその子孫を斷絶せしめた如き、殘忍なる行爲は神代の昔より今日に至るまでないのです。將來に於いても斷じてないのです。これ全く天照皇大神の大御心の傳はり、皇孫命の御心の御代々々に傳はり來り居るからして然るのであります。

第六十七章　語問志、磐根樹立。草之垣葉乎毛語止氐

語問志とは、もの言ふことなり。古はもの言ふことを語問ふと言つたのです。萬葉などにその例少からざれど、この語問志とは單にもの言ふ意味ばかりでない。その理不理を糺し、正邪曲直を明かに

して、罪尤を正し給ひてのことなるが故に、責め問ふの意味を現はし居るのです。その語問ひ給ふ御神勅が、理不理の明瞭にして正邪を糺明することの正確なるが故に、當時の國民は悉くその理に悔い改め、その正しきに服從しないものはない。人の心の自から定まりて安らかになるので、磐根樹根の立ち荒らび居るものも、平らかに鎮まり、草の垣葉片葉の動きすさぶものまでも平らけく鎮まつたのである。人の心が荒び荒びて世の亂れに亂るゝに伴れては、氣候も氣象も變じて荒び狂ふに至るもので、それを人の心の荒び、氣候の狂ひ爭ひ戰ひのあると云ふ如き戰國の時代には、磐根も樹根も草の垣葉片葉も、その人の荒れたる息に打たれ、世の亂れたる氣に打たれ、氣象氣候の狂ひたるに觸れ次第にまた狂ひに狂ひ、荒びに荒ぶにも至るのです。草木と雖も、磐根と雖も、祖神の垂示にては同一直靈の變化なるが故に、自然とその周圍環境の狂ひ荒ぶに伴れて狂ひ荒ぶに至るのです。なほ人間が天地の氣候風土に伴れて、晴雨に伴はれては、その氣分が陰鬱になり、爽快になり、或ひは病氣を起し、發狂もし、或ひは愉快になり、樂しみ舞ふこともあるのと同樣です。人の心の荒れて爭ひ亂れ、天地氣象の荒れ狂ひて地震もあれば流星もあり、雨つゞきとなり、日旱續きとなり、怪しき霞も立てば怪しき風も吹くといふ如き時には、磐根樹根もその氣に觸れ、その風に吹かるゝが故に、これに醉ひてまた狂ふに至るので、磐根樹根も怪しき音を出し、響きを出す許りでなく、切り殘されたる杙杭の如きもものを言ひ、掘り殘されたる岩根まで、もの言ひ、草の葉が風に吹かれて音響を發するばかりでなく、人の言葉を現はすに至り、その片葉までも怪しき言葉を現はし、人の言葉を出すに至るので、これは是れこの世の中の非常に亂れ狂ひたることを申すのです。

第六十八章　人の言葉を遣ふこは

磐根樹根、草の垣葉片葉が人の言葉を遣ふといふことは異様に思はるゝでせうが、決して嘘僞りでない。それは葉の垣葉片葉や磐根や樹根やは人間でないから、人間の言葉を發するのでなく、彼等相應の機關に依りてそれ相應の音響を發し居るヿです。彼等も同一の直靈なるが故に、彼等は彼等相應の主觀を起し、その主觀相應の自性自我よりそれ相應の意志を顯はして、それ相應の音響を發しつゝあるのです。それはかくの如く人の心の荒び、世のありさまの亂れて氣候氣象も狂ひ、雨も風も狂ひ居る間には、彼等も襲はれ醉はされたるまゝ、この周圍環境に應じたる音響を發するに至るので、彼等としてはその苦痛に堪へないから不平怨恨の音響もあらうし、また人を憤り、世を呪へるが如き音響もあるのでせう。さなくともその堪へ難き周圍の狀態に反抗する音響もあるでせう。我と我が身を防禦するが爲めに發しつゝあるところの音響もあるでせう。それを人間が聞く時は、人間の音響となり、人間の言語となりて聞え來るのです。

第六十九章　人間化したる人間の言葉

磐根の音響、樹根の音響、草の葉の音響が何故に人間の言葉に聞えるかといふに、それは怪しむべきことでない。人間の心が狂ひ居りてそれ等の音響を人間の言語と聞き間違へ、卒には人間の音響、人間の言葉なりと聞くに至るのです。人間が彼等の音響を人間化して聞き取るに至るのです。何人でも川の瀬、谷の瀬などの畔に立ち、或ひは瀧壺より少し隔たりたるところに立ちて心に大祓の祝詞を念じつゝその谷川の瀬音を聞けば、くしや瀬音が大祓を一言一句、人間の音響の如く、人間の言葉の如く、そのまゝに讀み居ることを實驗せらるゝのです。さくなだりに落ちたぎる瀧の音がそのまゝに大祓の詞を奏で居るのである。一言一句そのまゝに人間の音響、人間の言語にて讀み居るのです。何人でも心に大祓の祝詞を念じつゝ瀧の音を聞けば、その瀧の音がそのまゝに人間の音響、人間の言語にて、我が心に讀むところの音響言語と同時同刻に聞ゆるのです。何人でも試みあれ、直ちに實驗體得するのです。それの如く人の心の亂れ、世の有様の亂れ、氣候氣流の亂れ居る時には、我の常に悲しみ危ぶみ居るところの思想言語が、常に我が心の中に動き居る際なるが故に、磐根樹根草の葉の時ならぬ音響のあるに觸れてこれを聞けば、我が心に潛みて動き居る意志の如くに思想の如くに、音響の如くに、言語の如くに聞ゆるに至るのです。

第七十章　磐根樹根垣葉片葉に音響なし

ところが大神の御宣言も御趣意も、正しきが上に正しく、御言葉の調べも正しきが上に正しく、何れも道理の中の道理にて、直き明き中にも直き明きものなるが故に、荒ぶる神々も服從ひ、狂へる人人も服從ひ、爭ひもなくなり、亂れたるも治まると共に、氣候氣象も順調になり、人の世も平らけく安らけくなりたるが爲めに、心に思ふ煩ひもなく、悲しみもなく、誠に四海の波平らかに御代も治る時津風といふが如き狀態となつたので、風も和らかに、雨も穩やかに、草木としてもこの上もなき環境となり、日月の光や露にも潤ひ温みて、平らけく安らけくなりたるがために、その磐根も樹根も立根も草葉も垣葉も片葉もその周圍に向つて苦痛を感ずることなきがまに〳〵、怪しき音響も起らないのです。

第七十一章　主觀客觀ー語止氏

主觀的人の心に不安の思想言語なし。客觀的磐根樹根立根に、草葉垣葉片葉に怪しき音響の起ることなし。それで人が磐根樹根立根草葉垣葉片葉により、人の言語を聞き取ることがないのです。語止氏とはかゝる意味を言ひ表はしたのです。

第七十二章　立根と垣葉片葉

磐根樹立とこの大祓の詞にはありますが、これは大殿祭の詞に磐根、木根乃立とあるので正しいのです。これは根といふ字が脱して居るものと見ねばなりませぬ。立とは數ある岩の中にて、一つの岩が特に立ち出でて物語り、數ある樹木の中にて一樹木が特に立出でし物語ることを形容したのです。勿論數ある岩の中より一つの岩が歩み出で、立留りたるといふのではない。數ある樹木の中より一本の樹木が立出で、立留りたると云ふ意味ではない。たゞその數ある岩根の中の一つの岩根が、もの言ふことの人間に聞ゆるが故に、その岩根のみが獨り立ち現はれるが如く思はるゝからです。數ある樹木の中より一本の樹木がもの言ふ如く人間に聞ゆるが故にその一本の樹木のみが獨り立出で、立留りたるが如く感ずるからです。それで磐根樹根の中の立根と言ふ意味で、根を略して磐根樹根立と現はし居るのです。磐根樹根より外に立木のあるのを意味したと思ふのは如何です。また杙杭の如きのみのものと思ふも如何です。草の垣葉は大殿祭の詞に、草能可葉平毛とあるのが却つて宜しきやうに思はれます。勿論垣葉といふ意味もあれど、また片葉と云ふ意味も有し居るので、垣といふ字のみに當てはめないのが正しきものとなります。

第七十三章　語の前後照應、精神歴史

この「語問志」より「語止氏」とある前後の照應に心を用ひねばならないのです。これは大祓を讀むにつけて注意すべき一つの秘事になり居るのです。語問志荒振神の云々と責めて、而して後その荒振神の語止氏と認め來るのが支那を初め世界の歴史であります。言ひ換ふれば、語問志叛逆者と責め糺して後に、その叛逆者の語止氏歸服したといふ意味に現はすのが世界列國の歴史であります。然るをこの大祓は、人間は除いて磐根樹根立根、草葉垣葉片葉の語問志とありて、磐根樹根立根の草葉垣葉片葉の語止めたるものとなり居るのです。まるで人間とは沒交渉のものとなり居るのです。これが日本の歴史に於いて貴ぶべき精神歴史を殘して居る所以なのです。

第七十四章　相互直靈の感應

同一なる直靈なるが故に、人の荒れ振ふ時は草木も荒び、石も瓦も荒び、氣候も荒振る。氣候の荒び、石も岩も瓦も草木も荒振る時には人の心も荒振るので、相互に關聯し居るのです。そこで人の荒びを止め、世の亂れを止むることは、單に形ばかりの上より言語と劔とを以て征伐し得べきものでない。先づ以て我と我が身の心を開き、直靈を開き鎮めて、然して我の直靈が對手の直靈と相照らし、

天地日月の直靈と相照らし、山川水の直靈と相照らし、岩根樹根の直靈と相照らし、草木の直靈と相照らし、風や雨や氣流氣候の直靈と相照らさねばならないのです。我の中心の直靈が周圍環境に於ける中心の直靈と相照らす時は、人の直靈も、ものの直靈もその中心に於いてその非を悔い改め、我が直靈の正しきに知らず識らず諒解感應して、我の直靈に感應同化するので、我は我より矛を向けずとも、彼より手を開いて我を迎へ、我の來るを待ち、彼より喜び勇みて我に感化悅服し、歸入同化するに至るのであります。この意味に於いて、天皇としての天照大神の大御心より天照らす大御心、皇孫命の大御心より出づるところの大御心に人もものも感化同化したる意味と、天照大神、皇孫命の內に治めたる內外感化の御德の結果なることを現はし居るのです。それで「語問志語止底」のこの一段は天皇の修德發德、臣民の修德發德としての大切なるものになりをるのです。語問うても語止めがなくてはならないのです。終りの「語止」めても、「語問」の始めがなくてはならないのです。

第七十五章　大祓行事の祕事

このことに就いては別に祕事として、大祓の中の祕事の一事として解かねばならなきものがあるのですが、これは大祓の祕事といふことを別にその道の人のみに講じて遺さねばならないからして、その時に讓ります。祕事としては、（第一）高天原に神留座、（第二）皇親神漏伎神漏美と神流伎神流美尊、（第三）語問志語止底、（第四）天磐座、（第五）宮柱爾千木、（第六）天津宣事、（第七）天津金木、天津菅曾、（第八）天津祝詞事乃太祝詞事、（第九）天乃下、四方國、四方、（第十）科戸乃風より燒鎌、（第十一）瀨織津毘賣神より速佐須良比賣神、以上十二が大祓十二の秘事として、その行事の中に於ける心の行事として言ひ繼ぎ來り、語り繼ぎ、行ひ繼ぎつゝあるのです。この内に於ける心の秘事を知らねば、大祓の意味は判然と知ることが出來ないものとなり居るのです。それは兒屋根命の祝詞と太玉命の行事とのありたることを思へば、疑ふの餘地はないでせう。

第七十六章　表の講義と裏の秘事

この度は世間一般に行はれて居る祝詞の解釋の如く、表面のみの講義を致すのです。然れどもその秘事の心より裏を含みて表を説明するのですから、在來の解釋とは字句の點に於いては同一なるところあるべきも、その趣旨に於いては大いに異なり居るのです。それはこの大祓の講義の終つた後に於いて御考へ下されば判然することと思ひます。然して在來の講義とは同じからざるものあることを發見せらるゝものと信ずるのです。この度は表の講義として、字句に卽したる表面許りの講義をなし置くのです。その表面の講義中に裏の秘事の存しあることを驚かし置くに過ぎないのです。また別にその人と思ふ方々を集めて裏の講義を致します。然して私に傳はり居るところの秘事を執行ひ、御傳へ申して、後の後の窮まりなき後の世までも傳へられんことを望むのです。その秘事を御受けになりたれば、白川家の行事を初め、上朝廷は申すも畏し、下民間に行はれるところの、少し許りづゝの行事までが納得せられ、殊にその行事の心が判然しますが故に、より以上の趣味を以て會得することを得るでありませう。

第七十七章　天磐座と放

「あまのいはくら」は、天石屋戸と等しく、神代の時代には何れも巖窟を宮居として御住みになつたものであります。高天原に於いては、天照大神の天石屋戸に刺許母理ましたるが如く、下津御國に於いては、大國主命の大いなる巖窟を持ちましたが故に大穴持命とも稱へまつるが如き、それなのです。上代はいづれも〳〵巖窟を宮居として、家居として居給うたのです。このところの天は「アマ」と讀む。高天原の「アマ」である。天照大神の「アマ」である。靈と云ふ意味で、讃美の言葉です。天地の「アメツチ」の意味とは異なり居るのです。天地の天は地に對したる天です。地に對する天は「アミアム」の「アメ」で、組織といふ意味になるのです。天磐座の天は「アマ」で、高天原の「アマ」で、天照すの「アマ」で、靈の十方を天照しつゝ、天降り給ふ意味を現はし居るのです。言ひ換ふれば、天照大御神の靈としての稜威が十表を天照らしつゝおはします如く、皇孫命の靈としての稜威が十表に光り輝きつゝ、磐座を出でまし天降り給ふ意味よりして、天の磐座放と稱へまつるのです。それで天磐座を「アメノイワクラ」と讀まず、「タカアマノハラ」と讀む如く、「アマノイワクラ」と讀むのです。古事記に「アメノイワクラ」と訓ずれども、「アマノイワクラ」と訓ずべきです。放の「ハナチ」は威勢を顯はし、「ハナレ」は形體を示したので「ハナレ」と訓すれば、「ハナチ」の意味を含み、「ハナチ」と訓ずれば「ハナレ」の意味を含み居るものと見ねばならないので、その心得あればいづれでもよいのです。且つまた天磐座とは獨り岩屋戸のみでなく、高御座をも意味し居るのです。天磐座の中の高御座をも意味し居るのです。

第七十八章　天八重雲乎

天八重雲乎、は「アメノヤヘグモ」と讀まず、「アメノヤヘタナグモ」と讀む。七重八重になびき居る雲と云ふのです。八雲立つ出雲八重垣の雲と云ふ意味に思へば直ちに諒解せられます。雲の七重八重になびきて、垣根の如く重り居る雲を云ひ現はしたる言靈です。

第七十九章　伊頭乃

伊頭乃千別爾千別氐。――伊頭とは「イヅ」と讀む。息出づるの意味より出でたる言葉で、勢を言ふ。「イキホヒ」とは息追ふなり。此方の息が我に仇するものを追退くるの意味である。また息負なり。弱きものを我が息の强きが爲めに負擔するの意味である。また息合なり。「イキアフ」なり。此方の息と向ふの息と合する程その勢が强大なることを意味するのです。また息會なり。「イキアフ」なり。息と息とが會すれば會する程、相互に勢が强くなるの意味です。また息蓋なり。「イキオフ」なり。總べてのものを蓋ひ入るゝの意味である。天がこの地球を蓋ひ包みあるが如く、我の息が先方を蓋ひ包み入るゝの意味です。それでこのところの伊頭とは、息が出でつゝ、嚴肅にして侵す可からざる力あり、權威ある神として、その神の雄健雄詰出づる稜威の意味なのです。

第八十章　千別爾千別氏

千別爾千別氏。――千と道の「チ」で、「ミチ」の「ミ」を省きて「チ」と讀むのです。別は踏み別けるの意味です。稜威の强き勢を出しつゝ道を踏み別け、天降ります意味を現はして、伊頭乃千別爾千別氏と申すのです。

第八十一章　天降依佐志奉支

天降依佐志奉支は「アメ」とは讀まず、「アマクダシヨサシマツリキ」と讀むのです。これも地に對したる天の意味でなく、天御中主神の「アマ」の「マ」である。高天原の「マ」である。天照皇大神の「マ」である。靈の「マ」です。讃美辭の「マ」です。

第八十二章　天降の神と霧島神宮、新田神社

「天磐座放」より「天降依佐志奉支」までは、天津日高日子番能邇邇藝命等の天降りましたることを語り傳へたものです。然れども豫ねて述べ置きし如く、この邇邇藝命とは御一柱のみではないのです。幾柱も幾柱も相續ましく〳〵つゝあるのです。築紫記としての上記に依れば、その語り傳へつゝあるところに必ず據るところのあるのです。今日に於いては鹿兒島縣の大隅の國の霧島神宮が、皇孫邇邇藝命の御宮居所としての高御座たりしといふ意味に於いて官幣大社となり居りまする。然して薩摩の國の薩摩郡の新田神社が官幣中社として、邇邇藝命の御座を鎭めまつりあるところの山陵として祀られあるのです。世に言ふ可愛山陵がこれなのです。

第八十三章　西土原の可愛山陵を始めとして

ところがこの外に邇邇藝命の山陵として幾ところにもその山陵が存在し居ると共に、傳説も有りて言ひ繼ぎ來り語り繼ぎ來り居るのです。日向の國に於いても宮崎市より三里餘り隔りたるところに西

土原といふところあり、そこに雄塚雌塚として邇邇藝命と木花咲耶比賣との山陵として言ひ繼ぎ語り繼ぎ居ると共に、延岡在にも有り。その他にも少なからずあるのです。現に日向の人々は薩摩の國が維新に功勞ありて朝廷に勢力を得居る權官として、加ふるに重野安繹といふ博士の薩人あり。それで鹿兒島縣の方が時の歷史家としての位置を有したるにより、時の權勢ある內閣に申し出づるのだから、一も二もなく選定されたので、致方がないと歎じ居るのです。そんなことのありや否やは知らねども、何も歎息することはない。落膽することもない。事實は何よりの證明となるものである。

第八十四章　御陵參考地

宮崎市在の西土原の山陵は何人が參拜するも、一見して帝王の山陵なることを知るのである。世に云ふ瓢形の古墳とは言へ、その規模の宏大なること尋常一樣のものでない。帝王でなくてはかゝる雄大なる塚の建設せらるべきものでないといふことを事實が證明し居るのです。またそのところを距る僅か許りの東方に古墳少なからず存在し、南西の方面には三宅神社といふあり。そこにも命を奉齋しありとの傳說あると共に、二三百の古墳あり。遙か前面に當りたるところに高鍋高原あり。これまた二里餘の間に古墳累々として存在する。而してこの西土原近邊は木花咲耶比賣とまぐはひたる場所と言ふ古跡と傳說とのあり、八神殿の跡もあり。また木花咲耶咩の產殿の跡も存在して、その傳說等の存在するもの少なからず。且つこのところは何れの田も畑も、山も野も、古代の陶器の砕片到るところに現はれ出で居り、如何に上代に於いて多くの人々がこの方面に存在し居りたるかを證明すると共に、上代の大都會でありしことを證明するのです。それで宮内省に於いても御陵參考地と云ふ名の下に木柵を施し、保有せられ居るのです。

第八十五章　その多くは殆んど眞實の御山陵

されば獨り霧島神社のみでなく、新田神社のみでなく、この西土原の命の御山陵を初めとして、延岡と言はず大隅薩摩といはず、豐前豐後等に存在する命の山陵は、何れも眞實のものにして、幾代も幾柱も存在ましく〳〵居つたといふことを到るところに證明して餘りあるのです。中には或ひは然らざるものあるべきも、その多くは動かすべからざる實境に傳説との傳はり居るのです。それは古典講義録に於いて、委細説明するであります。

第八十六章　天降依佐志奉支

この「天降依佐志奉支」までは正勝吾勝勝速日天忍穗耳命、天津日高日子番能邇邇藝命、天津日高日子穗穗出見命、天津日高日子波限建鵜葺草葺不合命の四柱のことを申したのと、また神武天皇を合せ入れあるのです。この四柱の命に就いては別に説ありて傳へ來ると共に、その事蹟も今日存在し居るのですから、必ずしも四柱とは限らないのです。一柱でも幾代もあらせられたのです。例へば邇邇藝命に幾代もあらせられたるが如く、穗穗出見命にも幾十代あらせられ、葺不合命にも幾十代あらせられたのです。それは「日本古典眞義」に於いて説明しますから、こゝに省略致します。こゝには天忍穗耳命より邇邇藝命より葺不合命までの日向の國に天降りましたることを含みあると同時に、神武天皇の大和の國に天降りましたることを含み居るのです。然して歴代の天皇の都としての宮居の存する大正天皇の御宮居迄を含み居るのです。第一には天孫降臨、第二にはその天孫降臨、第三には神武天皇降臨、その四には歴代天皇の降臨、第五には現大正天皇の降臨、第六には忍穗耳命より大正天皇まで一貫したる天孫の降臨、天壤無窮一系連綿の唯一不二の天皇の降臨となるのです。この「天降」を四柱若しくは三柱の天孫のみと思はゞ、飛んでもない間違ひです。

神武天皇の御代には神武天皇までの降臨を含め居るのです。然れども神武天皇としては神武天皇で杜絶するものではないのです。天皇とは時間空間を一貫したる唯一不二の天皇ですから、將來に於ける天壤無窮の天孫を意味して、天壤無窮の天皇を意味し居るのですから、神武天皇の御代に於かせられても、將來天壤無窮の天孫、天皇を御含みありと見るのが當然なのです。初めの天孫降臨の御心は、御代〳〵の天皇は一貫して相續し居らねばならないのです。何となれば、天照大神の御神勅、高産魂神の御神勅は、一代二代や三四代に限つたものでなく、天壤無窮の天孫を一貫し、天壤無窮の天皇を一貫しての御神勅であらせらるゝからです。日本神代史は世界の人類史である、人類史の始祖史である。それ故に祖神の大御心と云ひ、大御榮と云ひ、眞に以て宏大邊無のものであるのです。宇宙と云ふ舞臺より眺め、天地と云ふ舞臺より眺め、世界といふ舞臺より眺め、然して説明せねば、日本神代史はその意味を徹底せしむることが出來ないのです。然るをこれ迄大祓を解釋する御方にはたゞに日本と云ふのみを見て説明し居るのです。世界と云ふことを忘れて居るのです。天地と云ふことを忘れて居るのです。宇宙と云ふことを忘れて居るのです。況してやその日本と云ふことも、世界開闢以來幾變遷ありたる後の後の後の數百萬年、數十萬年、幾萬年、幾千年の後に於ける日本の山河孤島を眺めて、後の日本ですから餘りにその量見が狹隘なるのに驚くのです。寧ろ氣の毒に感ずるのです。御國を思ふの御心は熱烈なれども、悲しいことには支那の文字、支那の思想等に囚はれて、たゞ支那や印度を説かずして、獨り日本のみを説かんとしたから、かゝる狹隘なる見解に陷りたると共に、また神代史を研究しながら、神代を研究することを忘れたからです。古事記や日本紀以外のものを取り入れず、僅かに祝詞や延喜式や二三の物語などに據るに過ぎないから、こゝに到つたのですから、已むを得ないのです。ましてや時代もまた日本ばかりで日を送る時代ですから、そのこゝに及びたのも周圍の事情にも依るので、深く責むることは出來ないのです。その方にもより以上に御國の尊きを現はさんとする心は、已むに已まれぬ程熱烈でありますから、我等はその心をしてより以上に發揮し、その亡き魂を慰めねばならないのです。

第八十七章　四方乃國中登

これは「ヨモノクニノモナカ」と讀み、また「ヨモノクニノマホラ」とも讀むのです。「モナカ」とは四方の國の中央中心の國と云ふ意味で、世界萬國の中央中心の國であると云ふ意味を現したのです。「マホラ」とは「マ」は靈魂と云ふ意味で、「ホラ」とは秀づるの意味となるので、四方の國も靈魂より成立するのであるが、この日高見の日本國は靈魂の中の靈魂より成立ち居るので、四方の國の靈魂より秀で居る靈魂の國であると云ふ意味なのです。

第八十八章　クニカとクニノモナカとの別

このところの四方の國の中と、前に於ける如此依志奉志國中爾荒振神等乎波の國中と、次の國中爾成出武天益人等の國中との二つの國中とは意味を異にし居るのです。荒振國中と荒振神の國中は、國の中の全體到るところに荒振神の荒び居るのを意味し、益人等の國中も、國の中の到るところに罪尤を犯しあることを意味したのです。國の中のそこゝに罪尤のあるを意味したのです。それでその意味に於ける國中とは、國全體の中にと云ふので、國全體を含み居るのです。此處の國中とは、中心中央と云ふ意味で、四方の國の中の中心中央の國と云ふ意味ですから、大いにその意味を異にし居るのであります。

第八十九章　邇邇藝尊の御代と神武の御代

これまでの説明では天降依佐志奉支までは邇邇藝命の御代を述べたもので、この四方の國の中よりは神武天皇の大御代を述べたものと云ふことになり居るのです。或ひは左樣ではなく、等しく邇邇藝命の大御代を稱へ居るのである。それは日高見の國と云ふことは日向の國を云ふのである。その日向の國には高日村と云ふ村もあり、この村より起りたる日向の國であるから、日高見の國と云ふ文字より見て等しく日向でなくてはならない。邇邇藝命でなくてはならない。如此依佐志奉志四方の國中とあるからには、前の天降依佐志奉支と云ふを受けたる言葉なるが故に邇邇藝命を御降しになり、その如此御降しになりたる四方の國の中であることは明瞭なる文章の認め方であるといふ意味なので、それにも滿更棄つることの出來ない理由を含み居るのです。

第九十章　古今來一貫の大御代

これは過去と現在と未來とを一貫したる祖神の御心を知らず、過今來一貫の天照大神の御心を知らず、過今來一貫の皇孫としての天皇の御心を知らぬから、古にのみ偏し、或ひは今にのみ偏し、その相互の關聯するところを忘るゝに至るのである。このところを區劃して神代と神武天皇の御代とに分たんとするのは、いづれも大祓全體を通じた意味にも叶はざるものとなるのである。それは天照大神の御心を忘れ、皇孫の御心を忘れ、神武天皇の御心を忘れ、歴代天皇の御心を忘れるからか様な窮屈な説明に陷るのです。このところに於ける四方の國中と云ふことは皇孫邇邇藝命の御代に於いても、その都とする日本の國が中であると共に、その都とする日高見が最中となり居るが如く、穗穗出見命の時も、葺不合命の時も日本の國が世界萬國の中の最中で、その宮居とする都が日高見の國としての最中の中の最中の國となり居るのである。そして神武天皇の時に等しくこの日の本の國としての日本が世界萬國の最中なると共に、その都とする宮居の國が日高見の國として最中の中の「まほらの國」となり居るのです。神武天皇以後歴代の御代天皇に於いても等しくこの日本の國が世界萬國の最中なると同時に、その宮居とする都は最中の中の日高見の國として、日高見の國のまほらの國となり居るが如く、　明治天皇、　大正天皇の大御代に至るまでこの日本の國が世界萬國の中心國として、然もその宮居するところの都の國が日高見の國として「まほらの國」となり居ることは同一な意味でありますす、それでこのところもいづれのところも、過今來を含み居るものと解釋するのが祖神の御心にも協ひ、天照大神の大御心に叶ひ奉るのです。

第九十一章　國の最中の祭祀の祕事

祖神の祖神としての伊邪那岐命伊邪那美命がこの世界を創造して後、天の御柱を立てゝ御祭をなされたのも、この世界の最中に宇宙の最中の天御中主太神の大御心を祭り祀つたのです。天照大神が高天原に於いて大嘗の祭を行ひ給ふ時にも岩屋戸に刺し籠りまして魂鎮まりましたる時にも、天の御柱を立て、天御中主太神を初め神々を祭祀りたるものなるが故に、天照大神の御心は今日まで神傳はりに傳り、その宮居を築きまつる時には心の御柱を埋め祀るのである。歴代の天皇に於かせられては、常にこの大御心を受け繼ぎまして、その大宮所は世界萬國の中心鎮護の最中でありとして神留《ツマ》りまし神留《トド》まりましつゝあるのであります。

第九十二章　「モナカ」と「マホラ」

「モナカ」と云ふことも、「モ」は「マミムメモ」の轉で靈魂である。「マ」も「ミ」も「ム」も等しく靈魂であります。「ナカ」は「ナギカヾヤク」と云ふ意味である。「ナギ」とは調和のことで、「カガヤク」とは赫灼の意味である。卽ち天皇の御心と世界萬國の御心と調和し、日本の御國と四方の國の心と調和して相互に感應道交して、その思想、言語、行爲の調和往復して輝き渡りつゝ親睦するの意味を現はしたのです。それでまた「マホラ」と云ふのです。「マホラ」とは靈魂のほがらかにあきらかに赫灼と澄み渡りて相互の隔てがなく、相互に相思ひ、相慕ひ、相親しむが故に、その思ひと思ひとの燃え出で、燃え結ぶ意味からして、支那の文字に譯しては眞の思ひの燃え出づるが故に眞秀と譯し、その眞秀に邦訓を施して「マホラ」と讀むのです。それで單に日本の國が世界萬國の最中である、世界萬國に秀でたる國であるといふ名前ばかりの意味ではない。皇孫たる天皇はいづれもその名に適合するだけの事實を現はし居らねばならないのです。これまでの注解にこの意味の現はれ居らぬと云ふことは、全く大祓の心を解して居ないものとなるのです。祖神の御心を解せず、天照大神の御心を解せず、邇邇藝命の御心を解せず、穗穗出見命、葺不合命、の御心を解せず、神武天皇の御心を解せず、皇孫としての天皇　御心を解せざるものとなるのです。この大御心は日本神代史の全體を一貫し居ると共に歴代天皇の大御心を一貫し、日本民族の心を一貫し居るのです。

第九十三章　大倭日高見之國乎

この大倭とは（今の大和の國を謂ふ。古への天皇の御代に此國を宮所と爲給へばなり。こゝに夜萬燈といへるは、同國の山邊郡の夜萬燈の鄉より起りて、終に一國の名となりぬと見ゆ。」とこれまでは解釋し來り居るのです。これも支那流に解釋し居るのです。支那はその國王の起りたる地名を以て國に名付くる例があるので、その意味に依りて大倭とは今の大和の國であると解釋し、その大和の國は同國の山邊の郡、大和の鄕より起りたるものなりと解釋するに至りたのです。然れば大倭といふことは神武天皇以來の名稱となるのです。それは飛んでもない誤解です。神武天皇以前よりしてこの國は「オホヤマト」と申し居つたのです。

第九十四章　「オホヤマト」と「オホヤシマ」

「オホヤマト」とは「オホヤシマ」の「シ」を略し、「ヤマト」と言つたので、「ト」とは留まるの意で、「オホヤシマ」と世界の中心とに留り居ると云ふ意味なのです。これ「ヤマト」の名稱の起り來る一義であります。それで大倭とは四方の國の最中に「オホヤマ」として留り居るといふ意味を現はし居るのであるが故に、四方の國の最中と大倭日高見の國をと云ふ意味になるので、國の最中といふ字義に、言靈により以上の意味を發見せらるゝと同時に、大倭と云ふ言靈にもより以上の意味を發見せらるゝのです。最中と、倭と、まほらと、相待ちて、三身一體に世界鎭護の國たり、中心たるべき重大なる意味を包含し、發揮し居ることを窺ひまつり得らるゝのです。「オホヤシマ」の「戸口」として、世界平和の源泉として秀でたる靈魂の鎭護の國であると云ふ意味です。

第九十五章　ヤマトとヤシマと山門

また一義としてヤマト云ふ言靈は、山門または山戸といふ意味であると云ふことを言ひ傳へあるのは深き意味があるのです。皇孫降臨時代には、日本はかくの如き小なる島國ではなかつたのです。東南東北に向つて擴大し居りたる大大陸であつたのです。太平洋上に現はれ居りたる大大陸であつたのです。當時はなほ未開墾の地なれば、沼澤多く、葦などが少なからぬので、當時の葦などは今日の大なる杉や松よりも大きくあつたので、長さも何百丈とあつたところもあるのです。それでその沼澤を避けつゝ山より山に面ひて國所《くにまき》給うたのであります。その宮居は岩戸と云ひ、その國は倭と言うたのです。その宮居は巖窟の岩屋にして、その國は四方山をなし、その山の方面が開けありて、日光の高く見ゆるところの國を意味したのです。言ひ換へれば、山は四方を取り廻し、然うしてその中が擴大して居るところの高原を意味したので、「マホラ」とも云ふのです。この國はその大大陸の時よりして太古地震のために幾度かの噴火あり、周圍が巖石屹立して天に聳え、國の周圍が自然と岩の垣根をなしたるやうになり、恰も臺灣の南をみたやうにして、より峻嶮にあつたので、そのところどころに山の山脈の絕えて出入すべき道があつたのです。この意味で山が門をなし居るが故に「ヤマト」(山門)と云ひ、岩か戸をなしてゐる故に岩屋戸を謂うたのです。それで皇孫降臨時代より倭と稱へ居り來のです。この國全體を倭と稱へ居ると共に、皇孫降臨の國をも大和といひ、日高見國とも稱へ居つたのです。それだから神武天皇が大和に都し給ふに至りて大和の名を負はしてその宮居の國を大和の國と名附けまつるに至つたのです。支那とは宛然反對な歴史をなし居るのです。かゝる山門といふ御名は昔より語り來り、言ひ繼ぎ來り居るが故に、大和といふ名は山門といふことなりといふ意味の傳はり來りて註釋もするに至り居るのです。在來の解釋は全く支那流に依りて意味を轉倒し居るのです。

第九十六章　ヤマトとは神代なり

昔より倭の名あるが故に、祖神の國生みの時に於いても既に「次生大倭豊秋津島。亦名謂天御虚空豊秋津根別。」とあるのです。若しや神武天皇の御代に於いて初めて倭と云ふ言靈が出來、大倭といふ名稱が出來たものとせば、祖神の國生みの御時に於いて生れたる島には名前なきもので、神武の大御代に於いて初めて名前を附けたるものとなるのです。總べての島に名のあるものを、獨り本島にのみ名前のなかりしものと言はれないでせう。これ迄の諸大人の御方には、兎もすれば唐振とてその唐振を忌み厭ひながらも、常に唐振に囚はれて解釋しあるが故に、こんな矛盾衝突に陷るに至るのです。神代の昔は宮居は岩屋戸といひ、國は「オホヤシマ」といひ、「オホヤマト」と云ひ來り居ることを忘れてはなりません。然してこの世界をば「オノコロジマ」と稱へ來り居ることも、强く〳〵記憶し居らねばならないのです。

第九十七章　日高見國

御國では神代の昔より朝日照るところ、夕日の直刺すところを最も貴んだもので、その前後左右に日光の高々に光り輝くところを尊重したものです。然して風の好く吹き通り、雨霧のたな引き渡るところを貴んだものです。雨も降れば霧もかゝるが、直ちにその雨も霧も吹き拂うて涼しく暖かく光り輝くところを尊重したものです。それは祖神が國生みの時に於いて大和日別神、天之吹上男神、風木津別之忍男神を生みまして、光りの神、空氣の神、風の神等を生みまして、或ひは雨の神、霧の神等を生みましてその意味を敎へ、言ひ傳へられあるからのことです。この日高見國とは四方打ち開かれたる高原といふのです。四方打ち開けた高原なれば、太陽が高々に見えて誠に申分のない國です。それで獨りその國の都のみを日高見之國といふ許りでなく、孰れの國でもその國を讃め稱へては日高見之國と申したのです。みちのく（陸奥）も日高見之國と呼び、紀伊之國にも日高郡あるが如く、常陸の國も日向の國も孰れの國でも日高見國と讃めたゝへたものです。なほ今日ではその家その屋敷を賞めては日當の好いお屋敷です。日當りの好いお家ですと言ふが如きものである。獨り國を日高見といふのみでなく、死したる後の墓場まで朝日の照る丘、夕日の射す丘と言うて日光の照り輝くところを尊重したものです。それで日本人の潔白にして、雄大にして、快活にして、清潔にして、勇ましいのも全くこの太陽からの感化の力が大なる原因をなし居るものであるのです。

第九十八章　安國止定奉氐

日高見之國は四方の打開けて太陽の高く仰ぎ見られる國なるが故に天津日高とも稱へ、盧空津日高とも稱へ、眞に氣候の温和なる國なるが故に眞秀《まほら》なる國とも稱へ謂ふのです。かゝる眞秀なる國には天然自然と美き人の生れて、神の如き人の生れ出でるのである。僅かばかりの聖人が生れ出で、佛が生れ出で、豫言者が生れ出づると謂ふことでなく、生れ來るものは幾百千萬人悉くこれ孰れも豫言者であり、聖人であり、佛であるのです、またあらねばならないのです。それで上も聖人であり、下も聖人である、國民盡く聖人である國は、平らけく安らけく平和の生活の行はれて平和なる國となることが出來るのです。その意味に於いて世界萬國の四方の國の最中に於ける眞秀なる大山門日高見之國を安國止定奉氐、四方萬國に於ける世界平和の模範國であると定め奉つたのです。

第九十九章　安國止

安國とは浦安國である。魂安國である、浦安國とは表より説明すれば津々浦々の平らけく安らけく治まり居ることを意味したのである。獨り津々浦々が四海の波靜かにして、枝も鳴らさぬ時津風、五日一風、十日一雨の氣候が穩當なるばかりでなく、人の心も温和なる意味を含めて津々浦々の山々谷々の平和なることを言ひ現はしたのです。裏より解釋すれば、浦とは裏なり、この裏とは心なり。肉體は表である。心は肉外の裏に潛み居るのである。言ひ換ゆれば肉體の裏が卽心なので、この國の言靈では心のことを「ウラ」とも讀むのである。それで浦安國とは心安國といふ意味を現はしをるので、必ずしも浦々の浦と云ふのみの意味ではないのです。言ひ換ゆれば、心安國とは魂安國といふ意味なのです。然れどもまた心の安國のみを言ひ現はしたのではない。外に現はれたる國の安國、形の安國をも言ひ現はしたものなるが故に、浦安國の意味をも有し居るのです。それで浦安國と云ふ時は、外に於ける國の安國と心の安國とを含みて不二一體に言ひ現はし居るのです。また魂安國と認め、心安國と認めある時は、國の安國、浦の安國を含めて言ひ現はしあるものと思ふのが正當なる解釋となるのです。このところの安國とは、心の安國と浦の安國と內外不二一體の安國を言ひ現はし居ることを忘れてはならないのです。

第百章　世界平和の本源

今日平和の國といふことを高く唱導する聲が聞えるやうになつたのですが、世界開闢以來幾萬年幾十萬年の後に於いて、今更らしく平和を求むるなどゝ申すことは餘りに後れたる言葉である。餘りに餘りに狼狽したる言葉である。御國に於いては神代の昔より平和でなくてはならないことを教へ御示し、御導きつゝあるので、平らけく安らけくといふことは人間の當然思ふべく、爲すべく、行ふべきものと定められあるので、殊にこゝにはその天地と共に窮みなき、平らき安らけき安國をこの世界に築き立て、築き定めよとの御神勅なのである。人間より築き立て築き定むるのでなく、天然自然と開け定まりつゝあらねばならない。獨り人間のみならず、宇宙萬有何れも皆平らけき安らけき安國に流れ行かねばならないものぞ。それで人間もその心の奥のその奥の心のまに〳〵平らけく安らけく、この世に安國の我と我が身におのづから開け、おのづから定めまつれとの御神勅が天降りたのです。それでこの安國とは世界平和の大基礎たる安國のことで、世界平和の安國の模範國たれとの御勅であり御神勅である。大山門の國は昔より平和の國の根本源泉たるが如く、この大御心を受け繼ぎたる日本民族は今日に於いては勿論、將來に向つて永久に世界唯一不二の安國としての平和なる國の模範國を開き定めて、やがては四方の國々をして世界百千萬の國々をして安國たらしめねばならないのです。平和の國たらしめねばならないのです。大山門日高見之國としての我等日本民族は昔の昔の昔より、遠き神代の昔より、世界平和の模範國であり、四方の國の最中の安國であり、平和の國であるといふことを記憶し居らねばならないのです。この記憶を忘るゝ時は、獨り日本をして平らけき安らけき平和國たらしむることを忌み厭ふのみでなく、すべてが國を呪ひ、世を忘るゝに至るのです。誰も彼もこの安國と云ふことに最も注意し居らねばならない一事なのです。我先づ安國を開き行く、世界平和の國を開けゆくといふ心がなくては、その模範國を造り上ぐることの出來ないと共に、四方の國を導きてこの安國を造り出づることも、出來なきものとなるからです。

第百一章　下津磐根爾宮柱太敷立。高天原爾千木高知氏

日本民族は迷うて居るから悟らねばならないといふ國民でない。罪人なるが故にその罪を許して下さい、煩惱の身だから罪人だから救うて下さい、といふ國民でない。神の子は神なるが故に罪を作りてはならない。神の子は神なるが故に迷うてはならない。迷はない罪を作らないといふ神の資格を以て、上　天皇陛下は明津神としての生神様《いきかみさま》で、下臣民は現身神《うつそみのかみ》としての生神で、上下等しく荒人神としての肉體神であるのが祖神の垂示である。國に一人の聖者豫言者あるを許さず、國民悉く聖者、佛者、豫言者としての八百萬神であらねばならないのが御國の敎である。罪なき神なるが故に迷はず、上と下との心が相合して相親しむのである。裏と裏との合するが故に、表と表との相合するが如く、上と下との心が相互に合するからして、その表面の行爲も相互に親しむに至るのである。それで裏よ

り言へば心安國といひ、表より云へば浦安國といふ所以なのです。それで民百姓の　天皇を思ふの心が高く、天皇の民百姓を思ふの心が深いので、相互の親しみは深きが上に深く、高きが上に高いので、その深き心は下津磐根に宮柱太敷立たるが如く、天皇の御心が民百姓の心の底の底まで敷立てありますと共に、民百姓の　天皇を思ふの心が高い〳〵高天原に千木高知る如く、天皇の御心に入り、天皇の御體を守り居るのである。表より言へば宮柱が下津磐根に太敷立て、高天原に千木高知り居るといふに過ぎないのですが、その中にはかくの如く　天皇の深い深いその大御心が民百姓の心に太敷立て、民百姓の高い高いその心が　天皇の大御心を高知りまつり居るので、上下共にその心の宮柱が下津磐根に太敷立て、心の千木が高天原に高知りて、宇宙中心根本の天御中主太神を始め、天津神、國津神、百八百萬の神達の大御心と御心とに合一し居るので、前代にさかのぼりても後世に向つても天壤無窮にして、その根柢が神人感應道交の間に結晶醞釀し居ることを意味したのであります。

第百二章　皇御孫之命止美頭乃御舍仕奉氐

かゝる神人感應道交の間になり立ちて出來上りたる御舍《みあらか》は　天皇の稜威と神々の稜威と民百姓の意氣との合一して現はれ出づるが故に、稜威のかゞやき出る大宮所《みあらか》と申すのである。「ミアラカ」とは稜威のかゞやく　天皇の御座所である、御宮であるとの意味です。民百姓より云へば、天皇の御心の中に神々と御心と民百姓の心との燃え出で、燃え立ち居るその高御座なる御殿より、更に　天皇の稜威が合體して立ち昇りますその御殿に我等臣民は奉仕《つか》へまつるのであるといふ意味なのです。

第百三章　天之御蔭日之御蔭隱坐氐。安國止平久所知食武

かくの如き神人感應道交の間に築き上げたる御舍は、またその周圍に於ける四方も天津神國津神の守ります稜威のふりかゝり居るのである。天常立神、國常立神の稜威のふりかゝり居るが如く、日月星照り、日の光、月の光、星の光、風の光の照らし輝き、吹きみちつゝあるのである。それでその御殿の宮居の內は　天皇の御心に神の心と臣民の心との合一して燃え立ち居るのみでなく、外には天地日月の御光と山河雲烟國土草木の御光との燃えつゝ、神となり、ものとなり、境となりて守りまし居るのである。神の御蔭、稜威の蔭に、光の蔭に守られつゝ、その稜威その光の中にかくれまし居るので、何等のさはりなく、浦安國と魂安國として平らけく知しめすことが出來るのであります。いはゞ民の心と神の心とに包まれてその內にかくれますと同時に、その周圍輪廓に於ける神々の守護の蔭、天地日月の守りの蔭にかくれまして、浦安國、魂安國と平けく安らけく隱れまして、平けく安けく浦安國の魂安國と魂安國の浦安國とおさめなすといふ意味なのです。

第百四章　國中爾成出武。天之益人等我。過犯家牟雑雑罪事波

御國はかくの如く神の直系の子孫、天之御中主太神の直系の御子孫としての天津神の御子孫の伊邪那岐神、伊邪那美神の直系の御子、天照大神の直系の皇孫命《すめみまのみこと》御代御代の天皇の治食す國にして、その臣民はまた伊邪那岐神、伊邪那美神の傍系の子孫なるが故に、上下悉く神の子孫である、神の遺族である。神の國の神の子孫は上下等しく神なるが故に、他の外津國とは異なり居るのである。他の外國は支那を始め、印度、波斯、巴比倫、埃及、希臘、南北亞米利加に至る迄太古我が國より分離繁殖したる國なるが故に、日本の民族は直系民族にして、他は悉く傍々系民族である。支那に於いて、古き書の一に堯の時に出でたる山海經といふものあり、その山海經には「東方に神國あり、衣冠帶劍の國」というて日本を讃美しあるのである。支那で最も尊重するところのものは易と云ふ書物である。その易經の中には「帝出震」とあり。支那の帝王は東の國より出づると認めありて、支那の五帝は東方より出でたるものと記しあるのである。さうしてその後に於いても三皇五帝東方に出づると認め居るので、悉く日本より出でたることを認めあり。その他詩經といひ書經といひ、この意味が表はれ居るのである。孔子も春秋を認めて後にその道の行はれざるを悲しみて、艤に乘りて海に泛ばんと仰せ

られた。弟子達は、御師匠様には春秋に於いて支那は中國として尊び、その他は四夷の「エビス」として卑しみなされて居るのに、今は東夷の東においでになるといふことは矛盾して居るではありませんかと申しあげたれば、孔子には「君子こゝに居る、何ぞ蠻貊といふを得ん、」在朝の人も衣冠帯劍の君子であり、在野の人も衣冠帯劍の君子である、東方の國は神武神人である、と讃美せられたのである。印度に於いても釋種は日種なり、常飯王家は天照大神の子孫である。それで東方日本のことを幼少の時より傳へ聞き居られたので、成道正覺の後五時の御説法に際し、阿含、方等、般若、華嚴等を御説になる時、羅漢も菩薩も聾の如く啞の如くにしてその意味を了解することが出來なかつたので、釋尊に於いては御叱責遊ばされ、お前達は何といふ下根下劣のものである、これより「東方に佛國あり、大乘相應の國あり」、如何なる大乘敎理も充分に解釋し得る國民であるぞよ、と日本民族を讃美激賞あらせられたのである。ギリシヤ民族も、我はヒル人なり、大ヒルメの命の子孫である、天照大神の子孫であると歌ひ居つたのである。巴比倫民族、猶太民族は素盞雄尊の子孫にして、エジプト民族は月讀命の子孫であると共に、また後には天孫民族の子孫が勝を利してその國に主となつたのである。南北阿米利加は月讀命の子孫が開拓したのである。これは別に「日本古典眞義」に於いて説明するから省略する。此處には啻だ日本の民族より世界に分族移住したもので、世界列國は日本民族の傍系なることの一端を示し置くのである。

第百五章　直系的遺傳

日本は直系民族にして、神國神孫として祖神の敎がそのまゝに直系的に傳はり居りたるが故に、「我等は神である、神の國である、迷うてはいかない、罪を作りてはいかないといふよりも、迷はない國民である、罪を作らない國民である、神そのまゝの國民である。」といふ意味を傳へつゝ行ひ居るので、上　天皇陛下は明津神としての生神《いきがみ》である。下臣民は現津神としての生神である。上下擧つて荒人神としての肉體の神である。迷はないから悟る必要がない、罪を犯さないから救うて下さいといふ祈りもないのである。他の國は迷ふが故に悟る必要があり、罪を作るが故に救を求むるの必要があるのである。それで他の國は悟りの道に入らねばならない。反省して悔い改むるの必要があるのである。罪を作るが故に救を求むる必要があるのである。我が國では迷ふてはいかないといふのである。迷はないから悟るの必要がない。罪を作りてはいかないといふのだから救を求むるの必要もなき所以である。內に省みて反省し、悔い改むるのは外國の敎である。內より奮發して直靈の神となり、外を制するのが日本の敎である。かゝる意味にて我が國の御敎は、人間は迷ふべきものでない、罪を作るべきものでない。神の子孫は神なるが故に神なるの行爲を現はし居らねばならないといふ人間の價値を知り、人間の價値を表はし居るところの國民である。かくの如き人間の價値を知りて始めて迷と云ふことも知れば、罪といふことも知ることが出來るのである。それで萬々一にも罪を犯した時は、これを神に訴へて愍れみを乞ひ、救を求むるよりも、我自からに祓ひ禊ぎて以前の清淨潔白の神の身とならねばならないのである。我が內の神としての直靈を現はして八千魂を制御し、總べての罪と尤とを祓ひ除き禊ぎ去らねばならないのである。ひとり我と我が身のみの罪と尤とを祓ひ禊ぐのでなく、總べての人類萬有の罪と尤とを同時同刻に祓はなくてはならない、禊がなくてはならないのである。また我自から罪と尤とを作らない、犯さないでも、總べての人類萬有の犯し作りたる罪と尤とを祓ふてやらねばならない。禊ぎて遣らねばならないのである。假令、我が自からに罪と尤とを作り犯さないでも、周圍に於ける人類萬有が罪と尤とを作り犯す時は、我より犯さしめ、作さしめたるものとなる。我の感化が及ばないから周圍のものが罪と尤とを作り犯すに至るのだから、我もその責任の幾分は負擔せねばならない。それで我はその周圍に於ける神人萬有の作り犯したるところの罪と尤とを祓ひ除き、禊ぎ去らねばならない。

我は大直靈の神としてその罪と尤とを祓ひ除き、禊ぎ去らねばならない。皇國に於ける大祓の行事はかゝる意味に於いて每年每年夏と冬との二回にその行事の執り行はれ居るのである。上　天皇陛下も大直靈の神として國の祓ひ、四方の國の祓ひとして世界を祓ひ、四方としての宇宙の祓を行ひ給ひ、下國民としても大直靈の神として國の祓ひ、四方の國の祓として世界を祓ひ、四方としての宇宙の祓を行ふのが大祓の行事である。返す〴〵も人間の價値を知りて始めて迷といふことを知り、罪と云ふことも知るのである。以下はその罪と尤との狀態を示したものである。

第百六章　國中爾成出武

國中といふことは天皇の治め給ふ國の内に、と云ふ意味なると共に、四方の國の世界萬國の國の内、その國その國の内にと云ふ内外の國々を含みあることを知り居らねばならない。天津罪は天皇の國中に出でたる罪と尤とを申したもので、國津罪とは四方の國々で作り犯したる罪尤を意味するのである。成出むとは、生れ出づる民草といふ意味である。成とは生りなり。何れも邦訓「なり」と讀む。生と書くべきを成と書いたのは假字である。それで生り出でんとは生れ出でんと云ふ意味になるのである。天之益人等がとは、人類は死ぬるよりも生くる方が多いのである、増加する方が多いので、益すとは増加といふ意味である。むかし伊邪那美命のこの國の人民を一日に千人絞り殺さんと宣ひければ、伊邪那岐命が、然らば我は一日に千五百の産屋を立てんと宣はれるに依りて、死ぬるよりも生るるの多ければ、益人とはいふのである。天といふことは深め言葉であると共に、「メ」は靈魂の調和整頓したる意味で、「ア」は發語で、人民を賞め稱へて申したのである。總べてかゝる意味にて解釋すればよい。過犯すの過ちは、不注意より來る過ちで、尤となるのである。犯すは始めよりその罪を知りつゝも犯すので、罪となる。一は無意識犯なれども、一は有意識犯であるから、一は道徳上の罪となり、一は法律上の罪となるのです。雜々の罪事とは、この道徳上と法律上に於けるあらゆる尤と罪とを云ふのである。

第百七章　天津罪

天津罪止波、畔放、溝埋、樋放、頻蒔、串刺、生剝、逆剝。屎戶。戶許許太久乃罪乎。
天津罪止法別氣氏。

雜々の罪事は天津罪と國津罪とを申すのである。天津罪の內にも國津罪の內にも、無意識的になす尤と、初めより有意識的に犯す罪がある如く、國津罪にも道徳的の尤があると共に有意識的法律上の罪があるのです。

第百八章　法別氣氏と云ふ天津罪

天津罪は、畔放、溝埋、樋放、頻蒔、串刺、生剝、逆剝、屎戶、戶許々太久乃罪乎。天津罪止法別氣氏と申すのである。法とは假字で、宣である。國津罪と天津罪とを區別して分け宣ぶるを云ふのである。この天津罪は、須佐之男命が天上に於ける高天原に於いて犯し給ひし罪なると同時に、日本民族のこれを犯す時は、齊しく天津罪として罰するのである。須佐之男命以後無意識に過ち犯すことは、深くは尤めざるも有意識に犯すものは許すことなし。

第百九章　畔放、溝埋、樋放、頻蒔

畔放とは、田の畔を切り放ちて境涯を壞ち、水の溜らないやうにする、作物の枯れるやうにするのである。溝埋は、田畑に水を引く爲めに作れる溝を埋めて水の流れないやうにするので、稻をして枯れしむるに到るのである。樋放は、池とか溝とかは常に板を以て關止めて水を蓄へ置きて、田に必要なる時に、稻の水がなくてはならない時に、その板の關をば放ちて水をその樋より流し通ずるのである。然るに水の必要なき時に、その關にかゝれる樋の板を放ち破つて水を洩し、必要なる時の蓄へを失はしむるのを云ふのである。或ひはまた水のある上に水を放ちて稻などを流すなどに到らしむることをも含み居るのである。頻蒔とは、種を蒔きある上にまた重ねてこれを蒔き散らすが故に、その苗の長する時には、重なり合うて良く成長することが能はなきものとなさしむるの意味である。

第百十章　串刺

串刺とは、田畑の內に串を陰し刺して人の踏み立つことの出來ないやうに、往來することのならないやうにするのである。田畑の内に串を陰してあるから、その田畑に入る時は手足を傷つけ、耕作することの出來ないやうにするのである。

第百十一章　生剝、逆剝、屎戸

生剝、逆剝とは生きたる獸の皮を逆に剝ぐので、尻の方向より頭の方面へ剝ぐのを云ふ。須佐之男命が天の班駒を生剝逆剝ぎて織戸に投げ込みたることを意味すると共に、その後に於ける人々の犬や牛や猫や獸を生剝逆剝するのを云ふのである。屎戸は大小便すべき厠以外のところに屎放り潰すを云ふのである。戸の字は假字で、屎放りの「放り」の「リ」音を略した略言である。而して屎のみをしたといふのではない。屎と尿と屁とを意味するのである。大小便と屁とを放り潰すことを意味して屎戸といふのである。許々太久の罪とは、若干の罪といふに等しく、此處にも其處にも罪を犯すので、數多き罪あることを意味するのである。獨り須佐之男命が此處にも其處にも數多く罪を犯したばかりでなく、その後に於ける世界民草の其處にも此處にもかゝる罪を犯したるもの多くなる時は、これを罰せねばならない。また祓ひ清めねばならないからである。

第百十二章　國津罪

國津罪とは天津罪に對して云ふので、天津罪以外の罪をば總べて國津罪と云ふのである。畔放、溝埋、樋放、頻蒔、串刺、生剝、逆剝、屎戸以外の罪を國津罪といふのである。それで「國津罪止波。生膚斷。死膚斷。白人胡久美。已母犯罪。子犯罪。母與子犯罪。子與母犯罪。昆蟲乃災。高津神乃災。高津島乃災。畜仆者。蠱物罪。許々太久乃罪出武。」とある。

國津罪とは、生膚斷、死膚斷、白人胡久美、已母犯せる罪、已子犯せる罪、母と子と犯せる罪、子と母と犯せる罪、獸犯せる罪、昆蟲の災、高津神の災、高津島の災、畜仆し、蠱物せる罪等の許々太久の罪をいふのである。

第百十三章　生膚斷

生膚斷とは生きたる人の膚に傷をつくるので、これは大なる穢である。また死人の膚に傷をつくるはより以上の穢である。斷は切るといふ意味で、獨り疵づくるのみでなく、手を切り足を切り、指を切り、鼻を切り、耳を切るの意味で、生人の膚を切り、手鼻足耳等を切り、死人の膚を切ると共に、また手や足や耳や鼻や眼や口などを切るのを意味し居るのである。生人に向ひ、死人に對してかくの如き罪を犯すといふことは穢の最大なるものである。獨り先方を穢すのみでなく、その身はより以上に穢れたるものとなるのである。この生膚斷死膚斷のことは、後世に到るに伴れ、大和民族もこの罪を犯して穢れたるものもあるからして、　天皇の國内にもこの罪あることを表はしあるのである。而して以下の罪は　天皇の國外に行はれる罪を云ふのである。他の國の國内に行はれたる罪をいふのである。

第百十四章　新羅の罪と白色人種の罪

白人とは皮膚及び肉色の白く變りたる人をいふので、今日の白色人種をいふのである。これを注釋する人がこの世界に白色人種あることを知らないから、新羅の人であると云ひ傳へ居つたのである。それでも滿足しないで、白子などいふ病であると解釋し來つたのである。これは飛んでもない間違で、白人とは白色人種を意味したのである。神世は世界の各地に向つて往來したもので、世界に白色人種あることを知り、黑色人種あり、黃色人種あることを知り居つたのである。それが漸次に天地の事變と共に天變地異に依り交通杜絕し、次第々々に一國にのみ蟄伏するに到り、或ひは隣國位の交通に止つたので、おぼろかには言ひ傳へありたれども、それと確實に證明することが出來ないから、新羅の人なりとか、甚だしきは白子などの病であるといふ想像說を立つるに到つたのである。

第百十五章　高麗の罪と黑色人種白色人種の罪

胡久美とは「コゲクロミ」の略言で茶黒に黒いことで、胡果の輪廓の茶褐色にくるみついて居ることを意味するので、黒色人種のことである。白人と同じく、神代に於けるが如き世界交通の路が絶えたから、その後はこの世界に黒色人種あることを知らず、おぼろげに言ひ傳へ語り傳へ來り居るが故に、それは高麗人であらう、高句麗の人であらうと解釋すると共に、その甚だしきに到りては、「コククミ」の略言で、「コブフスベ」の類をいふのである、和名抄に疣は寄肉なり、寄肉は和名アマシシと云ふ、一名胡久美といふので、此處のコクミは疣などの病をいふのである、と解釋するものあるに到つたのである。然れども白子とか疣とかゞあればとて、これを罪といふならば、總べての病は盡く罪として罰せねばならなきものとなる。總べての病は前世に於ける罪の報もある、道德的病もあり。今世に於ける罪の報もある。それを悉く罪として罰することは出來ない。遺傳病者を罪として罰することの出來ない如く、傳染病者も罪として罰することは出來ない。かくの如き病は本人としては如何ともすべからざるものである。それを罪として罰することは餘り殘忍である。罰し得らるべきものでもない。赤痢病にせよ、チフスにせよ、世界風邪にせよ、それに感染したる病人を罰するといふことは出來得べきものでない。遺傳的病は罰せらるべきものでない。それで病を罰し、祓ふものとせば、總べての病を罰し祓はねばならない。たゞ獨り白子のみ疣のみを罰し祓ふべきものでない。癩病とか梅毒、癲癇、疱瘡等の病はより以上に穢らはしき病であるからして、こゝに列べ置かねばならないのである。それがこゝに列べ上げてないのは、病を罰し、病を祓うたものでない證據である。それで胡久美、白人は病名ではなく、白色人種、黒色人種を意味したると知るべきである。

勿論大祓の行事には病も祓ふのであるが、それは罪尤の中に含み居るのである。このところは總べて道徳上法律上罰すべき罪と尤とを列擧してこれを罰し、これを祓ふべきことを示しつゝあるのであることを知らねばならない。それでマヽが母犯せる罪より、蟲物せる罪、許々太久乃罪出生迄は白人や許久美等の犯したる罪を云ふのです。それで白人の下に等の字があるものと見て「ラ」の語を添へて讀まねばならないのです。白色人種黒色人種のかゝる罪を犯して、かゝる許々太久の罪が出で來ることを連ねあげたのです。獨り白色人種、黒色人種のみならず黄色人種にても、日本を除きたる外または新羅、高麗、支那等を始め、何れもかゝる罪を犯して居るものが多いからです。人倫が亂れ居るからです。

己が母犯せる罪とは子より母を犯すので、下より上を犯すのです。下より上を犯すの罪である。己が子犯せる罪とは、母より子を犯すの罪で、上より下を犯すの罰です。

母と子に犯すの罪とは、再嫁したる母の夫はその子の爲めには義理の父である。それをその母の子たる娘が義理の父と通ずるの罪である。またその子の娘の夫と母が通ずるの罪である。男子より言へば連れ子のある女を娶りて妻とし、その義理ある伴兒の娘を犯すので、母と子を犯すの罪となる。或ひはまた一人の女に會ひ、その後にその母をも犯すの罪である。母とは女子に對して云ひ、子とはその母に對して云ふのである。女より云ふも男より云ふも、母より云ふも子より云ふも、夫としても義理の父としても、また仇し男としても仇し女としても、何れも皆道ならぬ姦淫邪淫である。これは最も罪し、最も罰として最も祓はねばならない罪である。

獸犯せる罪とは人家に飼ふところの牛馬、鷄、犬の類等を姦するを云ふ。畜とは人の家に飼ふものの意味である。

昆蟲の災ひとは蝮蝎等の類の毒に刺さるゝを云ふ。上代の民家は天井もなく板敷もなく床もなく、茅葺の土間か或ひは石を積み重ねた土室か、或ひは土を掘りたる穴藏であつたので、かゝる種々なる昆蟲の災に會うたのである。

高津神の災とは雷に打たれ、天狗等に惱ませらるゝの災を云ふのである。天狗等は空飛び歩く魔物なるを以て高津神とは云ふのである、

高津鳥の災とは、蝙蝠などの人家の邊に來て小兒を摑み去り、或ひはその大なる蝙蝠は大人をも喰ひ殺したものである。上代には蝙蝠とて、十枚敷、二十枚敷位な大きいものが居たのである。明治年間に於いても、三十三四年頃、筑波山に三間幅程の蝙蝠出で、夕方降りつゝある參詣者の一人を襲ふて包み殺さんとしたので。その一人が大聲を發して救を覓め、同行二十餘人が歸り來りて漸くのこと

にこれを退治したのであつた。上代は蝙蝠ばかりが大きいのではない、鷲などにも鵜鳥などにも大きなものが存在し居たのである。

獸たふしとは、或る術を持ちて人の家に飼ふところの牛馬や雞犬を倒すの罰である。それはその家の主人を怨み恨みて腹を立て、仇を報ずるがために復讐的にするので、たふしはたほさしむるの意にて、殺すの意味である。これもまた罪として祓はねばならないのである。

蟲物せる罪とは人を咒ふの術をもつて咀ひ傷め、咒ひ殺すの罪をいふのである。これは惡獸、惡禽、惡蟲などを伴ひ、或ひはその骨や羽や血などを持ちて行ふところの術で、最も隱險なる罪であり穢である。

第百十六章　人間破倫非行の罪

人間が破倫非行の罪を犯し、邪淫姦淫するばかりでなく、獸などをも犯すに到りてはその人心の腐敗せることを知るべく、不淨の心、不淨の身となり居るが故に、その吐くところの息も不淨にして、吸ふところの息も不淨となり、かゝる人間の周圍は悉く不淨不潔の空氣となり、氣流となるので、凡ゆる昆蟲の湧き出で、その息の毒氣を吐くのみならず、その昆蟲の羽毛にも肌にも聲にも毒氣を洩すので、その氣に觸るれば人間は悉く傷つけられ、害せらるゝのである。さうして時候も變化し、天變地異も來り、地震雷鳴なども多く起り來ると共に、高津神としての天狗等も飛び來り、高津鳥としての怪しき蝙蝠を見たやうな鳥なども飛び來るので、その高津神や高津鳥や昆蟲等の息や血や羽や毛などの人間を傷つけ、人間を害するのを見て、こゝに呪咀の術を考へ、獸倒しの術、昆蟲物爲て呪ひの術をも考へ出して牛馬等を傷つけ倒し、人をも呪ひ傷め、呪ひ殺すの罪を犯すに至るので、これらは皆人間の犯したる罪、人間のなしたる罪となるのである。

第百十七章　人は正直にして、五倫五常の道

正しくば破倫非行の罪を犯すものなく、ましてや獸を犯すなどのことなどは夢にも思はない。五倫五常の道正しければ人間の價値を知り、恥といふことを知るからである。然すればその吐くところの息も清く、吸ふところの息も潔く、氣候氣流も清淨なるが故に、四界の波靜かにて、枝も鳴さぬ大御代として、五日一風、十日一雨といふが如き平和な世界となるので、地震雷鳴の憂も少く、其處には高津神としての天狗も、高津鳥としての蝙蝠なども、飛び來らない。昆蟲の憂も災もないから、獸倒しの術などを考ふることもなければ、蟲物爲人を呪ふの術も思ひ出すことがない。眞平に平和な人々で、平和の時代なるが故に、そのやうな罪尤を犯すの必要がないからである。

第百十八章　根本民族と罪尤

神の子は神なり、根本民族は五倫正しく生れ來り、行ひ來るが故に、かゝる罪尤はないというて宜敷しい。外國には支那を始めとして破倫非行の罪が今日もなほ少なからぬので、上代に於いてもその罪尤の多かりしが爲めに、支那でも印度でもこの邪淫姦淫を警むるの訓が多いのを見ても知るべきである。

大祓は國と萬國と宇宙との祓禊行事である。皇國の祓禊と四方の國としての萬國の祓禊と、四方としての宇宙の祓禊を行ふの行事である。この天津罪は皇國に對する祓禊の行事を主とし、國津罪は四方の國としての萬國の祓禊を主としたのである。故に白哲人種、黑色人種、黃色人種等のかゝる罪を犯すときは、國津罪としてこれを祓ひ禊ぐの行事を表はしたのである。勿論皇國に於いても國內の罪を罰して祓ふが如く、萬國に於いてもその罪を罰するのであるが、皇國の敎は同胞相憐の心より、また宇宙萬有同根一體の心よりしてこれを祓ひ、その罪を清め遣るのである。獨り白色人の爲めに祓ふばかりでなく、萬國を祓ひ、宇宙を祓ひ清めねば、その總べてを祓ひ清めたる大祓といふ行事にはならないからである。

國中爾成出武と許々太久乃罪出武と云ふことに注意せねばならない。出武といふことは出來かけた言葉である。過去より將來に亘りたる言葉である。これだけの天津罪がある、國津罪があるといふのではない。か様な天津罪か出で來らんとする時には、と云ふのである。かゝる國津罪の出で來らん時には、と云ふのである。本來人間は總べて神の子孫なるが故に正道なもので、心としての和身魂さへ正しくて、心の心としての直靈が正しく在れば八千魂としてしての肉我を制禦調和するが故に、罪尤を犯すべきものでない。萬一にも心の心の潜在意識としての直靈が油斷し、心の意識としての和身魂の油斷する時は、外に於ける五感を始め、荒身魂の八千魂が分裂して各自の好むところに欲を覔むるから、罪尤を犯すに到るのである。その罪尤を犯したる時には、早く警戒して心の心の意識の意識の直靈が顯はれ出で、心としての意識の和身魂を警しめ、眞身魂、幸身魂、奇身魂としての智情意を制して八千魂を調和給一して、我より大祓の行事を行はねばならない。　天皇陛下よりもこれを行ひ、臣民よりもこれを行ひ、上下不二一體にこれを行うて同根一體の禊祓をせねばならないのである。そは根本民族は國の中の柱の國として、世界鎭護の國として、先づ以つて中分不二の天の御柱たる直靈を喚起し、大直靈の神となり、宇宙中心の天之御柱たる天御中主の大神の大御心に合體して大祓の行事を行ふので、同根一體の大宇宙的大祓の行事となるのです。これまで年々歳々起り來るところの天津罪、國津罪、乃至人間萬有すべての罪尤を年々歳々六月と十二月の二期に分ちてその大祓の行事を行ふ所以なのです。六月と十二月とに行ふのは、陽氣の極と陰氣の極とに行ふので、客觀的には天地の氣候がこの二期に依りてその循環が一變するからである。主觀的には六月目には心も肉も一變するからです。また六ヶ月間はその靈肉不二の統一を維持する事が出來るからである。十二月に祓へば六月迄は維持し、七月よりはゆるみが來るから、六月にこれを行ふのである。六月に祓へば十二月までは維持することが出來るが、一月からゆるみが來るから十二月にこれを行ふものとなり居るのである。

第百十九章　力も心も六月毎に一變する

宇宙萬有は同一の力で循環し居るので、六月毎に一變するものであります。それで客觀的にいへば宇宙的中心の力は人間萬有に動き居るのである。主觀的に云へば御中主太神の意志に依りて人間萬有が動き居るのである。意志を客觀すれば力となり、力を主觀すれば意志となるのです。主觀的意思の出入につれて客觀的力の消長し、客觀的力の順環する消長につれて主觀的意志の盛衰し、主觀的意思の衰ふると共に力も衰へるものですから、主觀的心の起り來るに乘じ、客觀的力の長ずるに合し、以てその心を新にし、その活動を改むるものである。かゝる意味にて六月十二月の大祓の行事が行はれ來るのです。如何にこの行事のその凡べての點に於いて宇宙萬有の力とその行動を一にし、宇宙中心根本大本體の天之御中主太神の御心とに合致して不二一體たるべく行はれ居るかを思はねばならない。思うてこの行事をつゝしみ、この行事を怠つてはならない次第である。

個人個人の禊祓行事は何れの教にも存在し居れども、かゝる宏大無邊の宇宙的大祓の行事が神代の昔より今日迄言ひ繼ぎ來り、行ひ繼ぎ來りて御代御代毎に傳はりあることを偶然でない。祖神の直系民族、根本民族であることを惟ふと共にこれを尊重し、世界列國に知らしめて相共にこの大祓の行事を行ふ迄に到らねばならないのです。

第百二十章　如此出波、天津宣事以氐、天津宣詞と天津宮事との不二一體行事

神の子は總べて神なるが故に、迷ふべきものでない、罪を作るべきものでない。常に「神の子としての神である」と云ふ本心本性を失はない時は、何時も何時も神の子としての神としてその神たる自性を表はしつゝあるのである。若しやその神の子といふ心が懈り、神の子としての神たるの行ひを怠る時は、それは直系民族としての日本民族も、傍系民族としての世界各地の民族も、許々太久の罪が出で來るのである。萬が一にも許々太久の罪の如此出波、天津宣事以氐、その罪を解除行事を執行せねばならない天津宣事は天津宮事と認めたる書もあり。これは大祓の行事の秘事を傳へられ居る時は何れにても宜いしのである。天津宣事以氐とありとも、天津宣詞に依りて天津宮事を行ふからである。また天津宮事以氐とありても、天津宣詞に依りて天津宮事を行ふからである。それで天津宣詞と

天津宮事とは不二一體であることを知り居らねばならない、天津宣詞に依りて必ず天津宮事を行ひ、天津宮事を行ふには必ず天津宣詞に依るからである。宮事とは、初め大宮賣命の執行ひし行事より始まるといふ傳へもあれば、また御代〳〵の宮中に行ふ行事なりといふ傳へもあり。また大宮賣命が高天原の宮廷に於いて行ひたる行事より始まるが故に宮事と云ふのであるといふ傳へあり。宇受賣命は高天原の大宮廷にてその神事を蒙りたるが故にその功德を讃美し、その御名を負はせまつりて大宮賣命と稱へ奉るのであるとも聞えし。何れにしてもその宮事を執り行ふには、必ず天津宣詞をもて執り行はねばならないのである。故に皇祖神の御詔を奉じて宣るとか、宣れとか云ふことの傳はり居る所以なのである。それは始祖伊邪那岐命、伊邪那美命は天津神の御宣命に則り給ひて凡べての行事を行ひ、また祓の行事も行ひまつりたものである。天祖天照大神は始祖伊邪岐那神の宣勅に則りまして總べての行事を行ひ給ひ、また高天原に於いて素盞男命の天津罪を解除る時にも、天兒星命等をしてその解除の太淳辭を蒙らしめて宣らせたのである。天照大神には始祖の御神勅として宣らせ、八百萬神には天照大神の御神勅として素盞男命に宣らせ奉りたのである。故に神代記一書に曰く、「科㆓素盞男。千座置戸之解除㆒。以㆓手爪㆒。爲㆓吉爪棄物㆒。以㆓足爪㆒。爲㆓凶爪棄物㆒。乃使㆓天兒屋命。掌㆓其解除之大淳㆒。辭而宣㆑之。」とあるのがそれである。皇國の御教としては天津神の布斗麻邇を始め奉り、何れも皆天津宣詞の下に必ず天津宮事を行ひ、天津宮事を行ふ時には必ず天津宣詞を宣らす習となり居るので、高天原の御祭を始め御代御代の朝廷に於かせられても天津宣詞を宣らして天津宮事となし來り居るのである。その行事は實にこれ大祓の行事中に於ける天津宣詞を宣らして天津宮事を執り行ふところの行事に依りて御傳へられつゝあるのである。これが大祓の行事として最も缺くべからざる行事中の行事であります。天津がなぎ、天津菅曾の行事が卽ちそれなのである。この行事を會得しないものは大祓の行事を知らないもので、大祓の祭に與ることは出來なきものである。

第百二十一章　時代の變遷ご共にその傳を失ふ

奈良朝の後平安朝となり、源平の亂となり、安德天皇の西海御幸となり、鎌倉幕府となり、應仁の亂ともなり行く間に、時代は變遷し、人心は轉化し、何時とはなしに神事を懈ると共にその行事も朝廷を去り、民間に隱れたるものも少くないのである。勿論白河流とか吉田流とか朝廷に關係したるものもありしかど、それもその變動と共に神代以來の傳を失ひ居るもの鮮くないのである。特に吉田流の如きは兩部神道の變化にし過ぎない。その日本古代の心の存在するものは殆んど鮮し。あらゆる傳のある中にも白河流の如きは最も正しき神道の流と見ねばならない。この白河家ですら今日はその傳の多くが散佚して、寧ろ民間に流れ隱れ居るものが多いのである。それで白河家に就いてこれを尋ね覓むるとも、僅々形式を遺しあるのみにして、心は已に失ひ居るものが多々益々多いのである。朝廷のことは雲深ぐして知り得べきものでない。今日如何なる御行事に依りて行はれ居るものなるか、それも批評の限りでない。畏しとも畏し、朝廷の御宮事は雲深うして知り得べきものにあらざるぞかし。白河家ですら今日は殆んど有名無實でないかとまで疑ふ人さへあるのである。ましてや日本全國に於ける官國幣社、縣社、鄉社、村社、無格社等に行はれつゝある大祓は、單に大祓の詞を讀み奉りて幣を左右左に祓ふのみに過ぎないやうである。その他に如何なる行事を取り居るのであるか知り得ることが出來ない。或ひはそれらいづれもその內容に於ける行事は存在しないやうである。さすれば時代の變遷と共に、何れも何れもその傳を失うたるものといふとも、これを拒むことは出來ないのであらう。

その傳を失ふたるものとせば、その傳を失うたまゝに放任して宜しきや。何人も放任して宜しと言ひ得るものはない。如何にもしてその傳の尋ね得べくば尋ね得て、古の正しき道に歸したいのである。今日なほ古き歷史を有する官國幣社或ひは縣社、鄉社、村社、無格社の中にも、その名の傳はりてその傳の失はれあるものあると共に、その傳のありてその考のなきものあるが如く、神社以外の民間に流れ落ちたる人々の子孫にして却つてその行事を知り居るものもあるのである。然らばその傳の何れが果して正しき傳へなるや否やは、その內容を究むれば直ちに判然する。

その正傳たるを知るのは典故に據りて對照し、その內容を究むれば判然する。その人若しくはその家若しくはその宮に傳はり居ると云ふところの傳を尋ねてこれを古典に考證すると共に、その內容を究むれば、その內容の正しきものは秩序整然として威嚴あり。威嚴あると共にその行事の權威を現はし、人々をして渴仰已まざらしむるものあり。その傳の眞諦は見る人をして直ちにその深遠を感得せしむ。奚ぞ況んや、靈驗赫々として爭ふべからざるものあるに於いてをや。それは何人かこれを窺ひ得るものぞ。天津宣詞、天津宮事の行事としての天津金木、天津菅曾の行事の如きがそれである。然らざれば已む。既にその非を知る時は、その正傳を尋ねて正傳に立ち歸らねばならない。大祓に於ける總べての行事を尋ねてその正傳に立ち歸り、世に比類なき祓禊の行事を行ふて禊祓の祭をなし、以て人心を覺醒し、世道を興隆し、今日紛亂せる世道人心を救濟し、世界平和の基礎を建設せねばならないのである。これ實に天津神國津神の大御心にして、皇祖皇宗歷聖と　明治天皇　大正天皇の大御心なると共に　今上天皇陛下の大御心である。また七千萬人の心である。それが直ちに世界人類の心である。宇宙萬有の心である。

第百二十二章　大中臣。天津金木平。本打切。末打斷弖。千座置座爾。置足波志弖

(一)大中臣と大中臣氏。　天兒屋根命より因み來りて初まりたる職名である。天兒屋根命は神事を

掌りたる神にして、その子孫がまた受け繼ぎて代々その神事に預り來つたのである。神事に預る神を中津臣といふ。この「つ」と「を」約めて中臣とは稱へ來り居るのである。これ神と君との間を取り持つ職なるが故に中臣と申すのである。而して朝廷を尊ぶの餘りに、大といふ字を加へて大中臣とは稱し奉るに至つたのである。その人を尊稱し、その職を尊稱するのでなく、朝廷を尊稱して大と申すのである。それが終に神護慶雲三年の詔に、「因㆓神語㆒有㆓大中臣㆒。而中臣朝臣清麻呂云云。賜㆓姓大中臣朝臣㆒。」と續日本記にみゆ。この時よりして大中臣氏は初まつたものである。

(二)天津金木。　天津とは神事なるが故に、その神事を學んで天津とは申すのである。總べて神事を學んでは天津といひ、朝廷のことを學んでは大と稱ゆるのと同樣である。金木の金は假字である。握之木と云ふ意味である。「つかなぎ」とは若き木の手に取るばかりなるを云ふともあり。且つそれが本末を切りたるを集めて、中を結びてものゝ置座とするなり。さてまた「かな木」を若木なりと云ふは、齊明天皇紀に新羅の戰の時、兵盡く役に前む、掊を以て戰ふ。新羅の軍敗れぬとあり。これ若木を棒とせしにて、卽ち握之木といふことなり。それで金木とは「わかなぎ」(若那木)と云ふ意味にして、また「つかなぎ」(握の木)と云ふ意味であると共に、或ひは云ふ、東國の人は小木の枝を「かな木」と言ふと言へり。近江の人の諺に、やしむかなめに目をつくといふことあり。これは少さしと卑しむ若木の芽に眼をつく、といふ意味である。また東國には珊瑚の木を「かな木」ともいへり。また小さき木を馬の足に結び付けて馬のほだしとすることを、「かなぎ」とも云ふ。それは孝徳天皇の大御歌に「舸娜紀都該。阿我柯賦古麻播。比枳涅世據。」とよませ給ふのがそれである。比枳涅世據とは引出不爲の意味なり。何れにしてもこれ迄の解釋としては、金木とは若木を以ちて握之木とし、掊となしたるものを云ふのである。或ひは小木の枝を握と云ひ、或ひは珊瑚の木の名を掊と云ふ意味等に歸するので、從木の解釋としてはこれより以上の解釋はない、これより以下の解釋もない、これより以外の解釋もない。それではこの大祓の意味を表はすことが如何であらう、またこの大祓の行事を取り行ふことが出來るのであるか、如何であらうぞ。何れにして徹底することの出來ないではないかと思はるゝ。これは皆外より眺めたるところのものを解釋したるに過ぎない。內よりその行事を取り行うたるものゝ解釋とは思はれない。外より眺むればかくの如く解釋するより外に解釋することは出來なきものであらう。然れども內より行うたるものより省る時は、國の盃の底なきが如く、奈良人形の精神なきが如き感がするのでありませう。此處に云ふ「かなぎ」とはかゝる解釋ばかりでその意味を發揮し得るものでない。それを解釋し、その意味を現はすに先立ち、千座置座を解釋して後に申し述ぶることゝ致します。

(三)千座置座。　從來の解釋ではその若木の本末を切り捨て、中らの良き程をもちてものゝ置座とするのである。その置座は木工寮式の八座置、四座置の條に、「木を以てこれをなる、長は二尺四寸、短者は一尺二寸にして、各々八枚を以て束とす、名を八座置と稱ふ。長短各々四枚を以て束となす、名を四座置と稱ふ」と見えたり。その頃はたゞ割り木を以て用ひしが、上代は楮木を用ひし故にかな木と云へり。かゝる式に據りて上代の置座の形式を懷ひ知るべきである。それで置座とは金木で作りたる置座で、それが千座あるから千座置座にと云ふのである。置足波志弖とはその贖物いと多く置足波須からである。神代一書に「科二之千座置戸一。遂促徵矣至《ル》レ使《ルニ》三拔《テ》レ髮以贖二其罪一。亦曰。拔二其手足之爪《テ》一贖《フ》レ之已而意《ニ》逐降焉」と云ふのがそれである。

第百二十三章　天津菅曾乎、本苅斷、末苅切氐、八針爾、取碎氐、

從來の解釋では菅は笠にする菅も同じとあれども、等しく菅なれど、笠にする菅の內にても雄菅と雌菅あり、その雄菅の直立したるものを選びて用ひるのである。古は祓の時に必ずこの菅曾を用ひたもので、萬葉などに「木綿乎次、可比奈彌懸而、天有、佐々羅能小野之七相菅、乎取持而久堅乃天川原彌出立之而潔身而麻之乎。」また卷十五今本六に、「其佐保川爾石丹生菅根取而之努布艸、解除而益乎、」また神樂歌に、「奈可止美乃古須氣乎佐氣波良比、伊能利志古登波」などあり。これらを見ても、古は祓の行事を行ふに必ず菅曾を須ひたることを知るべきである。從來の解釋ではこの菅曾は割りた

る菅を手に把りて塵を拂ふが如き術を古はせしものと解釋し居るのである。左樣なる術もあつたなれども、それのみではない。本苅斷末苅切てとあるからには、單に割きたるものとのみ思ふべからず。この本苅斷、末苅切たるものを割いたばかりでなく、その本苅斷、末苅切たるものをそのまゝに用ひて祓の行事をなしたることを知らねばならない。この行事をなすことが祓の本行である。この本行を行ふの暇なき時に、略してこれを割きつゝ禍津毘を祓ひ去るの略行事をなしたに過ぎない。この草を須氣と云ふは穢を祓ひ放ける故の名なりと解釋するのはその當を得たる解釋である。萬葉に、眞菅よし曾我の河原、山菅のそがひに放しくなどつゞけしかば、すげとそけとは同意なりと解すもその當を得たり。然れども菅曾の曾は總べて割きて作るものゝ名なりとのみ云へるは心を用ひねばならない。必ずしも細かに割くばかりを云ふのでなく、一個を二個に割きたるものをも曾と云ひ得るのである。それで曾はさきの約はしなるを、曾に轉じて云ふ言葉にすぎないからである。曾と云ふ音は割と云ふ音と同意味であるからである。八針に取碎氐とある。「やつ」は「いやつ」にて彌の意味である。菅を細かに割るを云ふ。針にてさくもの故に針とはいへりと從來は解釋しあれども、必ず菅曾を細かにさくと云ふ意味のみでない。本苅斷末苅切たるものを八に取りさくことを申したのである。八ッの針に取碎たる意味である。本苅斷末苅切たるものを八に取りさくの行事の傳はり居るのが何よりの證據である。「やつ」は大數を意味したものである。

第百二十四章　天津金木天津菅曾之秘事

金木を若那木と云ひ、津加奈木と云うことは何故であるかと云うに、これには深き秘事ありて傳はり居る。また天津金木に並びて天津菅曾を、本苅斷末苅切て八針に取碎て、とあるのも深き意味のあることで、それにも天津金木と等しく祕事が傳はり居るのである。從來の解釋では大祓の祝詞の文字は解釋すれども、行事を解釋し居らないから大祓の意を表はすことが出來ない。それは從來解釋せる人々は文字の學問のみに止まり、その行事を神修ひ居らないからで、その內容の消息を現はすことが出來ず、たゞ表面上より文字の解釋をなすに過ぎないからである。それで何人の大祓の解釋といふ解釋を見ても、從來の解釋では何れの解釋も唯々是れ大祓の詞を讀み得る迄にして、大祓の行事をなすことの出來ないのは全くその內容に於ける消息が判然しないからである。大祓の詞を讀みてその行事を取り行ふことの出來ないと云ふことはその解釋の至らないところのあることを證明し居るではないか。その行事を取り行ふことが出來なき解釋なれば、その解釋も未だ全き解釋とは云はれない。その內容の意味に通じ、その內容の行事を習はない人がこの大祓を解釋し得べきものでないからである。如何なる智者でも學者でも學ばざることは出來ない。知らないことは云ふことも行ふことも出來ない。如何なる愚者でも、これを習ひこれを知り居る時はこれを云ひ、これを行ふことが出來るのである。聖人と雖も農業のことは知らぬといふが當然である。況してや農業以上の神事に到りては如何なる學者でも習はねば知り得べきものでない。從來の解釋者は皆一代の有德者にして博學の人に在はするので、その國學に對する功勞は我等の學んで師とするところである。然れどもその足らざるところをば補足せねばならない。補足するのは我等後進の務めである。また何人もそれは無禮であると尤むるものもなかるべし。

第百二十五章　「かな」と云ふ意味

皇國に於ける文學の名を「かな」と云ふ。何故に「かな」と云ふかこれを明細に解釋したものがないやうである。或ひは單に片加奈と呼び平加奈と呼ぶのみである。而して片加奈とは支那の文字の半分を取つたから片加奈と云ふのである。例へば伊呂波仁の支那の文字のイロハニと云ふが如き意味である。片加奈はイロハニとし、平加奈はいろはにと單書で認めたものを意味したものである。その何故に加奈と云ふかは明瞭に解釋し得たものがないのである。萬一にもこの加奈と云ふことを明瞭に解釋し得たものがないとするならば、皇國に於いては何よりの辱恥と云はねばならない。國語の起源は加奈文字より初まるのである。その國語の初まりの加奈と云ふことを解釋し、加奈と云ふ意味を承知し居らなくて、皇國に於ける國語を解釋するといふことはその本末を誤りたるものと云はねばならない。既にその加奈と云ふ名のあるからにはその意味がなくてはならない。その意味を知らずしてその名を使ふと云ふことは無意味となる。從來の國語者にして我が國の言靈を解釋する人々にして、その加奈を使ひつゝありながら、その加奈と云ふ意味を解釋せずして、外な言靈を解釋し、外な文字を解釋するといふことは益々以て本末を轉倒したものではないか。朝夕加奈文字を使用しながらその加奈と云ふことを知らないと云ふことは恥辱に非ずして何ぞや。或ひは云ふ、加奈とは假名である、假の名である、など解釋するものあれども、それは益々以て恥辱の上塗である、我が國には終に文字といふ文字はなきものとなる。

第百二十六章　思想ﾄ言語ﾄ歌、歌ﾄ文字、我が國には文字無かりしか

文明とか野蠻とか云ふことはその眺め方の如何に依りて種々様々あるべきも、その思想言論行爲の上達と上達せざるとに依りて判然する。思想の中でも歌と現はれ出で、その歌の整頓したる形式に依りて現はれ來るに於いては、最も上達したる思想と云はねばならない。立派なる形式に依りてその思想を歌に現はすといふ民族は、その當時一般の社會文化が如何に發達し居るかを知らるゝと共に、また社會文化の發達したる民族は立派なる形式を以てその思想を歌に現はすことを得る。立派なる形式

を以てその思想を歌に現はすことを得るだけの民族は、また必ずそれ相應の文字を發明使用するものと見ねばならない。思想は發達し歌は發達したれども、文字は有しなかつたと云ふことは、如何に惡意に解釋しても解釋することが出來ない。なほ文字は發明し使用し居れども、歌は發達しなかつた。思想は發達しなかつたと云うよりも云ひがたきことである。文字のある以上は思想のあることを證明し、歌の存在することを證明したるものとなる。よしやその文字の存する以上は、少くともそれ相應の思想あり歌あることを證明し居るものと見るのが當然である。また何れの文字でもその文字に依つて思想の表はれ、歌の表はれ居らないものはないからである。それと等しく、思想あり歌ある民族にして文字のなかつたといふことは云はれない。文字がなくして思想のみ發達し、歌のみ發達するといふことはないからである。

第百二十七章　原人の思想、原人の歌

何れの國にも人類の祖としての神話がある。皇國に於いては伊邪那岐命、伊邪那美命が人間の祖として傳はり居るのである。世界列國の神話に於ける原人には歌がない、思想が乏しい。行爲も乏しい。皇國の神話に於ける原人の祖は歌を有す。思想が豐富である。行爲も豐富である。その歌は「阿那迩夜志。愛袁登古袁。阿那迩夜志。愛袁登賣袁。」であり、今日詩形の最も整うたるものといへば

俳句である發句である。僅かに十七文字の簡單なる形式を以て如何なる思想をも表はし出すからである。然れどもこれは連歌より始まつたものでない。俳諧より始まつたものでもない。俳諧の發句より始まつたものでもない。既に片歌として、日本武尊前後よりこの十七字の詩形をもつて歌ひ居るので、後世に始まつたものでない。皆その遠くに原因し居るのである。皇國に於いては奈良朝の短歌長歌も神武朝の短歌に淵源し、神武朝の短歌長歌は神代に於ける八雲立つの短歌に淵源し、八千矛神の長短歌に淵源し、素盞男尊、八千矛神の長短歌は原人祖人の歌に淵源し居るのである。天照大神の時代に於ける高天原の歌の傳はり居らないのは遺憾なれども、その直系々統は神武天皇に於いて現はれ、神武天皇を始め長短歌の多く益々多く歌はれしを以て高天原に於ける歌の系統の如何に盛んでありしことが推察せられる。我が國にはかくの如く神代の古より歌が盛んに行はれ居たので、如何にその思想の豐富であるかが知られる。かくの如く世界人類に比して類ひ少なき思想の豐富なるものあり、その思想を歌ふ歌の形式も長歌短歌長短歌自由自在であるものを、獨り文字のみは發達しなかつたと云ふことは出來ない。文字がなくして歌のみ發達し、歌もなくて思想のみ發達するといふことはない。その思想の豐富なるが故に歌も發達し、歌の發達するからしてこれを書き遺す文字の起り來るのは自然の結果である。

第百二十八章　加奈文字の二流及び合體

然れば我が國には如何なる文字があつたかといふに、古代は到るところに文字があつたのである。今日傳はり居るところの神代文字の如きそれである。中にも最も多く用ひられたものは、今日世に云ふところの片假名文字である。この片假名文字は高天原朝の流れとしては、神武天皇に傳はりて大和に出で、出雲朝の流れとしては宇麻志摩遲命に傳はりて大和に出で丶大和に於いて神武帝のものと合體し、神武朝に於いては片假名文字が公文書となつたのである。それはその朝に於いてこの片假名文字が朝野共に行はれたと傳はり居るからである。

第百二十九章　片假名文字と加奈文字

片假名文字とは後世の名稱で、神武朝時代は勿論應仁朝以後までも片假名文字など云うたるものはない。單に假名と呼び居つたのである。それも、假名と云ふ意味ではなく、「カナ」と呼び居つたのである。その「カナ」とは疑を決するといふ意味で呼び居つたのである。疑を決する意味を表はして「カナ」と呼び居つたのである。故に神武時代に於ける「カナ」と、大祓の詞に於ける「カナ」と云ふのは同樣で、疑を決する言葉である、物を決する文字であるといふ意味となり居るのである。

第百三十章　アイウエオの五十音韻と漢字

然れば支那の文字の片文字なるが故に片假名と呼び居つたるものであるが、支那の文字の片假名でないとするならば、伊呂波仁のイロハニの確實なる證左のあるものを如何に處置せんとするか。曰く、それは何んでもないことである。奈良朝以後に於ける漢文字の崇拜より來たるものにして、全く本末を顛倒し居るものである。日本のアイウエオの五十韻が支那に入りて後、支那に於いて蒼頡の鳥の跡の文字を改めて漢字を作る時に、その材料をアイウエオの五十音韻より取り、アイウエオの五十音韻を基礎として漢字は作られたのである。それはこの大祓の辭の講義の進むに伴れて判然しますから、暫くお預りして置きます。暫く忍んでこの講義の進み行くのを待つて居て下さい。

第百三十一章　加奈と天津金木、天津菅曾の祕事

こゝに於いてか天津金木と天津菅曾と「カナ」と云ふことを解釋するの機會に到達したのです。皇國の言靈では物のあることを「カ」と云ふ、あるかないか、かすみ(霞)、かくるし(陰)、かげ(影)の如きは皆それである。皇國の言靈で調和することを「ナ」と云ふ。凪のナギ(和)、水のナギ(和)がそれである。それで「カナ」とはまた物を調和解決するの意味である。皇國に於いては言靈に依りて何

事も解釋すると共に、言靈に依りて總べての疑惑を調和解決する。加奈木と菅曾とに依りて言靈を表はし、その言靈を解釋する行事がある。この加奈木に現はれたる言靈に依りて神の御心を知り、人間の疑惑を解決するの行事の疑惑を解決するの言靈を現はすものなるが故に、これを名付けて「カナ木」と云ふのである。それよりしてこの木を「カナ木」とも云ひ、若那木とも稱へ解釋するに到る。また「ツカナギ」と云ふことも、この行事を行ふときにこの加奈木を握むこともあれば、束ねて置座に置くこともあるからである。加奈木は本打切末打斷たるものを四本拵へ、何れも四角なものである。さうして一本は四角皆青色であり、一本は四角黃色であり、一本は四角皆赤色であり、一本は四角皆白色である。この青黃赤白の「カナ木」を千座置座に置き足はして、更に本苅斷、末苅切たる天津菅曾を最初二つに取さきてその半分の數を數へて、その奇數偶數の言靈に依りて加奈木の色と比較し、天津菅曾を八度取辟くのである。さすれば四本の加奈木の表が一度替り、裏が一度替るので、其處に變化を現はし來るのである。人間の疑をこの菅曾に依り、加奈木に依りて解決するのである。加奈木に現はるゝのが神の御心の現はるゝものと信ずるのである。この菅曾のさばくと加奈木の變化とは一つの祕事ありて傳はり居るのである。こゝにはたゞその大體を解釋し、その內容の祕事はその人に依りて傳ふるものなることを申し置く。言靈と數と色とに依りて判斷するのが天津金木、天津菅曾の行事である。これは大祓の祭事をなす時に、必ず當時に於ける國家の病氣とか天變地妖とかあらゆる變事のありたるものを述べあげて、如何に解決すれば宜しいかを伺ひ奉るの行事である。これを伺ひ奉りてその現はれたる數と色と言靈とに依りて解決したる通りに取り行うて、總べての災難を祓ひ去るのである。

第百三十二章　金木菅曾と易との關係

この天津金木、天津菅曾は支那に渡りて速山龜藏となり、周易となつたのである。周易に於ける筮竹は菅曾の變化である。その算木は加奈木の變化である。彼の內外六爻は我の內外四木より變化したのである。我は言靈と色と數とに依りて判斷すれども、彼は數と陰陽二氣の理より判斷する。

第百三十三章　洛水出河圖

伏羲の時、洛水より龜が現はれ、その龜の甲に圖があつた。それが易の初めであると云ひつゝあるのは比喩である。龜とは船を意味したのである。東海日本より洛水を泝りて入りたる船である。日本より行きたる船がこの加奈木と菅曾を積んで支那に入つたので、これを伏羲が見習うて速山という易を作り、殷の時に龜藏という易となつたのである。日本のアイウエオの五十音が支那に入つたのはこの伏羲の時である。この伏羲は所謂出雲族にして、素盞雄尊の子孫である。その次に於ける神農は所謂高天原族の子孫である。故に蜡の祭を起し、新嘗祭を盛に取行うて農祭を奬勵したものである。黃帝は高天原の種族なるが故に、その民族の戶籍調べ迄もなした位である。堯は出雲民族にして、舜は高天原朝の種にして、周は齊しく高天原の種である。日本の五十音は支那に傳はり行きたれども、支那には支那に發達したる鳥跡文字あり。それの方が盛んに行はれたのである。然れどもその鳥跡文字は餘りにむつかしくして日用に行はれ難きが故に、漢の時代に於いて初めて文字を作つたのである。その時に日本より傳はり居るところの五十音韻に依り、五十音韻を組み合せて漢字を作つたのであ

第百三十四章　五十音韻と漢音の四聲

漢字を作る時にその漢字に音を現はすには、平上去入の符合を以てその音を割り出すべき、一字の文字の四角に○を附したものである。更に何々の反、何々の切と云ふ註釋を施してその音を出さしめたものである。ところがその反も切も日本の五十韻によりてこれを反し、これを切れば直ちにその音が表はれ出づるのである。然るに支那には空商角徵羽と云ふより外に語音はない。日本の五十音を組合せて漢字を作つたが故に、日本の五十音の反切に依りてのみ平上去入の四聲を表はすことを示したのである。然るに五十音の文字は支那の漢字とは餘りに距たり居るが故に、漢字を學ぶ程五十音の文

字には遠ざかり、終に五十音の文字も忘るゝに至つたのである。漢字を作る時には、例へば「イ」の字と「ヨ」の字と「ノ」の字を併せて「伊」といふ字を作りたるが如き意味である。こゝにはたゞ日本のアイウエオは支那の文字より來りたるものでない、支那の漢字が日本のアイウエオの文字より出でたものであることを申すのである。支那の易より加奈木と菅曾が出でたものでなく、日本の加奈木、菅曾より支那の易は出たものであるといふことを顯はし置くのである。その委しいことはこの講義では述べがたい。これを述ぶれば支那民族の古代に於ける歴史と日本民族の古代に於ける神代史とを比較して申さねばならないから、餘りに長くなるので省略するの止み難き次第である。その委細を知らんとせば、「日本古典眞義」に於いて御しらべありたきものです。

自第百三十五章至第百五十六章はこの講義の載録されてゐる雜誌「稜威」に缺けて居ります。これは祕事に屬する點多く一般的掲載を差控へられたのであるとの說もあり、誠に遺憾ながら今補ふに術なく暫く缺けたまゝと致します。

編者誌

第百五十七章　如此久乃良波。乃至所聞武

かく天津祝詞の大祝詞事を宜りませば、天津神には天の祝門を押し披きまして、天の八重雲を伊頭の千別に千別きて聞し食さむ。國津神には高山の末短山の末に上りまして高山の伊穗里、短山の伊穗里をかき別けて聞し食さむ。こゝに注意すべきは、天磐門の磐は堅きをほめて言擧げしたる言靈の意

味に解し、國津世界に於ける岩屋戸の磐門の意味に、これまでの學者は註釋せるもの多かれど、ここにいう磐門は岩門にあらずして祝門の意味なり。祝門に對する時は岩屋戸にあらずして祝屋戸となるのです。天津神は九重の上にましますものなれば、岩石などはないのです。堅きを意味したものとしても、岩石の堅きを意味したものでなく、御心の現はれなる天の天照宮の堅きを意味し、その祝屋戸の祝門の堅きを意味したものであります。だからしてその祝屋戸の祝門を出でまして天の八重雲を伊頭の千別に千別きますのでありますハ重雲とは八重旗雲に解釋したるものあれども、「八雲立つ出雲八重垣、妻ごめに」の八重雲と同様の意味で、雲が彌益々湧き出で居るところの意味なのです。旗雲とは横に棚引き、または縦にそゝり立つ雲を意味するのです。支那の如きは變事の際に起る雲で不吉の雲の意味にもとり居るのです。こゝに八重雲とあるは、雲の彌々益々に湧き出で重なり居るところの盛なる雲の狀態を云ひ現はしたる言靈であります。旗といふ字を加へて八重旗雲などに解するは飛んでもない蛇足であり、その實況を失うたものです。また八重雲と訓ずるものあれども、これまた棚引くの意味でなく、八重雲の意味で、雲の湧き出づる意味で、重なり重なりて七重八重千重百千重に重なり〳〵湧き出づるの意味なるが故に八重雲とあるので、「タナ」といふ言葉を添ふることはよろしくないのです。文字通りに八重雲と讀むのが正當です。棚引く雲の上に立ちます神よりも、湧き出づる雲の中に立ちます神が尊く見ゆるのです。これを繪畫に現はし見れば、直ちにその狀況を拜せられるのです。棚引いたる雲の上にまします繪畫と湧き出づる雲間にまします神とは比較にならない尊嚴が現はれ來るのです。言ひ換ゆれば、神の稜威がその十表の周圍に湧き出で居るの意味になるのです。ましてや旗雲などゝいふ制限のある雲の上に立ちましては、何等の權威を拜することが出來なくなるのです。太陽の周圍に赫灼たる光明あり、稜威あるので、尊きが故にその主觀に入りたる自性を現はして天照大神と稱へまつり、人間界に現はれましたる神をも天照皇大神と稱へまつるのです。この意味と均しく、神の周圍に湧き出づる八重雲といふ意味に解するのが當然であることを承知せねばならないのです。伊頭とは威嚴にて、神の稜威の嚴めしく、道別に道別き給ふ狀態を云ひ現はしたる言靈です。千別とは道別にして、道踏み別け給ふ意味の言靈です。高山之末短山之末といふことは、下より上を見あげたる位置より云ひ現はしたもので、下の裾野より山の巓を眺めたる言靈でありますが故に、末と申したのです。高山の頂、末山の頂といふ意味になるのです。短山とは「ヒキヤマ」と讀んではならないのです。「ミヂカヤマ」と讀んでもいけないです。荷田大人の難詰せられしはもつともで、賀茂大人の「オトヤマ」と訓じたるのは當然なる言靈です。古事記に於ける淤膽山にあたるので、左なくてはならないのです。國津神は國津世界に祀りある神々であらせられる。天津神には天の祝門より八重雲にのりまして稜威畏こく嚴めしく、それの八重雲路を伊頭の千別に千別きて聞し食すなべに、國津神には高山の頂、短山の頂に上りまして、高山の伊穗理、短山の伊穗理を撥き別けて聞し食さむとする所以なのです。「イホリ」とは「イキノボリ」にて、山の息氣の昇り立つを意味して、高山の伊穗理、短山の伊穗理と申すのです。天津空よりは八重雲の湧き下り、中津國よりは高山の息氣のぼり、短山の息氣のぼり、天津神は天の八重雲を千別きて聞し食し、國津神は高山短山の息氣のぼる霧霞をかき別けて聞し食すといふ意味になります。「天津神は八重雲を伊頭の千別に千別て所聞食武、國津神は伊穗理を撥別て所聞食武。」の「聞し食さむ」といふ言靈に注意しなくてはならないのです。これは前に於ける「許々太久乃罪出武」、「如此出波」に對したる言葉であります。皇國に於ける祖神の垂示としては、神の子は神なり、神なるが故に過を知り、尤を知り、罪を知る、過を知り、尤を知り、罪を知るが故に過たない、尤を作らない、罪を犯さない、神そのまゝの生活をする、神そのまゝの生活をするのが神としての人間の狀態である、人間としての神の狀態である、神の子としての人間は人間としての神たる生活をなすのが、神の子たる人間の自性であり持前である、それで神の子としての人間は過たない、尤を作らない、罪を犯さない、とかく見そなはし居るのである。それで萬一にも神と離れ、神の子たることを忘れもせば、「許々太久乃罪出武」多くの罪が出で來るであらう。若しや若し「如此出波」その罪が出で來たならば、「天津宣事以弖云々、天津祝詞乃大祝詞事乎宣禮」、萬が一にもその罪が出でもやせば、かく／＼の行事をもちて天津祝詞の大祝詞事を宣れよ。「如此久乃良波、天津神波云々所聞食武。國津神波云々所聞食武」とあるが如く、かく／＼の行事をもつて天津祝詞の大祝詞事を宣れよ、かく宣りたならば聞し食すであらう、とありて、聞し食す、とはないのである。聞し食すとないのは、その初めに於いて罪出でたぞとと決定してはない。「罪出でむ」とこそあれ、出づるであらうとこそあれ、「かく出でば」、「かく出でたならば」とこそあれ、かく出でたならばかく宣れとこそあれ、かく宣らば、かく宣りたならば、かく聞し食さむであらうといふ意味に歸着するからです。祖神の垂示として有難きところは此處に存するのです。大祓として尊ぶべきところは此處に存するのです。われ等人類を罪人と見て居らないのです。正しき〳〵神の子と定められ居るのです。各國の教は何れも皆佛教にせよ儒教にせよ基督教にせよ回々教にせよ耆那教にせよ、悉く初めより人間を見て迷の人、過の人、尤の人、罪の人と定めあるのです。祖神の垂示を握むるものはこのところに最も注意せねばならないです。古今、大祓を解釋したる者少からねども、何れも皆ここに注意し、祖神の深き〳〵大御心を發見し得ないのは遺憾千萬であります。罪を祓ふといふ大祓に於いて人間を罪人とせず、神の子として、神として、その神たる自覺を促し、神たる言論行爲を現はすべく促し賜ひあるといふことは何といふ有難いことでせう。

第百五十八章　如此聞食弖波

もしやかく天津罪國津罪の出で來る時は、自から自覺して贖ふべきものを出して、例へば祓によりて祓ひ落したる罪尤と垢と穢を供へまつり、その罪尤と垢穢の代表として爪などを切り取りてこれを供へ、精神的には罪と尤との息氣、客觀的には垢と穢との息氣を白紙に吹きこみて、これを供へまつりて再び罪と尤とを犯さず、垢と穢とに觸れかゝらぬことを誓ひまつりて天津宣詞を布斗宣りつゝ、天津行事、國津行事によりて御詫び申し上げつゝ、神として本津身に立ちて還るのである。現津神に立ち還るのである。かく現津神に立ち還るべく誓ひまつる時は、

第百五十九章　皇御孫之命乃朝廷乎始弖、天下四方國爾波罪止云布罪波不在止

「朝廷を始めて」とあるは日本といふことを現はしあるのである、日本の朝廷といふ意味になる。朝廷と日本とを意味する。而して「天の下」とは天の上をも現はし居るので、天上天下を現はし居るので、この人間世界とその周圍環境とを現はしたるの意味となる。而して四方の國とは世界萬國を意味したるものである。それで（第一）朝廷、（第二）日本、（第三）萬國と周圍環境、（第四）宇宙十表を云ひ現はしたるものである。總べてのものは上に向つて昇るものと下に向つて降るものとある。主觀的に云へば罪と尤とにして客觀的に云へば垢と穢とである。合觀すれば罪尤が卽ち垢と穢にして、垢と穢れが卽ち罪尤であるが故に、主觀客觀不二一體の禍事である。この禍事はその內容に潜むとこ

ろの中心的主動的種子としての罪尤と垢と穢とは上に向つて昇り、その人の直靈に附き纏ひ、その人の死後の直靈に附き纏ひ、その人を苦しめ、その人を惱ましめる。これはその人自から招きたる自業自縛である。その死後に至るまで附き纏ふところの罪と尤と垢と穢とを祓ひ去りて、天上にあらしめないやうに守りまして祓ひ去り、禊ぎ去るのである。こゝに云ふ「罪と云ふ罪はあらじ」とあるのはそれであります。朝廷の上の空間にその罪と尤と垢と穢れとをあらしめないのである。天の下、天の上の空間にあらしめないのである。四方の國の空間にあらしめないのである、この人間世界空間にあらしめないのである。朝廷の周圍環境、日本の周圍環境、世界の周圍環境、世界萬國の周圍環境にあらしめないのである。その「罪といふ罪はあらじ」とあるはそれなのです。

第百六十章　科戸之風乃、天之八重雲乎、吹放事之如

「科戸の風」とは伊邪那岐命がその生み修りたる國の表に霧のみありて薫り滿ちければ、これを吹き撥ひます時の御息が神となります、科戸邊神といふ風の神樣です。後に略して科戸の風と申すに至る。「天之八重雲」とは重なり棚引きあるところの雲で、客觀的に云へば氣壓の調和を失うて凝結し居るところの雲烟をいふのです。それで「八重雲」と讀まず、「八重棚雲」と讀むのです。こゝに云ふ「科戸の風の八重雲を吹き放つことの如く」とは、個人の荒身魂、家庭の荒身魂、町村郡縣市府の荒

身魂、國家世界の荒身魂と、言ひ換ゆれば朝廷の荒身魂、日本國家の荒身魂、世界萬國の荒身魂、人間覆載の天地の荒身魂と、その周圍環境の空間に觸れ罹りあるところの罪尤と垢と穢との八重雲を祓ひ去り、禊ぎ去ることを意味するのである。これは瀨織津比賣の神の吹き拂ひ、祓ひ去り給ふのです。

第百六十一章　朝之御霧夕之御霧乎、朝風夕風乃吹拂事之如久

これは個人の和身魂、家庭の和身魂、町村郡縣市府の和身魂、國家世界の和身魂、言ひ換ゆれば、朝廷の和身魂、日本國家の和身魂、世界萬國の和身魂、人間覆載の天地の和身魂とその周圍環境たる空間の和身魂とに觸れ罹れる罪と尤と垢と穢との禍津毘を吹き拂ひ、祓ひ去るのであります。これは速開津比咩の神の祓ひ去り、禊ぎ去るのです。上には「科戸の風の天の八重雲を吹き放つことの如く」とあるが故に、「朝風夕風の朝の御霧、夕の御霧を吹き拂ふことの如く」、とあるべきところなれども、それにては對句となり、抑揚頓挫なきが故に面白からず、その句法を更へて「朝の御霧夕の御霧を朝風夕風の吹き拂ふが如く」としたのです。これは行文の上にその巧妙を現はしあるところを見らねばならないのです。それと共に荒身魂の方は外より拂ふものなるが故に、先づ以て科戸の風か天八重雲を吹き放つことの如く、瀨織津比咩の伊吹が外よりその八重雲の如き禍津毘を拂ふことを意味して現はしたものであると共に、次は內より拂ひ出すものなるが故に、和身魂の心の中より朝風夕風

の如く神風の起りて外に向ひ、朝の御霧夕の御霧の如き禍津毘を速開津比咩の神の祓ひ去り、吹き祓ふことを意味して現はしたのです。これは大祓内容の行事を學び得てはじめてその然る所以を會得するのです。この内容の行事の意味を現はすにつれ、その文法も變化し來らねばならないので、そこに行文の妙が現はれ來り居るのです。

第百六十二章　大津邊爾居大船乎、舳綱解放、艫綱解放弖、大海原爾押放事之如久

これは個人の直靈、家庭の直靈、町村郡縣市府の直靈、國家世界の直靈、言ひ換ゆれば朝廷の直靈、日本國家の直靈、世界萬國の直靈、人間覆載するところの天地の直靈と、その周圍環境の空間に觸れ罹りあるところの罪と尤、垢と穢との禍津毘を禊ぎ拂ひ、押し放つのであります。「大津邊」とは大海の邊といふ意味で、港々に泊つる百千萬の船をいふのです。「大船」とは總合したる意味にして、百千萬の船といふ意味です。恰も島の八十島の島々の港々に泊つて居るところの百千萬の船の舳綱を解き放ち、艫綱を解き放ちて大海の原に押し放つことの如く、直靈の周圍に觸れ罹りあるところの罪と尤と垢と穢とを祓ひ去り、禊ぎ出ることを意味したのです。これは伊吹戸主の神の禊き去り、祓ひ去りましますところなのであります。

第百六十三章　表乃行事登、裏乃行事

「科戸の風云々」は荒身魂に罹る罪尤と垢と穢とを吹き放つの行事、「朝の御霧云々」は和身魂に罹る罪と尤、垢と穢とを吹き拂ふの行事、「大津邊に居る大船云々」は直靈に罹る罪尤と垢と穢とを押し放つの行事であると申し述べましたが、それは表より祓ひ禊ぐ時の行事でありまして、外より内に向つて祓ふのです。この表の行事を終りたる後に再び裏の行事を執り行ふのです。表の行事は荒身魂より祓ひ、次に和身魂を祓ひ、次に直靈を祓ふこととなるのですが、裏の行事はそれと反對に内より外に向つて祓ひ出すのです。故に先づ直靈の禍津毘を祓ひ、和身魂の禍津毘を祓ひ、荒身魂の禍津毘を祓ひ去るのです。裏の行事といふはそれなのです。故にこの裏の行事の時は、「科戸の風の行事」が直靈の禍津毘を禊ぎ祓ふの行事となり、「朝風夕風の行事」が和身魂の禍津毘を禊ぎ祓ふの行事となり、「大津邊に居る大船の行事」が荒身魂の禍津毘を禊ぎ祓ふの行事となるのです。（原稿未完結）

大祓祝詞眞義　終

第六 人間未發 天狗界

（一） 大天狗、中天狗、小天狗

余輩は曾て「探檢世界」に於いて人身變じて仙身となり、仙身變じて天狗身となり、天狗身化して神明となることを世に紹介した。茲には專ら天狗界の消息を寫し、日本高山、大中小の天狗、八十の大天狗、八百の中天狗、八千の小天狗より小葉天狗に至るまでのその最も著名なるものゝ事に關し、世に紹介せんと思ふ。

（二） 狗術を學べば天狗となる

仙身より狗身に變ずるはその道の順序なれども、人身より直ちに狗術を學び、狗法を修行すれば、亦克く天狗たることを得るのである。狗法狗術とは云へ、寧ろ仙道仙術の嚴肅なるものである。

（三） 仙道と狗術との差異

仙道は肉體の修行を主として漸々狗身に變ずるものなれども、狗術は精神的訓練を主として直ちに狗身に化するものとす。仙道の肉體的修行には困難の存するものにして、その苦痛は實に言語に絕す。仙道は尋常人と雖も漸々學んで修行することを得べく、狗法狗術に至りては非常の人、猛烈の資性を有する者に非ずんば斷じて企て及ぶべきものでない。

(四)　天狗と山精雲氣

さて亦天狗は獨り人身若しくは仙身より變化するものばかりにあらず、高山の氣、深山の精、及び大木の精、雲霧の氣等よりも化して天狗となるものである。例へば糞は厠中に醞釀醱酵して屎蟲を生ずる如く、老松古檜、大椿巨楠等の胴中、醞釀醱酵して樹中に精蟲を生ずるが如く、山精相互に醞釀し雲氣相互に醱酵し、茲に一大精蟲を生ず、天狗がそれである。然れども山精雲氣等の秀靈なるものは極めて極微精細なるが爲めに、それより化生したるものは亦復極めてその質微細なるが故に、人間の肉眼に觸るゝこと能はず、是れ天狗の幽界に屬し、幽身たる所以である。

(五)　天狗も人間も顯幽往來

抑も顯界の人間身がその奇魂は幽界を往來して百里の外の出來事を實驗し歸るが如く、今日現に催眠術に罹りたる人が東京のとある家の一室に睡眠しながら、百里以外の大阪に於ける知友の出來事を實驗し來つて報告するが如きは、是れその奇魂《クシミダマ》の幽身に化し、幽界を往來するものである。それの如く、幽界の天狗も亦復時に顯身を顯界に顯はして人間の耳目に觸れしむることのあるのである。

(六) 天狗と學問藝術の進步

今日現在催眠術を實驗したる者誰か亦幽界に於ける天狗身天狗術を疑ふの餘地あるべきや。學問藝術等の進步につれ、天狗界探檢は年を追うて盛んになり、天狗と感應道交する交際法も發明せらるゝであらう。決して我等同人のみに止まらぬであらう。

(七) 天狗と世界列國の高山深嶺

天狗は獨り日本にのみ在るのではなし。支那印度等の亞細亞にばかり在るのではない。世界到る處の高山深嶺に飛往して居るのである。それを歐佛米等に唱道する者なきは、その人種民族の探檢が未だ玆に及ばず、形而下の學問が盛にしてこれを發見する餘地がないのである。猶ほ黴菌は夙に存すれども、これを發見する以前は何人も曾て氣附かざりしと同樣である。今日は哲學を始め心理學催眠術等、漸々形而上の學問も進步しつゝあれば、獨り學說として唱導するに安んぜず、更に實地に修行しつゝ其の不可思議力、奇績等の神秘を實顯せんとするに至るべく、而して次第に幽界の消息にも通じ天狗にも出會し、今更の如く仰天し、曾ては窃かに冷笑したる東洋の學問修行、その形而上の進步發達しつゝありしことに敬服するのであらう。

(八) 天狗と印度

印度は天象氣候の劇變あり、四圍の現象、變化出沒して造化の幻化、眞に測るべからざるものあり。東北は雪山嵦々として白光を返射するかと見れば、南西は火氣焰雲千丈萬丈壓し來る。忽而風、忽而雨、忽而火天熱地、宛然毒鬼妖魔の今にも襲ひ來るが如し。それで人々多くは疑惑の情を起し、恐怖の念に驅られ、只この疑惑の情を救ひ恐怖の念を拂はんが爲めに宗敎盛に起り、婆羅門敎佛敎より九十五種の外道に至るまで、それ〴〵救濟の旗を押し建てゝその信條敎義を說き示したのである。その民人は亦それ〴〵思ひ〳〵に好む所に從うて修行し、中にも難行苦行はその一般を通じて行はれた。故に固より仙人天狗の幽界を發見したる者なきにあらねど、只その現在境遇の苦痛を脫せんとするに多忙なるが爲めに、專ら玆に修業する者尠く、それで天狗術の如きは充分に發達することが出來なかつた。

(九) 天狗と支那

支那は印度と異なり、その所謂東夷西戎南蠻北狄の四塞は兎も角、その所謂中國なるものは天象氣候平和にして、甚太しき天變地異の劇變なし。只深山高嶺、大澤洪河の多きが爲め、時々氣象の劇變なきにあらず。旱魃洪水の憂あれども、さればとて印度の如き比ではない。それで目前現在の苦痛は尠ない。そこで種々なる學問は興り來つたが、宗敎としては餘り盛に起らない。寧ろ三綱五倫の聖學のみ盛にして、その反面に道學の起りて宗敎宗義の意味を帶ぶるに至りたるものである。支那は表面は三綱五倫の聖學にして、裏面は長生不死の道學である。道學は遂に仙術に化し、盛に仙道を唱へ、仙術を修行したものである。仙術に深く進みたるものは自然に天狗に道交し、狗術に達せざるべからざれども、その狗術に達する迄には百千年の歳月を要す。然るに亦支那は仙道の餘りに流行したるが爲めに、この仙道と道術とを以て愚民を眩惑し、一種不逞の大野心を達せんとするものさへ續々と出で來り、旁以て狗術は大に發達することが出來なかつた。それはかゝる野心家の常として、仙道は時に修むることを得べきも、狗術に至りては胡摩化し的に修行することは叶はぬからである。

(一〇) 天狗と日本

日本の位置は世界の頸首に冠し、天象氣候と云ひ風土地味と云ひ、清明温和にして、豐富潤澤にして、所謂五日一風、十日一雨、神の御國か佛の鄕里か、此世ながらの天國淨土、何とも彼とも云ひ得ぬ風情、さもさうづ、天の岩戸のむかしより、天津神、國津神の開闢ましたる神の洲。支那朝鮮より三山の靈島と呼び、君子國と激賞し、更に神州と讃美し、印度よりは釋迦在世の時より東方大乘の佛土と讃歎し、コロンブスは東方寶の國と目指して西天に舟を發し、途中米國を發見したりとぞ云ふ。かゝる美なる山河、美なる風土なれば、その民族は上下共に衣食住に不足を感ぜず、生活甚だ平穩にして、その餘りに安樂なるの結果は樂天的向上の學究實行となり、苟くも向上の道に關する事は千早振神代のむかしより怠ることなし。神々常に顯幽二境に出入して邦土を經綸ましまし〳〵つゝありしなればにや。その系統の相續、血脈の遺傳が古に今に大八洲の到る處、苟くも向上學問の道、向上修行と聞けば、いかなる愚夫暗婦にても直ちに耳を傾くるの習慣あり。されば、神々の敎と行とは申すまでもなく、聖賢の道も佛菩薩の道も、狗術仙道より、苟くも一藝一術の微に至る迄逃がす所なし。各自好む所に從うてこれを究め、これを修め、これを行ひ、それ〴〵一方に嶄然頭角を顯はし、一旗を飜へさゞれば已まざるの性格氣慨を有す。獨り向上の道のみならず、苟くも道とし聞けば、向下の道にても靡然耳を聳立て、これを修め、これを究め、これを行ひ、亦それ一方に片々旗を飜へし、頭角を顯さでは承知せず、今日あらゆる科學に向つても亦復現に然るに非ずや。日本民族の性格氣慨は神代の昔より今の今に至る迄此の如し。

それで仙道も發達し得たると共に、狗術も亦復より發達せしめ得たるものである。

（二）　天狗術と諸道諸藝

然るに維新以來一時に歐米の文物、典章、學問、機械等の雲の如く霧の如く、汕然沸然として押し寄せ來れるが爲めに、その暴風狂瀾の餘りに甚太しきより、殆んど在來の諸道諸術諸藝諸伎は影を潜め、姿を隱くして、あはれ中絶せんかとまでの極端に陷つたのである。然れども光芒あるものは長く暗中に埋沒さるべきものでなく、明治廿二年大憲章の煥發と共に自性發顯、古道復興の聲となり、劍道、柔術、茶道、生花、水泳、山狩、大弓、長槍、謠曲、狂言の類に至る迄蔚然として興隆し、中にも國文國歌美術工藝等は殆んど昔を凌ぐものさへ漸々顯はれ出づるに及んだのである。されば亦仙術狗術も全然棄てたものにあらず。否、大いに研究すべき價値ありと信ず。寧ろ或る場合に於いては最も恐るべき敬ふべき大神法大秘法の存在しつゝあるものたるを確信して疑はぬのである。

將に人間に中絶せんとする神法秘術の天狗道天狗術を究明するは、時を得たるものではなからうか。只これ一個の古書畫、古彫刻さへ家寶國寶として保存せんとする今日、かゝる神法秘術の天狗道天狗術を究明してこれを修行したる古人の歴史等を尋ぬるは、固より困難の中の困難、苦心の中の苦心あり、何人も寛容して我等同人の微衷を賛成することゝ信ずるのである。

若しそれ批難する者は必ずや天狗の秘喝秘咒を受け、天狗罰あるべく、その人惡病を感じて苦惱せずんば、その子孫は必ず落魄して大道に哀を求むべきか。警戒あれ、天狗道は猛烈峻嚴なり。用心せよ、天狗術は秘密深玄なり。

(二)　天狗と催眠及び無線電信

今日理化學の進歩しつゝ、生理學、心理學の發達しつゝある世に向つて、誰か狗法仙術を疑ふものぞ。催眠に罹りし人はその身が東京の一室に現住しながら、魂は飛んで百里以外の大阪に於ける出來事を觀し來ることを得。その道專門の天狗は自覺催眠とも云はゞ云へ、居ながらにして千萬以外の出來事を感知すること何ぞ難しとせんやである。無線電信なくして百千里外の事を相互に感知す。その道專門の天狗にして、何ぞ百千里外の出來事を居ながらにして相感知する事能はざらんやである。

(三)　天狗と飛魂、原子電子

催眠に罹りし人の魂は飛んで百里以外の大阪に行くも、その飛び行く魂の形態は人間の肉眼に觸るゝこと能はぬから、魂はないとは云はれない。それと均しく、天狗の身は人間の肉眼に觸れぬからないとは云ふべからず。若し人間の肉眼に上らざるものはないとせば、空中の微塵は人間の肉眼に上らぬからないと云はずばなるまい。悉く人間の肉眼に上らぬからとて天下何處がかゝる道理のあるべきや。

(一四) 天狗と飛禽烟雲

鶴鷲猶ほ克く空中を飛行して百千里の遠きに達す。鶴鷲よりもその體更に輕妙細微なる天狗にして空中を飛行し、千萬里に達すること、何條困難なるであらう。雲烟の飛行は飛鳥よりもより速さの敏捷にして急なる、夏秋のころ南東に起りし低氣壓を見よ。看る間に千萬里を襲ひ來る。この水氣雲氣海氣山氣の醞釀より化生し來る天狗なるを思はゞ、その飛行の急速なること知るべきであらう。

(一五) 天狗と一片の雲

更に夏秋のころ、漁人と共に沖に出でつゝ網を投じつゝあれ。東方南方北方西方そのいづれの方角たるやを問はず、その日その時の模様次第で一方の天邊に掌大の白雲若しくは黒雲の顯はれん。漁人は雲色の如何を見るや直ちに吃驚狼狽し、恐怖戰慄しつゝ綱を捲き釣を收め、陸路に漕ぎ歸るなり。時としては綱を捲くの遑なく、釣を收むるの遑さへなく、時としては陸路に船を漕ぎ着くること能はずして、遠洋に船を吹き飛ばされ、或は覆りて海底に葬られること尠しとせぬである。是れ他なし、天の一方に現はれたる掌大の白雲若しくは黒雲は、見る間に輪廓を擴張し、電を發し、雷を起し、風を顯はし、雨を降らし、瞬間に天を覆し、海を飜すの大秘術を呪咀し來り、黒闇々たる最も驚くべき怖るべき魔界たらしむればなり。あはれ一片の雲すら且つ然り。ましてやその雲氣雨氣電氣風氣山氣水精等より醞釀醱酵して化生したる天狗にして、何ぞそれにも勝れる神變不可思議の術なしとせんやである。

(一六)　天狗と人體孰れの不思議

人體の發生する始源を顧みよ。その根本魂は允に極微細小にして、母胎の內にて漸々次第に空間に於ける四圍より滋養分を吸收し、吸收すると共に、漸々次第に發達して鼻を生じ、眼を生じ、耳を生じ、口を生じ、頭となり、胴體となり、手となり足となりつゝ、滿十ヶ月の後に人間界に誕生し來るにあらずや。而もその初めよりして五間支體を具足して居るものではない。只一片の精塊が漸々發達して人身とは成り來るものである。何故に一片の精塊一團の根本魂が此くの如き人身となり來るものかと究明すれば、哲學者も宗敎者も科學者もそれは頓と說明すること叶はぬであらう。不思議と云へば、天上天下これより不思議のものはあるまい。而もその人間となりても取る年波と共に衰へ、その根本魂の去るにつれて死し、死しての後は五官も支體も亦漸々次第に消滅して形態を留めざるに至る。地中に葬りたる骸骨と雖も、漸々次第に水の如き狀態に融解して蒸發し去るなり。而もいかに蒸發し、いかに消滅して人間界に痕跡を留めざるものとなるとも、是れ全然蒸發し盡し、消滅し去り盡したるものに非ず。只是れ形態を變じて水氣となり、烟雲となり、空氣となり、原子となり、極微細小の魂となり、大宇宙を轉々生死し、生死轉々しつゝあるに過ぎざるなり。

今夫れ一片の精魂、一團の根本魂が五官を生じ、支體を生じ、人間と化し、人間と化しては五十年百年の間に亦忽ち變じて一片の氣、一團の魂に復歸す。不思議と云へば天上天下これより不思議なものはないであらう。只人々朝夕目擊しつゝあるになれて、その然る所以の理由をば究めず、當然の事なりと假定して怪まざるに過ぎないのである。而も深山空谷に於いて忽地天狗身の出現し來るに會すれば、何人も驚いて奇怪不思議の事と思ふであらう。一片微細の氣、一團極厶の魂が人間身に化し來ると、一片微厶の精が天狗身を顯はし來るとは、それ將たいづれが奇怪であらうか、不思議であらうか。

(一七) 天狗と人間と時間の長短

抑も一片極厶の氣、一團微細の魂が漸々その空間に於ける四圍の滋養分を吸收すると共に、人間身を顯はし來るものとせば、一片極厶の精が忽然天狗身を顯はし來るものと彼此相對照して、何の異なる所ありとすべきか。異なる所は時間の長短ばかりである。人は十ヶ月を要して顯はれ、天狗は廿分にして顯はるゝと云ふに過ぎない。

時間の長短としては物各々長短あり、萬有の成育發達は悉く一紀一律ならず、鼠は一日にして生育す、蜉蝣は一日にして生育す。何んぞ獨り人身と天狗身との長短ばかりと云んや。玆にはその生育と發達との長短を言ふにあらずして、只その一片極小の氣、一團微細の魂が五官を生じ、支體を生じ、人間身を顯はすことを得るものとせば、一片極ム の精も亦復天狗身を顯はすことを得べしと云ふに歸するのである。

(一九)　天狗と宇都宮釣天井

而して亦天狗は幽界に屬する幽身なれば、その顯界に身を顯はして人間の眼に觸るゝかとすれば、亦忽ち沒して人間の眼に觸れず。さりとは顯界に天狗身を顯はしたる時は生れたるものにして、その身を沒して人間の眼に觸れざるやうになれば死したのであるかと云ふに、左樣ではない。天狗は本來幽界に屬する幽身なれば、幽身として存在するのが彼の自性である。その顯界に顯はれ、人間の眼に觸るゝのは變化身である。例へば人間の靈魂は均しく幽界に屬す。その根本魂より分裂したる無數の分魂も、五官支體を除くの外は悉く幽界に屬す。故に靈魂の實在は何人も感覺悟入することを得れども、その實體は明々地に看ること能はぬなり。

然れどもその靈魂の變化は一々五官に顯はれ、支體に顯はれ、喜怒哀樂等を示すなり。亦催眠に罹けられれば、その身は玆に坐しながら、その分魂は飛んで百里の外の出來事を觀じ來ることを得るのみならず、その分魂も亦百里の外にありて分身を顯はすことあるなり。男女相愛して相會すること能はず、世間の義理あり、山河の隔たりあり。而も相念ふの情は日々夜々、刻々時々に迫り來りて如何ともすべからず。加うるに相會すること能はずして死せざるべからざるの場合に接着す。情緒纒綿切なるが上に更に痛切を添ふ。天に訴へ地に哭するも、今將た如何とも致しがたし。人間無限の恨事、絕代の痛怨は實に是れ此の際なり。此の際此の時や只には死なじ、悶々の情、切々の念、凝結して魂となり分魂となり、颯然飛んで山河萬里の外に達し、それの戀ひ慕ふ所なる愛人の枕頭に立ち、而も平生の肉身を顯はし、情話喃々盡ることなし。愛人の喜びや云ふべからず。而も曉の鐘の音、東雲の空と共に忽然姿は消えて影を留めず。愛人の驚き亦一方ならず。此の如きの例は東西古今尠しとせず、宇都宮釣天井の謀反が發覺したるも、この情話分魂分身の通知より來るものにあらずや。

現在顯界に屬する人間身の分魂は、その本體を離れて千百里に飛び行きても、更に分身的實在身を顯はし得るものとせば、幽界に屬する幽身たる天狗が玆に顯界に顯はれて顯身を顯はし得ること決して怪しむには足らぬであらう。

（二〇）　天狗と人身の靈化

人間が狗法を修めて狗術を得、天狗身に化することは先づ以て仙法を修め、仙術を得て、而して後天狗身に化するのが順序である。然れども直ちに狗法を修めて狗術を得つゝ、天狗身に化することも不可能の事ではない。人身が修行の結果仙人身に變じ、天狗身に化するのは、蟻が飛蟲に化し、水が霧に化し、霧が霞となり、烟と化し、烟が一種極ム の氣に化するのと一般、その道の修行訓練次第で漸々靈化し、天狗化することを得るものである。

（二一）　天狗化する秘法秘術

人身が仙人化する方法は曾て探檢世界第六巻に於いて兩度に述べたれば、讀者は既にその一端を承知したることゝ思ふ。玆には人身が天狗身に化する秘法秘術の一端を述べんかと思へども、仙法とは異なり、肉體上の修行にあらずして精神上の訓練なれば、なか〳〵容易の事でないと共に、顯幽境を異にすれば、直ちに述ぶるもいかゞかと思はれる。直言すれば容易に咀嚼することがむづかしからんと思はれる。それで先づ天狗界を述べ、天狗界の消息を語り、天狗界の實例證績を示し、幾分か天狗界の消息を會得したる上にて、最後にその人間より天狗身たることの秘法秘術を述べんと思ふのである。勿論人間に向つて叨りに天機の泄らしがたきものもあれど、その秘法秘術の一端を聞かば人身の仙人化し、天狗化することの決して不可能の事ではないと云ふことを納得せらるゝであらう。

(三一) 天狗と男女の相

天狗には男女の相はない。從つて子孫繁殖の事もない。繼體的子孫相續の繁殖はない。劣情的肉交はない。肉の戀のと云ふことを云ふものもない。

(三三) 天狗と剛柔の別

男女の相はないけれども剛柔の別があり、その剛柔の別は陰陽とも云ふべき兩性を生じ、子孫繁殖の肉交こそなけれ、剛性柔性自然相互に親しむのである。

(三四) 天狗と團體

剛性柔性相互に親みて居を定め、自然團結して一隊を爲し、一團を爲し、相互に交通もし、相互に制裁もしつゝあり。亦自然に帝王とも云ふべき者あり、將軍副將軍は申すまでもなく、總べての階級あること殆んど人間に類する所あり。

(二五) 天狗と通力

天狗の主とする所は威嚴にあり、通力の競爭にあり。狗々相互に通力を競爭し、一隊一團相互に通力を競走す。通力の進步退步によりてその位置も上下するものである。

(二六) 天狗と競爭

競爭と雖も必ずしも惡戰惡鬪するものにあらず。彼等の競走は娛樂なり、競走するのが何よりの娛樂にして、恰も人間の業務を營むのと一樣である。故に相互に競爭するも寧ろ平和の競爭である。それで競走中にも相互に相慰め、相勵ましつゝあるのである。勿論修行の足らざる者、通力の進まざる者は、その間に自然の苦痛あり。然れども苦痛を忍ばざれば修行積まず、通力は發達せぬものなれば彼等としてはその修業中の苦痛は左まで苦痛とせず、當然の道行きと見なして居る、心得て居るのである。

(二七) 天狗笑と通力の極致

それで彼等は苦痛の叫びを發せず、常に怡怡として嘻々として相笑ひ、皡々として得々として相樂しみ、多くは笑ひと多くは樂しむことばかりである。人間界にも稱して大口を開きて大笑する者を天狗笑と云ふ。然り、天狗は克く笑ひ笑ふて大笑する者である。克く樂しみに樂しみて更に大に樂しむもので、彼等は、通力の極致は殆んど笑ひ樂しむにありとまで信じて居るのであらう。

(二八) 天狗界の制裁

天狗は最も正直を尊ぶ。正直は神化するの道なりと信じて居るからである。然り、彼等の秘法の随一として、正直は何よりの寶典である。故に最も不正を忌み、詐術を忌み、惰慢を憎み、僞善を惡む。もし夫れ未だ修行足らずして惰慢の念を起すものあれば、直ちに嚴罰して假借せず。窃に僞善を裝ひ不正を爲す者あれば、最も嚴罰して假借する所なし。甚だしきは斷然天狗界を放逐するに至る。固より充分に天狗界の制裁を施して後に放逐するものとす。故に大概はその際天狗身を絶滅す。人間に於ける死と同様の境に歸するものである。此は是れ彼等に於ける最も苦痛とする所なり。

(二九) 天狗界の禮法

天狗の通じて苦痛とする所は團體と團體と通力の競爭を爲し、その敗北したる時は、一山一嶺の恥辱として最も苦痛とする所である。然れども佛國が獨逸に敗戰して苦痛あるが如きものとは異なれり。競走了れば勝者は改めて直ちに敗者の山に來り、全力を注ぎてこれを慰藉し、亦何等の怨恨を止めず、相互に胸襟を開き、相互に大笑して相別る。その競爭するや禮あり法あり。亦人間の戰爭とは同じからぬのである。

(三〇) 天狗と巖頭の老松―清潔

彼等は常に高山峻嶺に住み、高山深嶺の巖窟巖頭に住み、岩窟巖頭の老松古檜に棲みつゝあるものとす。高山深嶺には必ず天狗あり。人間の眼にこそ觸れね、その巖頭老松等には一隊一群の天狗必ず棲みつゝあるものとす。然れども彼等は最も清潔を尊ぶ。故に不淨なる山嶺には宿らず、惡氣妖氛多き岩頭老木には棲まざるものである。

(三一) 天狗と壽命―天賦の苦痛快樂

彼等の壽命は二千年より三千年を以て最後とす。中には五六千年の者なしとせざれども、これらは已に狗身を脱して神化したるものなれば、天狗としての神、神としての天狗なれば最早通例の天狗を以て律すべからず。通例の天狗――未だ神化せざる天狗――としては、人間身、仙人身に勝る娯樂快樂ありと雖も、然れども猶ほ且つ天賦の苦痛あり。是れ天狗身に伴ひたる苦痛なり。他の苦痛は彼等の修行訓練次第で逃るゝ事を得ると雖も、こればかりは逃がるゝ事を得ぬのである。その苦は外でない、日出と日没との時にその身に寒熱の發して全身の燃たり沍えたりする苦しみである。彼等天狗身は日出の際この身に熱を起し、堪へがたき烈燄發すると共に、日没の際にはその身に冷氣を催うし、堪へがたき寒さを感ずると云ふ。然れども是れ唯々數十分間の事にして、その前後は亦那等の苦しみなしと云ふ。この外は只是れ笑ひと樂しみとの光に滿されあるのである。苦も天賦なれば樂も亦天賦である。苦いかな天狗界、樂しいかな天狗身。

（天狗より神秘をあばく勿れと訴へ來る一先づ擱筆）

人間未發 天狗界 終

第七　寒中禊と外人の質問

第四期の禊を、例に依て、明治四十五年一月相模灘に行ふ。外人來りて、禊の歴史を問ひ、禊の寫眞と共に、彼地に通信せんとす。本篇は卽ち外人に語る者に屬す。

（一）禊の來歴

日本帝國には、神代よりして禊と云ふものが傳つて居ります。今より二千年以前迄は、國民が悉くこれを實行して居つたものであります。然るに、儒敎佛敎の渡來あると共に、漸次怠りて、ほんの形式のみ存するに至り、唯その道に最も熱心なるものゝみが實行しつゝありて。今日迄その命脈をば存し來りつゝあるのであります。禊と云ふに三種あり。陰曆の六月と、十月と。十二月の三度に行はれたものであります。その十二月の極寒中は、一道の神秘的神事を傳授する處の修行なるが故に、その道の人にあらざれば、國民一般は行うたものではないのであります。

さてこの禊と云ふことに就ては、日本國民の信仰しつゝある處の靈魂と云ふことを申さねば、明かに說明することは出來ないのであります。

（二）世界列國の靈魂

世界東西の列國を通じて、昔も今も靈魂と云ふことを無形のものと決定して居るのであります。然るに日本民族の靈魂とは、無形のものにあらず。體あり、質あるものにして、只その質と體との餘りに微細なるが故に、吾人々類の五官に上らざるに過ぎざるものと信じて居るのであります。世界列國には、靈魂を無形のものとし、肉體や物質やを有形のものとしてあります。然れども、有形なる肉體も、物質も、漸々、温度となりて蒸發し、冷氣となして消散し、悉く瓦斯態となり、無形のものとなりつゝあるのであります。無形なる氣態も漸々結晶して、液體となり、流體となり、固形體となりつゝあるのであります。有形も變じて無形となり、無形も變じて有形となりつつあるのであります。有形無形とは、吾人の五官を分界とするに過ぎないので、本來有形と云ひ、無形と云ふものゝあるのではありません。然るに有形にあらず、無形にあらず、有形ともなれば、無形ともなるものが、宇宙間にありやと云へば、世界列國には、古今東西を通じて、その名稱も實體も、未だ曾て發見し得たるものはないのであります。何れの字書文典を閲するも、斷じて、その文字を見出すことは、出來ないのであります。

（二）　日本民族の靈魂觀

然るに日本民族の靈魂とは、その有形とも、無形ともなるのを意味して居るのであります。何となれば、靈魂は、微細極小にして五官にこそ上らざれども、微細極小なる質あり、體あるが故に、有形

であります。已に有形にして、無形にあらずとするときは、また、有形と云ふ必要もないのでありま
す。その靈魂が一切萬有の根本實體なるが故に、宇宙間には、また、無形といふものがない、已に無形がない時は、また有形と云ふ必要もないのであります。只この五官に上ると上らざるとを標準として、假りに無形と云ひ、有形と云ふに過ぎざるものであります。然らば、その有形にあらず、無形にあらず、有形ともなれば、無形ともなるものを、日本民族は、如何に名稱しつゝありやと尋ぬるに、これを稱して「ミ」と云ひ、「タマ」と申して居ります。「ミ」と云ふ言味を漢譯すれば、靈となり、「タマ」と云ふは魂となるのであります。靈も體言なり、魂も體言なり。均しく、これ質あり體あるものであります。「ミ」と「タマ」とは、同一のものなれども、その働きの點に於て意義を異にす。「靈」とは、原因にして、神より來るもの、魂とは結果にして人に留りたるもの也。靈の「たまり」たるものが魂《タマ》であります。假令ば靈を水なりとすれば、魂は水の「たまり」で、方圓長短等の形體を顯はしたる處を意味したるものであります。均しく、水なれども、方圓長短によりて、形體を同じふせざるが如く、均しく、これ靈なれども、その靈の「たまり」方の如何によりて、人畜萬有の形體を異にしつゝあるものであります。故に靈としては、平等性にして、人畜萬有、悉くこれを有し、魂は個性にして、人畜萬有、悉くその性を異にしつゝあるものであります。それで、靈は、不變にして、平等にして、魂は、個性にして差別あるものであります。

(四) 靈と魂と靈魂

而して日本民族に於ては、靈と云ふ體言を、更に「ヒ」とも、「ビ」とも、「チ」とも云ふ。均しく是れ體言なり、唯これ韻學上の通韻轉音たるに過ぎざる也。亦、魂のことを「タマシヒ」と云ふ。「タマシヒ」とは、水のたまるが如き、たま「る」の「る」を省きて、「たま」と云ふ。「し」は助字也。「ヒ」は體言にして「ミ」と同じ。故に「タマシヒ」とは、「たまるひ」也、「ひ」のたまりたることを意味して顯はしたるものなれば、また、これ一種の體言となりつゝあるものであります。更に二ヶの體言を合して「靈魂」と云ふ體言を顯はし來りつゝあるのであります。日本民族の靈魂とは一にして二樣の意味を有しつゝあるのであります。且つ「ミ」とは、宇宙萬有の根本大本體なる絕對唯一の主宰神たる天之御中主太神の天照らし出す處の分靈分身にして、その分靈分身が百千萬億無數億と個々に宿り止まる處のものが卽ち魂であります。靈とは神より顯はるゝ處を意味し、魂とは人類萬有に留まりたる處を意味したるものと知るべき也。故に人類萬有は、神の偉大なる靈の分泌しつゝ留まりて、「タマ」となり、その「タマ」の膨脹發達したるものが、人類萬有、個々の體、それなのであります。

（五） 靈と肉――靈肉一體

それで、日本民族の靈魂觀は、世界列國、古今東西の靈魂説とは、全然その根底を異にして居るのである。世界列國の靈魂とは、本來無形のものなれども、日本民族の靈魂觀は、本來質あり體あり有形なものである。世界列國は、靈と肉とを分かてども、日本民族のは、肉も直に靈なので、唯だ、肉は靈の發達膨脹して粗雜となりたるもの、靈は肉の微細緻密にして純粹なるものと云ふに過ぎない。

（六） 一靈魂と百千萬の靈魂――靈肉の精粗

然らば何故に、純粹なる靈が發達膨脹して、粗雜なる肉となるかと云ふに、それは斯樣な次第である。世界列國の靈魂說では、その說明は、各自に異なる所ありと雖も、人間に有する所の靈魂とは一個しか無いものと決定し居ることは、いづれの說も同一である。

日本民族の靈魂觀では、人間萬有の有する所の靈魂とは、單に一個位ではなく、百千萬億無數魂である。その根本魂を「靈《ヒ》」と云ひ、「直靈《ナホヒ》」と云ひ、「生魂《イクタマ》」と云ふ。この生魂が、「第一の生魂」として、母の胎內に宿り、母の胎內にて、他の第二、第三、第四、第五、十百千萬億無數の生魂を吸收して、自己化しつゝ、內的發達を爲すと共に、外的輪廓を膨脹し、十ケ月目に人身を構成して、產れ出で來るのである。それで、他より吸收したる第二三四五十百千萬億無數の生魂を總稱して、「足魂《タルタマ》」とは云ふ。百千萬億の魂が具足したと云ふ意味である。「第一の生魂」は、「百千萬億の足魂」を吸收して自己化したるが故に、この「百千萬億の足魂」を統一支配するの權能あり、責任あり。故に「第一の生魂」は、足魂の中に鎭坐して、「百千萬億の足魂」を統一支配するを以て、この「第一の生魂」をば、更に「玉留魂《タマトマルタマ》」とは云ふ。玉とは、魂の通音にして、魂と云ふに同じ、「足魂の中に留り鎭坐し居る主人魂」と云ふ意味なり。

さて亦、この「第一の生魂たる主人魂」は、宇宙絕對の大主宰者たる天御中主太神の分靈分魂そのまゝなるが故に、均しく是れ分體の神なり。それで、之を稱して、「神直靈神」とも云へば、「生魂神」とも申す也。是れ實に微細緻密にして、純粹無垢なるものにして、その粗雜なる者とは百千萬億の足魂を云ふのである。「第一の生魂たる主人魂」は、「神」より分靈分魂したるものなるが故に、純粹無垢なれども、百千萬億の足魂は、「第一の生魂たる主人魂」が、吸收製造したるものなるが故に、その吸收する時の統一上に於て、更に製造したる後の統一上に於て、秩序と調和とを缺きたる處あるよりして、粗雜とはなりたるものである。

（七）萬有の差別と賢愚剛柔の異同

吸收する時の統一力如何に依りて、萬有形を異にし、製造後の統一力如何に依りて、賢愚剛柔等の質を同うせざるに至るものとす。

（八） 生魂の自我と足魂の分々自我

然れども、「第一の主人魂たる生魂」と、他の「第二三四五十百千萬億の足魂とは、均しく是れ「神」の分靈分魂にして、性としては同一なり、平等なり。その間少しも懸隔あることなし。「第一生魂」に自我がある如く、他の百千萬億の足魂にも、その百千萬億の生魂として、分々個々、百千萬億毎に、分々個々の自我を有し、百千萬億の自我を有しつゝあるなり。唯その活動の上に勤怠を生じたるが爲に、「第一の生魂」に吸收せられ、統一せられたるが故に、「第一の生魂」を以て、「主人魂」と仰ぎ、その命令の下に服從せざるべからざるの位置となりたるものである。例へば、一家の家長が第一生魂として、妻子眷屬奴婢等の足魂を吸收統一しつゝ玉留魂の主人魂となりつゝあるのと同一である。妻子奴婢等の眷屬は、その主人魂たる家長の命令に服從せざるべからざるの位置にあるものとす。主人魂たる家長に自我がある如く、妻子奴婢等の眷屬には、家長と共に、均しく是れ人間なるが故に、亦その分々個々に自我を有しつゝあるなり。妻子奴婢等の眷屬は、間斷なく、個々分々に、各自の自我を各自に發達せしめんとしつゝありと雖、主人魂たる家長の威力嚴肅なる時は、その威力の下に抑制統一せられつゝ服從するの餘義なき位置にあり。故に主人魂たる家長の統一の下に、妻子奴婢等の足魂は分々個々、相互に調和しつゝ、全體の秩序を保ちて、分々個々、相依り相待ち、統一的發達は爲し得ると雖、妻なり、子なり、奴婢なりの一人がその統一を破りて、單獨に一個の自我のみを發達せしめんとするも能はざるなり。併しながら、自我發達は、その的の性なるが故に、妻子奴婢等の眷屬は、間がな暇がな、個々分々にその統一を破りて、單獨なる自我發達を期しつゝあると共に、他の眷屬を煽動し自己化して、その眷屬の活動を吸收し、自己の慾望の下に貢献せしめんとするにも至るものとす。故にその主人魂たる家長が怠りて、その統一力が緩漫となれば、妻なり、子なり、奴なり、婢なり、その中最も優勢なる者が、漸次發達し來りて、他の外の眷屬の自我をば、次第に自己化し、遂にはその家長をば、ある乎無きかの如くに幽閉蟄居し、己れ代りて家長の權を掌握し、一家を主宰統一するに至るである。

（九）統一力と粗雜――祓禊の第一根原

それと均しく、「第一の生魂なる主人魂」が、全身の支配統一を怠りて、等閑に附しつゝある時は、眼魂なり、鼻魂なり、耳魂なり、皮膚魂なり、舌魂也、胃魂也、筋肉魂也、奇魂（智）也、幸魂（情）、和魂（意思）也等の百千萬億なる足魂が、漸々次第に發達し來り、個々分々、各自に自我を發達し、他を自己化せんことを期し、その競爭に打ち勝ちたる一魂が、茲に頭角を顯はし、益々他の百千萬億の足魂をば、自己化し、遂には「第一の生魂たる主人魂」に迫りて蟄居するの餘儀なき迄に至らしめ、臆面なく、之を幽閉し、己れ代りて、その全身を主宰統一せんとするに至る。之を稱して、「直靈の幽閉」と云ふ。是れ實に祓と禊との必要起り來る第一根原なりとす。

(一〇) 直靈幽閉の原因と回復

「第一生魂なる直靈」が、自己の吸收したる他の分魂の足魂の中の一魂から推倒せられ幽閉せられて「その主權を失ひ、虚器を有するに至りては、——勿論、開發して、その主權を回復せざるべからずと雖、——その未だ幽閉蟄居せしめられざる以前に於て、注意する所なかるべからず。それは、「第一生魂なる直靈」の幽閉せらるゝ原因は、第二三四五十百千萬億分魂の統一を失ふのにあり。その統一を失ふとは＝已に說明したるが如く、眼魂なり、耳魂なり、舌魂なり等の、千百萬億の分魂は、常に分々個々、各自その自我を發達膨脹せしめんとこそしつゝあれば、各自の自我は、各自に競爭して、全身の諸魂を制服して自己化し、全身の主權を掌握せんとす。卽ち眼は眼、耳は耳、舌は舌と云ふが如く、各自に割據して、刻々自己の爲めに非望を企つる所あらんとす。是れ此の割據、是れ此の競爭が、「第一生魂なる直靈」を幽閉する直接なる原因なり。

（二）直靈と最後の勅許

偖この割據、この競爭を始むるの發端は、一擧、一動、外界の刺擊に接觸するの際、その一事一物に接觸して、念々、刻々、眼魂に刺擊を受け、耳魂に刺擊を受け、舌魂に刺擊を受け、乃至、皮膚魂、筋肉魂等のあらゆる諸魂に刺擊を受け、その受けたる所の諸魂は、各自分々個々に、その受る所の慾望を達せんとし、耳魂は聲音を貪り、自己が主動者となつて、あらゆる諸魂を自己化し、全身を率ゐて聲音――音樂謠曲等――に近かんとす。眼魂は色彩を貪り、自己が主動者となつて、あらゆる諸魂を自己化し、全身を率いて、色彩＝花鳥風月、乃至、相撲芝居等の天然劇、演藝劇に近づかんとす。舌魂胃魂等は、飲食を貪り、自己が主動者となつて、あらゆる諸魂を自己化し、全身を率ゐて、飲食＝美酒佳肴の珍味に近づかんとす。故に時には、耳魂と眼魂との衝突あり、眼魂と胃魂との衝突あり、更に耳魂と眼魂と胃魂との衝突する如き等の事ありて、左にせん乎、右にせん乎、抑も前乎、後乎、一身の進退動靜に迷ふに至る。其處に奇魂（智）顯はれて、裁斷するも、此處に幸魂（情）ありて、その裁斷に應ぜざることあり。外には＝眼魂と耳魂との衝突ありて、相互に自我を爭ふのみならず、內には＝奇魂（智）と、幸魂（情）との衝突して、相互に自我を立つるあり。一身の進退行動は益々迷ふて決することと能はず。各自その欲する所を和魂（意思）に訴へ、和魂（意思）顯はれ來りて、之を裁斷し、初めて一身の進退決定すると雖、それ然れども、和魂（意思）の裁斷ありて後にも、猶は全身の實行に躊躇し、因循、姑息、進むこと能はざるの場合あるなり。是れ全身諸魂の根本魂としての、＝最高の主宰者たる第一生魂の直靈が、勅許する所なきが爲なりとす。

（三）八千魂の分裂——祓禊第二の根原

然れども、此の如きは、「第一生魂たる直靈」が、最高主宰者たる實權を有する時の事にして、あらゆる諸魂が外界の刺戟に接觸する毎に、個々分々、その刺戟につれたる慾望は、相互に痛切なるを以て、その競爭、その割據の極は、各自自我發達の念が猛烈熱烈なるに至らば、遂には奇魂（智）の裁斷をも待たず、幸魂（情）の感和を待たず、和魂（意思）の決定も待たず、「第一生魂なる直靈」の勅許をも待たずして、一魂は一魂の自我を恣にし、單獨にあらゆる諸魂を自己化せんとするに至る。他のあらゆる諸魂も、その時折りの利害緩急につれては、また、その前後を顧みず、大義名分をも放擲して、一魂の主動に附和雷同することありとす。例へば、飢餓に陷るの極には、胃魂の主動につれて、全身の諸魂之れに呼應し、道路に棄てある食物をも食して、その汚穢なるを知らず、甚だしきは竊盜食しても恥とせず。或は、寒凍に陷るの極には、路傍の弊衣も纏ふて綾錦の如く、恥も糸瓜もあるものでない。甚しきは竊盜衣しても平然たるに至るが如く。權勢名譽の刺擊を受けても、その眼魂、耳魂、舌魂、皮膚魂、筋肉魂等の諸魂は、その權勢名譽を貪らんとするに於て、各自に自我を主張し、その主動者たらんとし、他の裁斷感和決定勅許をば顧みるの餘地なく、大義名分其處除けに、我儘放埒たらんとするに至るなり。かく、眼魂なり、耳魂なり、舌魂なり等の一魂が、外界一事一物の刺戟を受くる度毎に、その自我を發達して他の諸魂を自己化せんとするが故に、他の諸魂も亦、個個分々に、各自の自我を各自に主張しつゝ他の諸魂を自己化せんとするに至るを以て、全身の統一は漸々次第に破れて、個々分々に分裂するの已むなきに至るなり。然り、一事一物の刺戟ある毎に、分分個々割據競爭あり、全身の統一は時々刻々に分裂しつゝあるものとす。故に「第一生魂なる直靈」は、時々刻々この分裂を防禦し、間斷なく、その統一を忽せにすべからざる理由こゝに在り。若し、その統一を忽せにしつゝある時は、全身は刻々時々、分裂しつゝあると共に、遂には覇者魂顯はれ來りて、「第一生魂なる直靈」それ自身は幽閉蟄居せしめらる。是れ實に祓と禊との必要起り來る第二根原なりとす。

（三）　全身統一の大神事

故に日本民族の祓と禊との神事は、

第一、常に直靈を開發して、全身の八十萬の諸魂を統一しつゝ、その幽閉せらるゝことを防禦す。

第二、全身八十萬の分魂の時々刻々分裂せんとしつゝある所の者を制御して、その割據競爭を鎭定するにある也。

是れ實に全身統一の大神事である。

(一四) 秘事の一端

問ふ、然らば、この全身根本の直靈を開發し、八千魂の分裂割據を制御しつゝ、心身の統一を期する日本民族の祓と禊とは、如何なる言行形式を爲すものか。又その內容に於ける所の意味は、如何なるものなりや。曰く、その外面に顯はるゝ所の形式には、『振魂』と云ふ者あり。而してその內容に顯はるゝ所の意味には、『鎭魂』と云ふものあり。而してその振魂には、表裏の二樣あり。鎭魂にも表裏の二樣あり。皆、是れ神の秘事にして、幽玄崇高、言語文字に顯はし得べき者ならず。顯はしたればとて、徒に座上に於て會得し得べき者にもあらず。今は只その一端の概略を示すべければ、朧氣ながらも、その全體のいかに深遠壯大なる者かを窺ふのしるべたるべきか。

(一五) 振魂と雄健と伊吹

『振魂』とは＝全身を振ひ動かすなり。四支三百六十節より、細胞神經系は云ふまでもなく、筋肉毛孔に至るまで、渾身猛烈に振動せしむるなり。それには、第一、神前に於て祝詞を奏し、第二、一定したる形式を以て、全身を振動し、第三、寒中は海に投じ、水を浴す。是れ八千魂の分裂を制御し、その統一を期する行事にして、表に於けるの形式なり。その内容に於ては、全身に力を入れ、脉絡の鼓動を聞くと共に、瞑目して、直靈の開發を期す。是れ裏に於ける形式たり。表に於けるの形式には、表の雄健《をたけび》と表伊吹《いぶき》との伴ひつゝありと知るべく、裏に於けるの形式には、裏の雄健と裏伊吹との伴ひつゝありと知るべし。

『雄健《をたけび》』とは、振魂の進行純熟したる結果にして、全身八千魂の統一せられたる後の形式なりとす。而して振魂とは、八千魂の分裂を制し、その統一を期する姿勢にして、「雄健」とは、全身八千魂の統一したる時の姿勢である。

『伊吹』とは、呼吸の事にして、伊吹伊吸と云ふべきを、略して伊吹とは云ふなり。伊吹の中に伊吸を攝理す。是れ伊吹の一方を顯はせば、伊吸の一方は、直に合一せらるゝからである。さて、この表伊吹とは、鼻と口とで呼吸し。裏伊吹とは、鼻と口とを閉ぢ塞ぎて、全身の毛孔等より呼吸するのを云ふ。それには、またそれ〴〵の作法形式ありと知るべし。

（一六）　鎭魂──表面に於ける鎭魂

『鎭魂』とは‖直靈が八千魂を統一したる時の狀態にして、振魂も、雄健も、直靈を主とし中心中樞として、八千魂をその直靈の下に集中統一するのである。直靈が主となり中心點となりて振魂し、雄健雄詰して、八千魂を主宰統一するのである。

（一七）鎭魂と雄健と振魂との別

それで、振魂の方は、‖八千魂の分裂割據を制御し、その統一を期するものにして、「雄健」は‖八千魂の統一せられたることを證明するものなり。而して、鎭魂とは‖八千魂の統一せられ、その統一を證明したる後の狀態である。恰も獨樂子の猛烈に振動きて動靜一體となる如く、‖動くも、その動くことの餘りに猛烈なるが爲に、靜かにして動かざるが如く、動靜一體なる狀態と均しきものである。獨樂子が、猛烈に振動き、雄健ぶ時には、何故にかくも動靜一體なるかと云ふに、それには、その中心中軸の骨髓棒があるからで、この中心棒に主宰統一せらるゝに依りて然るのである。直靈が中心點となり、主宰者となり、振魂を以て、八千魂の分裂割據を制御し、雄健を以て、その統一を證明し、全身一所に集中統一して、動靜一體の狀態を顯はし得たるものである。

（一八）鎭魂と禪定との別

故に日本民族の鎭魂とは＝凝結結晶にして、佛敎の禪定とは異なる。禪定は＝解體解脫にして、我體を解き、我體を脫し、無我の境たる涅槃に入るのが、禪定なれども。鎭魂は＝八十萬魂の我體を直靈統一の下に凝結結晶するのである。以上は是れ、表に於ける鎭魂の狀態を說明したるものとす。

（一九）裏面に於ける鎭魂

更に、その裏に於ける鎭魂とは＝先づ以て表裏の振魂を爲し、表裏の雄健を爲し、表伊吹を爲し、裏伊吹を爲し、漸々次第に兩眼を半分ほど閉ぢ、半分ほど開きて顯幽の二境に出入す。――半ば開きたるは顯界にして、半ば閉ぢたるは幽界なり。――この顯幽の二境に出入しつゝある間には、開きつつある半ばの眼は、次第と閉ぢ塞がりて瞑目し、玆に全く幽界に入る。

（二〇）直靈眼と鎭魂の證左

幽界に入りては暗黑にして何物も辨ずる能はずして、自然に睡眠狀態に陷るの憂あり。然れども、決心して常に『直靈眼』を開くを期す。直靈眼を開くには、瞑目しても、猶靜に前面を見詰めつゝあれば、その鎭魂の度に應じて、漸々次第に直靈眼の開け來る。故にその瞑目して黑暗々たる中にも、自然と一種の色彩を認むるに至る。初めは薄模糊として、靄のかゝりたるが如し。次第に薄白くなると共に、或は黒色、或は淡色、或は薄黄色、或は薄紅色、或は鼠色等、千變萬化の色彩あり。或はその色彩中に微妙なる光を認め、その光は針尖ほどのものあり、米粒ほどのものあり、豆粒ほどのものもあり、或は直射、或は横射、或は斜射、その光も亦復、千變萬化す。是れ皆『鎭魂』して『直靈眼』の開けつゝあるにつれて、かゝる色彩と光と線とを認めつゝあるものとす。かくする間に於て、前面に顯はれ出る者あり。是れ我が面貌なり。然り、我が面貌が明鏡に臨みたる時の如くに、朦朧と寫り出て來るなり。而も鎭魂するほど、明々地に寫り出て來るなり。初めのほどは、はつと思ふ一刹那に消滅し去るものとす。此の如く種々様々なる狀態を、幾十度經過したる後の最後に於て、前面の暗黑は、化して碧瑠璃となり、その碧瑠璃は、更に『二分、若は一二寸前後の圓形』となる。玲瓏無垢にして、明鏡そのまゝ也。唯だ光の碧色たるのみ。故にこの『碧圓形』は、直に是れ明鏡にして、眞實「幽界」に入るの關門なり、鳥居なり。是れ此の碧圓形なる明鏡を稱へて『第一天御鏡命《あまのみかゝみのみこと》』と云ふ。この明鏡を認め、この第一天御鏡命を拜むに至りて、始めて『鎭魂したるもの』とはするのである。

（三）　奇象奇跡と百發百中

この明鏡には、種々なる奇象奇蹟の顯はれ出て來ること、恰も明鏡に樣々なる形象の寫り出るが如き、それに異ならぬのである。初めには、思はざること、意外なる形象の顯はれ來ると雖、その鎭魂の度重なれば重なるほど、純熟するにつれて、我が求むる所、尋ぬる所のものが、次第相應に顯はれ來るに至るなり。將來の事にても、この明鏡に映り來る所を言へば、百發百中、寸分違ふことなし。唯だ、此に達するまでを難しと爲すのみ。而も、勉めて已まざれば、何人にても能はざるにあらざるものとす。世の千里眼なる者は、未だ此に達したる者にあらず。彼等のは、和魂と奇魂との一作用に過ぎず。學者智者達、この間の消息を解せず、彼是皮相の批評を爲す、その愚や愍むべきかな。さてこの明鏡に物事の顯はれ來る時や、夢に非ず、幻にもあらず、自覺自醒の現狀態そのまゝなりと知れ。是れ裏に於ける鎭魂狀態なれども、唯その狀態の概略に過ぎざるものとす。玆に注意すべきは、漫然瞑目して凝視しつゝあれば、何人にても、碧色明鏡を認むるまでには至るべきも、それ以上は、一定の信仰、一定の形式、一定の示導に依らざれば、達すること能はざるものとす。

(三) 問題の廻轉

さても、その表裏に於ける振魂にしろ、雄健にしろ、伊吹にしろ、鎭魂にしろ、必ずや、祓と禊とを爲さざるべからず。祓と禊とを爲さゞれば、その振魂も、雄健も、伊吹も、鎭魂も、全然無意味に歸し、眞實眞の振魂——雄健——伊吹——鎭魂は、爲すことを得ざると共に、全身を統一し、顯幽を一貫し、去今來を大活動大天照すること能はざるものである。問題は回轉し、彌々祓と禊との解に入る。

(三) 祓――大直靈神

祓とは＝はら靈也。「ら」は「る」に轉ず、はる靈也、はらふ也。「ふ」は「ひ」の轉音にして、均しく靈也。「ふ」はふり也、ふるふ也、ふくめる也、ふくらす也、ふくれる也、それで、我と云ふ自律より解すれば、「はら」は、「はる」にて、「張る」也。我身の靈を＝直靈を張ると云ふ。恰も春と云ふ意味に同じかりける。春とは、均しく張るにて、陽氣の張り滿ると共に、艸木の自から張り出で、蕾と張り、花と張り、芽と張り、葉と張る如く、直靈の自から張りて、全身の八千魂に充ち足るを云ふなり。陽氣とは、支那の言語文字にして、その意味は、人間より客觀したる所を顯はしたる反面に過ぎず、日本より云へば、更に陽氣自から主觀する時は、靈にして、直靈にして、人間の靈と、直靈と、同一也、異なる所なき也。秋冬は、この地球が、太陽系に遠ざかるを以て、氣流も地氣も冷却し、春夏は、この地球が太陽系に近くを以て、その光と熱とを受くるが故に、氣流も地氣も温暖となる。寧ろ地球が太陽系に遠かるが故に、氣流の寒くなり、近くが故に煖かなる氣流を受くのである。氣流とか、地氣とかは、均しく客觀したる所の名稱文字にして、その意味も亦それ反面に過ぎざれども、氣流なり地氣なりがそれ自身に主觀する時は、均しく靈にして、直靈にして、人間の靈と、人間の直靈と、同一也、異なる所なき也。春は煖なる靈の漸々次第と張り來り、張り滿つるが故に、艸木の靈も自から張り、艸木の直靈も自から張りて、蕾と發し、花と開き、芽と葉とは延びるなり。艸木の靈がその全身に張り滿ちて、蕾となり、花となり、芽となり、葉となるが如く、人間も、亦、その靈を全身に張り滿ちて、人格の蕾を發し、人格の花を開き、事業の芽を含み、事業の葉と實とを延べ結ばしめざるべからず。故に曰く、はら靈とは、張る靈也。我と我身の根本靈を張りて、その根本靈の直靈は、宇宙萬有主宰統一の天御中主太神の分靈分魂分身たるを自覺すると共に、玆になも、神直靈神と爲り、その神直靈を張れば、その稜威は、八千魂に張り滿つるを以て、全身統一して、大直靈神とはなるなり。

（二四）　八千魂の直靈——自律皆祓

抑も、八千魂にも、分々個々、直靈を有し居れば、否とよ、分々個々、同一の直靈にしあれば、根本靈たる神直靈と、分流靈たる個々分々の直靈とが、合體融會すると共に、魂たる八千魂も、自から靈化するにぞ至る。是れその全身統一にして、大直靈神とはなりつる所以ぞかし。かく自から直靈を張りて、神直靈神となり、大直靈神となりつゝあれば、眼、鼻、舌、耳、肌等の八千魂に、迫り來り、宿り來りある所の許許多久の汚と穢とは、自から拂はれ去るなり。亦その八千魂は自から造りに作り、犯しに冒し、許許多久の罪と尤とも拂ひ除くなり。是れ蓋し我と我身の直靈が張り滿つると共に、その張り滿つる息氣に、稜威に、罪と尤との追はれ、汚と穢との追ひ拂はれるなり。故に祓とは＝張ると、拂ふとの二義ありと知るべし、而も二義は合して、一義となる。曰く張るが故に拂ふ也。拂も祓とは＝實に我と我身の直靈を張りて、全身八千魂に滿ち足らはし、許許多久の罪と尤とを拂ひ、垢と穢を除き、神直靈神となり、大直靈神となるにあるぞかし。是れ我としての自律的祓也。自律的祓とは＝主觀的自我のみを認め、客觀的神を認むるまでには至らざれば也。

（三五）主觀の神と客觀の神

然れども、艸木は太陽の光――熱――暖氣に鼓動せられてこそ、蕾も出で、花も咲け、太陽の靈の張りも來りて、艸を包み、木を温むればこそ、艸木の靈は、その太陽の靈の光と熱とにつれて、芽組みもされ、葉延べもすれ。太陽の靈が張りも來らず、熱と光との包み温たむることなくば、艸木は遂に萎縮し、枯渇して、埋木埋艸とならましや。我等人類も亦それの如く、神を認めずんば神たること能はず、神直靈神、大直靈神たること能はぬなり。世には、主觀上に於てのみ、神を認め、我、直に神也、我が神の外に神あることなし。客觀上に神を認むるは、空想空念に過ぎざるなりとして、斷然客觀上に神を認めざる者ありとぞ聞えし。是れ誠に皮相の見なりと云ふも愚かなりや。そは我等は人間なり、何故に神と云ふぞ。人間は人間にて足る。而るに人間と云ふ名と實とにて滿足せず、更に人間以上の名と實とを尋ね、其身を人間以上の人間として滿足する能はず。いやが上にも、人間以上の實と名とに依りて向上せんことを期し、玆に自から我は神也と自覺するは、何故ぞ。その自覺して、我は神也と自稱する者は、自覺自稱する前に於て、神と云ふことを認め居るが爲めなり。然り、『人間以上の實と名とを有する者あり、それは、神なり』と、夙に客觀的に認めあるものとす。已に客觀的に神を認め、神と云ふ印象を頭腦に有し居るが故にこそ、我は神也とは、自覺することも、自稱することも得るなれや。その已に客觀的に於て、神と云ふことを認めず、神と云ふ印象を腦裡に有し居らずんば、なんぞ、我は是れ神也と云ふ自覺のあり得んや。神也といふ自稱のあり得べけんや。故に知るべし、人の主觀上に於て、我は是れ神也と自覺自稱する時には、已にその以前に於て、客觀上に、神を認め、神と云ふことを、腦裡に印象し居る者也と。唯その客觀上に認めたる神と云ふことは、明確ならず、神と云ふ印象は、朦朧たり、ほんの文字に見、言語に聞きたる位に過ぎざるなり。勿論、神と云ふ實質性格を明瞭に認めたるに非ず、神と云ふ印象の的確たりしにはあらざる也。而も文字にしろ、言語にしろ、將たその印象の朦朧たるにしろ、兎にも角にも、神と云ふことを客觀上に印象しありしなり。故にこの客觀上の印象は、不知不識の間に自からの主觀上に顯はれ來りて、我は是れ神也とこそ、自覺自稱するに至りしものなれ。且夫れ、その客觀上に認めたる神は、ほんの文字言語にして、神と云ふ性格實質の明瞭ならず、神と云ふ印象の曖昧朦朧たるを以て、何人も之に滿足すること能はず。更に進んで、之を尋ね、之を求め、之に憧憬れ、之を究むると雖、尋ぬれば尋ぬるほど、宏遠なり、求むれば求むるほど、深厚なり、憧憬れば憧憬るほど、究むれば究むるほど、彌々益々、幽玄崇高にして、悲しや、徹頂徹底、及ぶべからず。於是乎、客觀上の究明を思ひ止まり、遠き客觀上に求めずして近き主觀上に求むれば、嬉しや、求むる所の神は、玆にあり。我はその神也、我は是れ神也きと、自覺神稱するに至りしものなり。是れ蓋し根本大本體の神を、遠く客觀的宇宙に求めたるも、その力足らずして、得がたく、近く主觀的我が身に分派神を求め得たるものとす。幸なるかな、我は是れ神也と自覺し得たることよ。

(二六) 本末一貫の神——自律中他律の祓

均しく是れ神也、本末の差あるのみ。而も已に我の神たることを知らば、更に進んで、人類萬有、悉く是れ神たることを知ると共に、萬有は複雜にして一にあらず、千萬億兆無量數なれば、是れ分派神たるに過ぎず。この分派神を發顯しつゝある所の根本大本體神あることを知るに至らざるべからず。然り、本末一貫したる所に達せざれば、未だ以て、全き神を拜し得たりとは云ふべからざるものぞ。祓禊の行事は、實に全き神を拜せんとするにありと知れ。それ已にいづれにするも、神を認めざれば、神たること能はず。客觀上に於ても、主觀上に於ても、神と云ふことを認めざれば、神たること能はざるなり。その認むると云ふことは、神の靈に＝我の靈が鼓動せられて、神の靈の稜威に、我の全身が包まれ、温められつつあることの切實なるが故に、我の靈の直靈の開き來りて、神を認め得るには至るものたり。言語も文字等も、悉くそれ神の靈の稜威の一點滴なりとこそ知るべけれ。猶それ、草木の靈が、太陽の靈に包まれ、鼓動せられて、蕾となり、花となり、芽となり、葉となり、實となるものと同一なりとは知りねかし。それで、祓の自ら靈を張り、直靈を張り、自から罪と尤との垢と穢とを拂ひ除くが如きもの、その本を尋ぬれば、神の靈の爲めに張り、神の靈の爲めに、拂ひつつあるに過ぎざるものとす。故に自律的祓とは云へ、他律的祓となる。之を稱して、「自律中の他律的祓」とは云ふべしや。是れ主觀的自律中にも、客觀的神を忘るべからざればなり。

(三七) 他律的祓

他律的祓とは＝神より我を祓ふなり、神の靈が我が靈に天降り來りて、我が靈の吸集して、渟めある所の八十萬魂に、觸れかゝりある所の垢と穢とを拂ひ除くなり。八十萬魂なる八千魂が、その觸れかゝられたる垢と穢との爲に、造りに作り、犯しに冒したる許許多久の罪と尤とを拂ひ除くなり。然り、神の靈が、天降り來りて、我が靈にふくめ、我が直靈をふくらする也。我が靈は、神の靈をふくみ、神の靈にふくらせられたるが爲に玆に振ふなり、張る也、膨脹る也。それで、我が靈が自から、張るのも、振ふのも、膨脹るのも、更に振うて、張りて、膨脹て、許許多久の垢と穢との禍津毘を拂ひ除くのも、その實は＝我より自からに、我が靈の振ふに非ず、張るに非ず、膨脹るに非ず、拂ふにも非ず、除くにも非ず、＝先づ神の靈の天降り來りて、我が靈に含め我が靈を振るはせ、我が靈を張らせ、我が靈を膨脹らせ給ふからであるなり。然れば、我の自から垢と穢の禍津毘を拂ひ除くのは、神の拂らはせ給ふなり、除かせ給ふなり。極言すれば、神の拂ふのである、除くのである。全然「我のと」云ふはなきものぞ、「我の力」と云ふはなきものに歸着する也。

（三八）客觀的所動の結果

春來るが故に、花も咲き、葉も芽ぐみ、鶯も啼き蝶も舞ふ。冬來るが故に、葉も落ち實を結び、鶯も巣籠りし、蝶も世を謝す。風起るが故に、雲騷ぎ、雲騷ぎて熱するが故に、電と爲り、雨となる。雨降るが故に洪水出る。洪水出づるが故に、樹木流れ來り、堤防の破壞となる。堤防破壞するが故に人間立ち騷ぐなり。是れ唯だ二三の例證に過ぎずと雖、見渡せば、宇宙萬有、その主觀的能動なるものは、それ孰れか、その客觀的所動の刺戟を受けたるが故の結果にあらざるものぞ。雨降り風吹くが故に、家を欲して家を構へ、食なければ、饑を叫びて食を求め、冬來れば、寒を厭うて温袍を纒ひ、夏來れば、暑を避けて、輕裘を被る。夜は則ち燈を點し、晝は則ち燈を滅じ、その克く盡日盡夜、兀兀辛苦して、業を營み、職を執り、勞働勤勉するものは、悉く是れ衣食住の資を得て、生活の缺乏を充足せんとするにあらざるはなきにあらずや。天下生民の安危を思ふが故に國家經綸の策を建設し、世道人心の推移沈落を憂ふるが故に、斯道の發揮興隆に盡瘁貢献し、見渡せば、人事も亦均しく、その主觀的能動なる者は、孰れかそれその客觀的所動の刺戟を受けたるが故の結果たらざるものぞ。

(二九) 絶對――神の攝理

人生宇宙、人類萬有の活動なる者は、固より以て主觀的能動を缺くべからずと雖、その客觀的所動に刺戟せられて後に起り來るの結果たらざるはなし。祓の事に至りては、最も然りと爲す、その動作は、悉く神の靈に左右せられつゝあるものたり。全然、我と云ふ者あるなく、我と云ふ力の存することなき也。之を稱して、「他律的祓」とは云ふ也。「他律的祓」とは＝神のみを認めて、我を認めず、我を神の中に投入して、神の一部分となし、何事も神のまに〳〵歸順するなり。否な神より我を攝理し、我を同化し、我を神の一部分たらしめ給ひつゝあるものと自覺して、何事も神のまに〳〵歸順するなり。それの自覺も、我の自覺に非ずして、神より自覺せしめられつゝあるなり。それの歸順も、我よりの歸順に非ずして、神より歸順せしめられつゝあるを意味するぞかし。

（三〇）　他律中自律的祓

「他律中自律的祓」＝とは、神より解し、神を主として釋すれば人生宇宙、何事も、神のまに〳〵なりと雖、靜に反察すれば、已に、神と萬有との別あり、神と人との別あり、神と我との別あるに徵する時は＝神には神としての大靈能大靈職ましますと共に、人類萬有には、亦人類萬有としての本能本職が、個々分々に存在することを證明するに足る。是れ蓋し神としての神慮にして、人類萬有、個個分分の本懷たらずんばあらず。然らば則、神には神として其の大靈能を顯はし、大靈職を盡しましまし　つゝあると共に、人類萬有は、人類萬有としての、個々分々相應に、その本能を顯はし、その本職を盡す所あらざるべからず。祓の事に於ても、然り、神より神の靈を天降らし、神の靈を我の靈に含め、我の靈を振はせ給ふからには、我は亦、神の靈の來りて、我が靈を鼓動し給ふにつれ、我は我としての靈を＝直靈を振りつゝ、張りつゝ、許許多久の垢と穢との禍毘を拂ひ、許許多久の罪と尤とを除かねばならぬなり。是れ神の中なる我としては、神より攝理して、我を同化し給ふと共に、我よりも、亦、進んで、神の攝理を仰ぎ、神に同化することを期せざるべからず。是れ實に「他律中自律の祓」にして、「他律中自律の神我一體の祓」なるぞかし。

（三二）　他律と無律と他律中の自律の差別

且夫れ何事も、神のまに〳〵なる他律は、更に進めば、純他律となり。誠にありがたき律なれども、何事も、神のまに〳〵して、何事も神まかせにしては、遊惰放蕩淫佚等の罪悪も、亦、是れ神のまに〳〵なりとして、神放せに任せやり、維れ人の淺智放埓なる、却て神の神慮を誤解し、我の一身を自暴自棄するものなしと云ふべからず。是れ蓋し神の神慮を誤解したる者と云ふよりも、寧ろ未だ神と云ふ事を認めず、神と云ふ事を知らざる人なれば、本來「無律」の人にして、いづれの律にも入れて辯ずる丈の資格なき者たり。奚んぞ矩んや、他律に入れて、論ずるに足るべきかは。已に神と云ふを認め、神と云ふを知り居るからには、何條、遊惰放蕩淫佚たることを得べきぞ、自暴自棄することを得べきぞや。只それ他律中にて、何事も神のまに〳〵なり、何事も神まかせなりにては、その餘りに、神慮かしこし、恐れ多し、その間少しも我として爲すべき事のなければ、如何にも恐れ多くして、堪へがたきなり。何事も神のまに〳〵なり、神まかせなりなれども、責めては、我は吾身として、我に爲し得る限りを勤めに勉め、盡しに盡し、神より賦與せられある所の我としての本能を顯はし、我としての本職を營み、これの畏こき神慮と大御惠とに報い奉らでは息むべきやと、念ふ心の切なるより、神のまに〳〵の中に、報恩の道に上るなり。是れ實に「他律中自律の祓」が起り來れりける所以ぞかし。他律中自律とは、神の中なる分身として、神慮のまに〳〵、分身たる我の責任を盡しつゝ、大本體神の大御恵に報いまつらんとするものなり。神を主とし本とし、我を從とし末とし、主中の從、本中の末として、動作するものぞかし。

(三) 自信と紀律

無律の人は、神を認め、神あるを知らざるのみならず、自己を認め、自己あるをも知らざるなり。自己を認めざるが故に、自己を勵まし自己を勉め、自己の成格をば顯す能はず。自己の成格を顯はすこと能はざるが故に、自己なきに至るなり。而もその自己なきは、是れ果して自己なしやと云ふに、自己なきにはあらず、自己を顯はすこと能はずと言ふまでなり。その克く自己を顯はさず、自己なきに至る者は、是れ豈に自己あるを知らざる者となるに非ずや。自己を認むること能はざる者は、自己を信ずること能はざるに原因す。自己を信ずる人は、必ず、自己を認む。自己を認むる人は、必ず律あり、紀律あり。その信じたる自己、認めたる自己に、相應したる思想言語動靜の紀律起る。自己に相應したる紀律は、自己の守るべき律法也、自己の履むべき大道也。自己の守るべき律法、自己の履むべき大道は、是れ他に依賴すべからず、他に代理せしむべからず。他に依賴し、他に代理せしむるも、そは、他の行爲にして、自己の行爲とはならず。他人をして學ばしむれば、其人は學者たることを得べきも、自から學ばざるの自己は、學者たること能はざると一般也。故に、自己を信じ、自己を認むる時は、その自己を顯はすべきの律あると共に、その律は、必ず自己の自から守り、自から履むべきものたるを以て、その律を稱して「自律」と云ふ所以也。されば、自己を信じ、自己を認むると同時に、必ず自律あり。自己と自律と相待ち相化して、玆に、自己の成格を顯はし得るに至るものとす。世に無律の人ありとせば、その人は、自己を信じ、自己を認めず、自己のなきことを自白證明したる者とす。故に、人は一日一刻も無律たるべからず、早く自律たらざるべからざる也。

(三) 禊と全律

已に、自律に入る時は、自己を信じ、自己を認め、自己の實在を知りたる證據なれば、その自律的自己の力を以て、自己特有の性格を發揮すべし。而も人生の行路は複雜なり、容易の者にあにず。その艱難の來るや、一度ならず、二度ならず、十百千の多きに達することなしとせず。人力のみにては、とても處しがたきの實感あり實境あるにも至る。さる場合には、神を呼び、神に投じ、神に抱かれ、神の中の人となり、自律中の他律に入り、自己の力の及ぶ限りを盡して、神の力に任かすべし。而も神の力の大なることを認むるにつれ、自己の力の賴みとするに足らず、その實＝自己の力と云ふことはなしとまで自覺するに至ることあらば、他律に入り、何事も神のまに〳〵なりとして、神の命に服しつゝ、人生を通過すべし。而も何事も神のまに〳〵には、恐多しとの實感發し實境に立たば、更に「他律中の自律」に入り、神のまに〳〵の中に、自己は自己としての力の及ぶかぎりを盡すべし。いづれにしても、神を離るべからず、自律より入るも、神に歸し、他律より入るも神に歸し、自律中の他律、他律中の自律より入るも神に歸る。その行路こそ異なれ、均しく神に歸し、神に合し、神と離ることとなし、之を稱して「全律」と云ふ。日本民族の禊とは、實にこの全律によりて修め行ふものとす。（全律の委細は「安身立命宮」參看）

（三四）神——對——直靈と八千魂

直靈と云ふ者は、天御中主太神の分身分體靈なるが故に、是れ直に神也、分神也。八千魂なる荒身魂は、直靈の吸收結晶して大成したる者なれば、人也、萬有也。直靈は神に屬し、八千魂は人に屬し、萬有に屬す。直靈は神に直接し、八千魂は神に對して間接なり。八千魂と神との間には、直靈の實在しあれば也。故に、直靈は、直接に神に通ずることを得れども、八千魂は、先づ以て直靈に通じ、而して後に神に通ずる者とす。換言すれば、直靈の媒介を以て、神に通ずることを得るもの也。是れ八千魂は、直靈に吸收せられ、直靈に統一せられ、直靈に隷屬しあるが故に、その主人公たる直靈に同化せざれば、單獨に向上すること能はざれば也。

(三五) 全體直靈と分體直靈

荒身魂は、八千魂の集合結晶體にして、この集合體たる八千魂を吸收し集合し結晶せしめたる所の直靈が、主人公として、その荒身魂中に實在するが如く、八千魂には、八千魂として、その分分個個の魂魂に、亦、それ〳〵、一個の直靈の實在しあるものとす。彼は全體の直靈にして、此は分體の直靈也。全體直靈が八千魂を吸收統一して、人類萬有の個性個體なる荒身魂を構造大成しあるが如く、分分個個の魂魂には、亦、分體直靈が實在し、分分個個に相應したる八千魂を吸收結晶して、分分個個の魂魂を構造し、その分分個個的魂魂の小荒身魂を大成しあるものとす。例へば、眼なり、鼻なり、耳なり、舌なり、腸なり、胃なり、肺なり、肝なり、脾なり、心臓なり、腎臓なり、骨なり、髓なり、將た、筋也、肉也、細胞也、毛髮也、神經系統也。悉くそれなりとす。

(三六) 全身の統一同化と大直靈

抑も、直靈と云ふ上に於て、人類萬有の全體を觀すれば、悉く是れ直靈なり、大直靈也。大直靈としての人類萬有は、いづれも、皆、直接に神に屬し、直接に神に通じ、神に合一することを得るものたり。否、大直靈としての人類萬有は、化神なり、分神なり、神なり。大直靈としての人類萬有は、一身一體、渾然同化統一して、亦、個個分分に、分裂割據の隔離衝突なく、その一擧一動は、直に是れ神たるの行動を實顯しつゝあれば也。

（三七）　主體直靈の不變と分派魂の變化

然れども、一の主動者たる全體直靈に吸收せられたる八十萬の分體直靈は、吸收せらるゝと共に、その活動を異にし、その分分個個の活動を爲しつゝ、主動者たる全體直靈の後に服從しつゝあると共に、亦その間隙ある時には、自我を單獨に發達せしめんとしつゝあるに至るを以て、魂とは變ずるに至る也。八十萬の直靈が、八十萬の魂に變じ、八千魂に變じ、荒身魂に變ずるが如く、その分分個個の魂魂の八千靈も、亦その八千魂に變じ、小荒身魂となり、眼となり、鼻となり、耳となり、舌となり、血となり、細胞となり、乃至毛髮齒齶骨絡、神經系等と爲る所以なり。而して、全荒身魂に於ける主動者中身者、吸收統一者としての全體直靈は、變性せざるが如く、分分個個に於ける主動者、中身者、吸收統一者としての分體直靈は、亦均しく變性することあることなし。

（三八）　分體直靈の單獨神化

全荒身魂としての主動者たる直靈が、直接に神に屬し、神に通ずることを得るが如く、分分個個の分荒身魂の小主動者たる直靈も、亦直接に神に屬し、神に通ずることを得る也。常經より云へば全荒身魂の直靈と、分分個個の分荒身魂の直靈とは、聯絡統一して、直接に神に屬し、神に通ずる者とす。權道より云へば、個個分分的分荒身魂の直靈は、單獨に神に接し、神に通ずることを得る也。全荒身魂の主動者たる直靈が、八千魂を制御統一し、同化し靈化して、全身大直靈たる時は、その分荒身魂の直靈は、勿論、統一的同化的一體的に、神に接し、神に通ずること言ふ迄もなし。然れども、全荒身魂の主動者たる直靈が、八千魂を制御すること能はず、分分個個に、八千魂を割據せしめ、遂にその統一を失ふて幽閉せられたる時。少くとも、或る一魂一官能を增長せしめて、他の諸魂諸官能を壓伏せしむる時等には、分荒身魂中の一の小直靈は、單獨に、自己のみが吸收結晶したる一部の小荒身魂丈けを統一同化して、時時、全荒身魂の主動者たる直靈を刺戟しつゝ、神に向ひ、神に通じ、神に向上同化せんとするに至る也。人類萬有は、一魂一官能の後悔よりして、その本性たる全身主動者たる全體主人公なる直靈を喚起し、善化し、神化せんとし、或は遂に克くその善化神化することあるのは、卽ちそれなりと知るべき也。例へば、眼の視覺が動機と爲りて善に向ひ、或は智の活動が動機となり、若しくば情の活動が動機と爲りて善に向ふが如き場合なりと知るべし。然れども旣に喚起と云ふ。直靈より解すれば、個個分分の分荒身魂の直靈は、常に幽閉せられがちなるを、多くは、全荒身魂の主動者＝中身者なる全體直靈より喚起せられ、その活動に鼓動せられつゝ、自己主宰内の小荒身魂を統一し同化し靈化しつゝあるものとす。祓と禊との起るは、實に茲にありて存す。

（三九）人身と犯罪——禍津毘の刺戟

直靈は自から進んで、尤を作ることなし、罪を犯すことなし。八千魂も自から進んで、尤を作り、罪を犯すことあるなし。靈魂一致の人類萬有は、自から進んで、尤を作り罪を犯すことあるなし。その罪を犯し尤を作ると云ふ事は、外より荒振禍津毘の來りて、我が身を犯し、我が身を刺戟し、我が八千魂を煽動するより起るものとす。我身の八千魂が、外より犯し來る荒振禍津毘に刺戟せられ、煽動せられて、その刺戟につれて、煽動につれて、誘惑せられつゝ、尤を作れば罪を犯すに至るものとす。若し外より刺戟し來り、煽動し來る所の八十禍津毘なくば、我は決して、誘惑せらるゝことなしと共に、尤も作らねば、罪も犯さない。

（四〇）禍津毘と原素原子

禍津毘とは、人間より客觀すれば、空氣なり、原素なり、分子なり、原子なり、電子なり。その空氣、原素、分子、原子、電子等が、それ自身に主觀する時は、菌なり、蟲なり、魂なりとす。均しく空氣也、原素也、分子也、原子也、電子なれども、人間に害を與ふる時と、然らざる時とあり。その人間を害する時は、人間八千魂の統一を破り、八千魂の分裂を促がすものなるが故に、悪となる也、禍津毘となる也。之に反し、人間自身の統一を助け、八千魂の調和を促がすものは、善となる也、神直靈となる也。

(四一) 眼魂と犯罪

例へば、茲に、甲某あり、我家の南軒に讀書しつゝありしが、ふと窓より、一婦人の道路を通行しつゝあるのを眺めたり。その眺めたる瞬間に、自己の眼眸は、婦人に向ふと共に、その眼眸よりは無數の息氣出でつゝ、電光石火的に雄走りて婦人に集注する也。而もその自己の眼眸の息氣が雄走りて婦人に集注する前に於いて、先づ卒然に、婦人の姿が、自己の眼眸に映じ、婦人の息氣が、自己の眼眸に集注し來りたると同時に、自己の眼眸は、婦人に向ひ、自己の眼眸の息氣は、電光石火的に雄走りつゝも、婦人に集注し去る者とす。已に自己の眼眸は、婦人に觸れ、婦人の姿を認め、婦人の息氣を受けたり。而して、自己の眼眸は婦人に向ひ、眼眸の息氣は雄走りて婦人に集注しつゝある也。自己の眼眸は、次第〳〵に、婦人に向つて、轉轉と、より多くの鼓動を始めたり。その次第〳〵に、より多くの鼓動を始むると共に、全身の諸機關を誘うて、漸漸次第と、婦人に向ての鼓動を起さしめんとする也。換言すれば、眼の魂が一婦人を目的として、鼓動し始めたるが故に、全身機關の八千魂を誘ひ、眼の魂のそれ自身の目的を達せんが爲めに、その目的の爲に、他の八千魂を、眼それ自身と共に活動せしめんとするに至るものたり。他の八千魂は、眼魂の誘引につれ自然と鼓動し始めつゝ、遂に之に加擔し、それと同一の歩調を爲すにも至る也。抑も眼魂は、唯だ婦人の容貌色彩を見るを喜び、その容貌色彩より發射し來る息氣を貪るを樂みとしたるのみ。眼魂としては、それ以外の希望あらざりしものとす。

（四二）陽魂と犯罪

然るに、眼魂の鼓動が動機となり、茲に陽魂の鼓動を始めたり、眼魂の鼓動に大賛成を表し、それは何より我が望む所なりとして、更に、亦猛烈に、他の八千魂を誘ひ、全身總ての息氣を婦人に向て雄走り、婦人に向て集注すると共に、寧ろ全身を促がし、全身を率て、婦人に近接せんとするに至る。而もその近接せんとする手段としては、かにかくと、尤も作り、罪も犯すに至るなり。その始に於て婦人を視ることなく、婦人色彩の刺戟なくんば、如何なる人なりとも、自から進んで尤を作り、罪を犯すこともなきものたるを知るべき也。

（四三）鼻魂と外界の刺戟——罪

茲に、乙某あり、牛肉店の前を通行し、樓上牛肉を煮つゝあるの臭氣、飛び來りて鼻孔に入る。鼻魂が、その臭氣に刺戟せられて、その臭氣を嗅ぎ貪りつゝ微動を起し、その微動は轉々波動し、全身の八千魂を誘ひ、八千魂を導き、八千魂の雷同せんことを促がす。さては、一魂一魂、之に應じて、附和雷同しつゝあるが中にも、舌魂、胃魂、腸魂、心臟魂等は、最も猛烈に應援して雷同するのみならず、寧ろ鼻魂の波動報告に依り、その牛肉の臭あることを知る時は、獨りその牛臭肉香を嗅ぎて滿足すること能はず、是れ我等の最も期待熱望する所なりとして、その牛臭肉香は鼻魂に讓ると共に、更に進んで主動者となり、茲に三軍を組織し、全身の八千魂に軍令を發し、猛烈に全身の八千魂を徵發し、牛肉收獲の戰に向ひ、全身の八千魂をして、悉く自己等の希望する牛肉收獲の目的に向て、奮鬪鼓動せしめねば已まざるにこそ至るなれ。舌胃腸等の鼓動、最も猛烈にして、最も熱烈なる時は、他の八千魂も、その猛威烈勢に化せられ、漸々次第と附和雷同しつゝ、終には、總攻擊の大吶喊を爲すにぞ至る。牛肉の臭氣とは、微細なる微分子なり。その微分子が、雄走り來りて、鼻孔に入り、鼻魂を刺戟するが故に、鼻魂は之を吸收しつゝ、更により多く吸收せんとの慾望より、全身の八千魂に附和應援を求めつゝ、その鼓動を促がしたるものとす。而して舌胃腸等の大運動となり、八千魂の雷同吶喊となり、その目的を達するには、あらゆる手段を施すに至り、その人の如何に依りては、之が爲めに、あらゆる尤も作れば、罪も犯すに至るなり。若し夫れ牛臭肉香の雄走り來りて、鼻孔を穿ち、鼻魂を刺戟することなくば、舌魂胃魂腸魂等の運動も起らず。如何なる人にても、之が爲に、尤を作り、罪を犯すこともあることなしとす。

（四四）　耳魂と外界の刺戟――罪

又丙某あり、とある席上にて、音樂談を聞き、或は大道通行中、一の高樓より音樂の響漏れ來るを聞く。音樂の談話も、音樂の響も、均しく、質あり體ありて微分子なり。その微分子が、一音一波毎に波動し來りて、耳孔を穿ち、耳魂を刺戟す、刺戟せられたる耳魂は、之が爲めに鼓動を起し、一鼓動毎に、音樂を貪ること切にして、猛烈になり、漸々と、八千魂の附和雷同を促がす。促がされたる八千魂は、一魂一魂又一魂、次第〱に附和雷同し遂には全身の大運動となり、直接に音樂を聞き、音樂を貪るの實感的慾望を達せんとするに至る。その慾望目的を達せんとするには、その人の如何によりては、之が爲めに、あらゆる尤も作れば、罪も犯すに至る也。若し夫れ、音樂の談話を聞き、音樂の響を聞くことなくば、その談話の微分子と音樂の微分子とは、雄走り來りて耳孔を穿ち、耳魂を刺戟せざるを以て、耳魂の鼓動は起らず、八千魂の雷同も起らず、全身の大運動もなし、如何なる人にても、之が爲めに、尤を作ることもなければ、罪を犯すこともなきものとす。

(四五)　皮膚魂と外界の刺戟——罪

更に丁某あり、その手足の金襴綾羅に觸るゝことありとせよ。金襴綾羅より分泌する氣は、眼にこそ見えね、微細なる質あり、體あり、均しく一の微分子なり。その微分子は、手足を穿ち、皮膚魂を刺戟す。刺戟せられたる皮膚魂は之が爲めに鼓動を起し、その一鼓動に、金襴綾羅を貪ること切にして、漸々と八千魂の附和雷動を促がす。促がされたる八千魂は、一魂々々又一魂、次第々々に附和雷同し、遂には全身の大運動となり、直接に、その金襴綾羅を貪るの實感的慾望を達せんとするに至る。その人の如何に依りては、之が爲にあらゆる尤も作れば、罪も犯すに至る也。若し夫れ手足等が金襴綾羅に觸るゝことなくば、皮膚魂の刺戟なきを以て皮膚魂の鼓動起らず、八千魂の雷同もなく、全身の運動もなく、如何なる人々にしても、之が爲に尤を作り、罪を犯すことあらざる也。

(四六)　一魂の活動と智情意の屈從

以上は、唯だ是れ三四の例を示したるに過ぎず。玆に注意すべきは、第一主動魂の鼓動に、漸々次第と、八千魂の附和雷同し了はらんとする刹那に於て、智情意の活動を興す也。換言すれば、八千魂は、智情意の三魂に向て、之を訴へ、その裁決を促がす也。而も一魂の猛烈に興奮して他の八千魂を制御する時は、智情意も、却てその一魂の爲に制せられ、一魂の役となり、一魂の命令こそ受け、一魂の爲に活動し、一魂の期する所の目的を助長せしむるにも至るものとす。例へば、舌魂が、ある飲食を求め、その興奮と運動との猛烈なる時は、智情意も亦、他の八千魂と共に附和雷同して、その飲食慾を達せんが爲に活動するが如きそれなりとす。耳魂が、ある音曲を求め、その興奮と運動との猛烈なれば、智情意も亦、他の八千魂と共に、耳魂の猛烈なる興奮と運動とに制御せられ、自然と附和し、雷同し、耳魂の要求命令に應じ、その音曲の目的を達すべく活動するに至るが如きそれなりとす。或は眼魂、胃魂、筋魂、骨魂、皮膚魂等、その孰れの魂たるを問はず、八千魂中の一魂が猛烈に興奮し運動する時は、智情意は自然と制御せられ、却て從となり、役となりて、その目的を助長遂行すべく活動するに至るものとす。

（四七） 智情意とて賴むに足らず

智情意とて、決して當てになるものにあらず。賴みとするに足らず。瞬間にても油斷すれば、下向の活動を爲すに至る。然り。或る一魂の爲めに、善とも變ずれば、惡にも變ずる也。人間は智情意の作用のみにて活動しつゝありと、思ひなば、とんでもなき誤解と知れ。而も世界列國、到る處の人類は、その多くは、この誤解に陷り、悲しいかな、未だ克くその誤解たることを發見すること能はざる也。

（四八）智情意とは何ぞ――大缺陷

抑も、智、情、意とは何的ぞ。彼等は唯だ、裁斷するものを稱して、智識と云ふ。然らば、その裁斷する者は、何的ぞと問へば曰く、精神作用也と。さてその精神作用とは何的ぞと、肉薄すれば、茫然自失、亦その答ふる所を知らざる也。彼等は情感的のものを稱して、感情と云ふ。さてその情感するものは何的ぞ。泣くは情感なり、然らば、情感する實體は、眼か。情感するものは、獨り眼のみに限らず。耳舌鼻肌等悉く情感あり。彼等の所謂情感とは、刺戟感覺等の進步したる者に過ぎず。寧ろ感覺と相去る幾許もなし。玆に情感其的は、何ぞと迫まれば、曰く精神作用也と。さて、その精神作用とは何物ぞと追求すれば、茫然自失、亦克く答ふること能はざる也。意思とは何ぞ。曰く決意する者也と。さて決意するものは何ぞ。曰く精神作用也。その精神作用とは何ぞと追求すれば、亦復、茫然自失、遂に克く答ふること能はざる也。彼等は唯だ影を辯じ、響を說きつゝあるに過ぎず。情の實體、智の實體、意思の實體、精神その的の實體をば、未だ曾て知らざる者とす。その生理說、心理說、倫理說、道德說、修身說等に缺陷あること、何ぞ怪むに足らむや。その宗敎宗義に缺陷あること何ぞ怪むに足らんや。

（四九）影や響の智情意

已に曩に説明したるが如く、日本民族に於ては、精神と肉體とは、同性同質同體で、只その稀薄なる者を精神と云ひ、濃厚なる者を肉體と云ふに過ぎず。精神も、より多く集合結晶すれば濃厚となり、肉體となり、肉體も分散すれば、稀薄となり、精神となる。眼（荒身魂の眼＝肉眼）にこそ見えね、精神も亦、性あり、質あり、體あり、形あるものなり。世界列國の古今は、未だ曾てこの分際を知らず。故に概括して、精神とか心とか稱し、その肉體に顯はれ來る所の影や響につれて、智とか、情とか、意思とかと云ふに過ぎず。只だ精神と云ふも、心といふも、その精神の實體、心の實體を知らず。故に亦その智の實體も、情の實體も、意思の實體も、實在するものなりとは、夢にだも知ること能はざりし所以なりとす。

（五〇）智情意の實體

日本民族は、神代以來その智の實體あるを知る、之を稱して奇魂《クシミタマ》と云ふ。情の實體あるを知る。之を稱して幸魂《サキミタマ》と云ふ。意思の實體あるを知る、之を稱して和魂《ニキミタマ》と云ふ。然れども奇魂は、彼等の智識とは大にその外表内容を異にす。その智識は、單に奇魂の一分に過ぎず。奇魂は、彼等の情感とは、大に外表内容を異にす。その情感とは、單に幸魂の一分たるに過ぎず。和魂は、彼等の意思とは、大に外表內容を異にす。その意思とは、和魂の一分子たるに過ぎざる也。日本の奇魂と云ふのは、自から、智識も情感も意思も有し、幸魂と云ふ者も、自から智情意を有し、和魂も、自から智情意を有す。換言すれば、和魂には和魂としての奇魂幸魂あり。奇魂としては奇魂としての和魂幸魂あり。幸魂としては、幸魂としての和魂奇魂あるなり。而して、この荒身魂なる肉體に、五官等のあるが如く、和魂にも、幸魂にも、奇魂にも悉くそれ相應なる五官等を有しつゝある者とす。是れ唯だその二三の例に過ぎずと雖も、彼等の智情意と云ふものとは、大にその外表内容を異にしつゝあるものたるを知るべきなり。

(五二)　奇魂、幸魂、和魂、神魂と智情意

玆に、一二の實證を示さば、彼等の智情意といふものは、本來實體なき無形のものなるが故に、獨りその主觀上に於て、實體を明了に認むること能はざるのみならず、客觀上に於ては、猶更その實體を見ること能はぬなり。然るに日本のは、奇魂でも、幸魂でも、主觀上に於て我と吾身に鎭魂すれば、その實體を認め得るのみならず、一身凝結結晶したる場合は、客觀に亦その實體を認むることを得る也。甲あり、乙に暗示を以て催眠を施し、且つ曰く、汝は今より大阪に行き、何某は今何事を爲

しあるかを檢し來れと、乙の身は東京に在りながら、その一魂は脫して大阪に行き、何某の行動を檢し來り報告す。是れその一魂とは何ぞ、催眠學上未だ明瞭なる解釋なく、單に第二の情格とか、人格とか云ふに過ぎず。日本に於ては、古來より之を稱して、奇魂と云ふ。この奇魂には五官あり、故に大阪の何某の行動を實見し來る所以也。且夫れ今日の心理學上、自己の魂が客觀上に脫出し、自己の戀愛する婦人に變化し來りて、自己を誘惑することあるを認め、之を稱して第二の情格とか、第二の人格とか名稱しつゝあり。而も是の如き名稱は、近世こそ始まりたるものなれども、日本には、神代以來、之を認め、之を名稱しつゝある也。日本には、之を稱して「術魂」と云ふ、「バケタマ」と讀む。是れ奇魂幸魂等の悉く變化したる時の異名たり。委細の消息は、別著「靈魂觀」に就て知るべし。要するに、日本の和魂、幸魂、奇魂とは、世界列國の智情意と云ふものとは全然その外表內容を異にするものと云ふ事を證明し置くに過ぎず。

(五二) 一魂の興奮と全身の制御——愛妾と一家

一匹夫も猛烈に興奮運動すれば、村人を動かし、郡人を動かし、町人を動かし、市人を動かし、一縣一府を動かし、社會公衆を動かし、盡く天下を動かし、內閣諸大臣を動かし、總理大臣までを動かし、悉くその一匹夫の運動に化し、一匹夫の目的とする所を助長遂行せしむるにも至るにあらずや。

いかに、一家の主人公なりと雖、油斷する時は愛妾の乘ずる所となり、愛妾の權威は、自然閨門に波及して、正妻を蟄居せしむるのみならず、漸次閨門以外に逸坍し、馬丁車夫を制し、家扶家令を制し、一家の全權は、何時の間にかは愛妾の手中に歸し、家扶家令を始めとして、一家悉く愛妾の爲に活動し、愛妾の目的を助長遂行するの從役たり、利器たるに到り、從ふて、主人公は、木偶同然の者とこそ變性するに至り、亦その主權を實行する能はず、主權は夙に愛妾の手中に歸し、一擧一動、愛妾の爲に左右せらるゝの餘儀なきに到達するにあらずや。之と均しく、眼なり、舌なり、その孰れの魂たるを問はず、その一魂が猛烈に興奮して已まず、鼓動して已まざる時は、他の八千魂の雷動附和するのみならず、和魂も、奇魂も、幸魂も、悉くその勢に制せられ、却て服從せざるを得ざるの餘儀なきに陥ること、何ぞ夫れ怪むに足らんや。

（五三）　舌魂胃魂の人と飮酒——相談の諾否

見よ、世間多くの人々は、殆どその一魂の爲に制せられ、全身悉くその一魂の犧牲とはなりて、その一魂の目的の爲にのみ助長活動しつゝあらざるはなきことを。飮酒の人は、舌魂胃魂の酒を好むよりして、常に他を誘導し、他の八千魂も、亦その誘導に化せられ、酒に浸潤するを以て快とす。故に全身の活動は、悉く飮酒の目的に向て貢献す。飮酒の目的さへ達すれば、その人は滿足する也。さればば、飲酒の人と事を計らんとすれば、先づ以て、銘酒を勸むべし。その人必ず喜び、相貌を崩して微笑す。その微笑するに應じて、事を談ずれば、直に首肯して快諾せざる者は殆ど稀なり。それよ、爛醉哄笑の際、事を談ずれば、如何なる難事も、その人必ず快諾す。若しや、飲酒の人に勸むるに、銘酒を以てせず、反物を以て贈らん乎。その反物は、銘酒より以上の高價なる召物なるにもせよ、彼は喜ばず、却て不快を感ぜしむることあり。事を議るも、彼は彈撥して之を首肯せず、却て怒を增すこともあるべし。是れ蓋しお召物は皮膚魂、筋肉魂等の喜ぶ所にして、舌魂胃魂等の喜ぶ所にあらず。その人は舌魂胃魂の人にして、舌魂胃魂が常にその人の全身八千魂を制御しつゝあれば、その常に主動しつゝある所の舌魂胃魂を刺戟鼓動せしむる者にあらざれば、その人を喜ばし、その人を制すること能はざる者と知るべき也。若し夫れ平生舊知にして、相互の內幕を會得しつゝある間柄なりとせば、その一方が飲酒の人に向て、召物を贈りたりとせよ、彼は必ず怒りて云はん。何故に酒を持參せざる、召物は飲まれず、興起らず、この世は酒の世たるを知らざる乎。何ぞそれ不粹千萬なる。請ふ幸に典物し來れ。然らざれば、我れ自から、典物せんとて、遂に典物し、酒に代て、之を飲み、之を賞味するを以て、人生の快事と爲す。飲酒の人は、いかに、酒を以て、人生の快事と爲しつゝあるかを知るべきにあらずや。

（五四）眼魂の人と觀劇觀光——相談諾否

眼魂の人は、常に眼魂を樂ましむるを以て、人生の快事とす。眼魂は色彩光澤ある演劇等を觀覽するを樂むよりして、常に他魂を誘導し、他の八千魂も、亦、その誘導に化せられ、觀劇觀光を以て快と爲す。故に全身の活動は、悉く觀劇觀光の目的に向て、助長貢献す。觀劇觀光の目的さへ達すればその人は滿足する也。されば、眼魂の人に向て、事を計らんとするには、先づ以て觀劇觀光を勸むべし。その人必ず相貌を崩して悅壺に入る。その觀劇觀光闌にして、その人感興極まるの機會に乘じ、それとなく、靜に事を談ずれば、その克く首肯して快諾せざる者は殆ど稀なり。是れその人としては、平生最も主動しつゝある所の者は眼魂にして、その眼魂を喜ばしめ、樂しましめたれば、その眼魂は何等の顧慮なく、その談じ來る所の事件を快諾する事、恰もその好む所の演劇を流し入れつゝ、續きて某事件と云ふ水を流し込むものなれば、彼は已にその口を開きつゝ、演劇と云ふ水を吸收しつゝある時なるを以て、それと同時に、某事件と云ふ水の流れ込み來れるもの故、之を拒むの餘地なく、知らず識らずの間に、いつかは、均しく吸收し終るものとす。その何等の支障なく、快諾するのは當然なり。之に反し、眼魂主動の人に、銘酒を贈るも、彼は彈撥して受けず、受くるも、直にその談ずる所の事件に應諾せず、或は、反物を贈るも喜ばず、却て不興を催ふす。よしや受けたりとするも、一度位にては、その談ずる所の事件に應諾せず。是れ蓋し眼魂の人は、眼魂常に主動して、他の八千魂も、その波動し、八千魂を制御し、他の八千魂も、その波動に應じて鼓動し、その制御につれて運動しつゝあるが故に、眼魂動けば、他は直に波動應動すると雖、舌魂や皮膚魂等にては、その主動たらざれば、よしや、その贈られたる所の銘酒や、反物に向て、その舌魂は動かざるにあらず、喜ばざるにあらず、その皮膚魂は動かざるにあらず、喜ばざるにあらず。然れども、その動くは、單にその舌魂ばかりにして、その皮膚魂ばかりにして、未だ克く他の八千魂を波動し、他の八千魂を制御し得る迄に至ること能はざれば也。故に一度や、二度位にては、充分にその人の全身を動かし、我が有する所の事件に應諾せしむること能はざる者と知るべし。是れその眼魂主動の人には、眼魂の喜ぶ所の觀劇觀光を以てするの速なるには如かざる所以なりとす。

（五）皮膚魂の人と織巧麗質の錦布――悅壺

皮膚魂の人は、常に皮膚を樂しましむるを以て、人生の快樂と爲す。然り、皮膚魂は、常に柔輭織巧の麗質美澤ある者に接觸するを樂みつゝあるよりして、常にその好む所を以て、他に波動し他を誘導す。他の八千魂も亦。その誘導に化せられ、その輭柔の麗質、織巧の麗質に接觸するを快と爲す。猶ほ、一家主動の家令の好む所は、家中一般之を好むに至り、一家主動の愛妾の好む所は、一家中悉く之を好むに至るのと一般なりとす。故にその人、全身の活動は、悉く柔輭纖巧の麗質に接觸するの目的に向て、助長貢献す。麗質接觸の目的だに達すれば、その人は滿足する也。されば、皮膚魂の人に向て、事を議らんとすれば、先づ以て、纖巧麗質の反物等を贈るべし。その人必ず相貌を崩して悦壺に入る。その悦壺に入るの機會を見澄し、徐ろに事を談ずれば、その克く首肯して快諾せざる者は殆ど稀なりとす。是れその人としては、平生最も主動しつゝある者は、皮膚魂にして、その皮膚魂を喜ばしめ、亦樂しましめたる者あれば、その皮膚魂は、その喜びあり樂みあるの餘りに、何等の顧慮なく、その談じ來る所の事件を快諾すると共に、之を他の八千魂に波動し送る。波動し送られたる八千魂は、常に當時主動者たる皮膚魂に服從しつゝあるが故に、一波々々、又一波と波動しつゝも、之を受け之を收むるよりして、全身悉くその談じ來る所の事件を應諾するの餘儀なきものと成り行くものとす。之に反して、皮膚魂の好まざる所のものを以て贈るも、彼は之を彈撥して受けず、受くるも一度や二度にては決して應諾の意を容易に表するものにあらずと知るべき也。

（五六）　耳魂の人と音樂歌曲——相談諾否

耳魂の人は、常に耳魂を樂しましむるを以て、人生の快事となす。耳魂は、聲音韻調を聽くを樂しむよりして、常に他の諸根を聲音韻調に誘導し煽動す。煽動せられたる他の八千魂の諸魂は、自然とその誘導に化せられ煽動に乘じ、いつしかと聲音韻調の曲を以て快となすに至る。故に全身の活動は、いつしかと音樂歌曲の目的に向つて助長貢献し、音樂歌曲の目的さへ達すれば、その人は滿足するに至るなり。去れば、耳魂の人に向つて、事を謀らんとするには、先以て音樂歌曲の樂を勸むべし。その人必ず相貌を崩して悦壺に入る。その音樂歌曲酣にして、その人快歡極まるの機會に乘じ、それとはなく靜に事を談ずれば、そのよく首肯して快諾せざるもの殆ど稀なり。これその人としては、平生最も主動しつゝある處のものは耳魂にして、その耳魂を歡ばしめ耳魂を樂ましめたらば、彼亦何等の顧慮なくその談じ來る處の事件を快諾すること、假令ばその好む處の音樂歌曲の水を先以て、流し入れつゝ、續きて、某事件といふ風を吹き込むものなれば、彼は既にその耳を開きつゝ、歌曲といふ音を聽收しつゝあるの時なるを以て、それと同時に某事件といふ、調べの風を吹き込み來りたるものなれば、今更これを拒むの餘地なく、知らず〳〵の間に、いつかは等しく、聽收し終りたるものとす。その何等の支障なく顧慮なく、快諾するの餘儀なきに及ぶは、蓋し當然なりとす。これに反し、耳魂主動の人に向つて、飮食物を賜るも、彼は彈撥してこれを受けず。假に受くる處ありとするも、直にその談じ來る處の事件には應諾せず。或は、反物等を送ることあるも左まで喜ばず、反て不快の感を發すべし。よしや受けたりとするも一度位にては、その談じ來る處の事件に應諾するものにあらざる也。是れ蓋し耳魂の人は、常に耳魂のみ主動しつゝあるを以て、その主動は他の八千魂に波動すると共に、よく八千魂を制御しつヽあるなり。他の八千魂も、その波動に應じ、鼓動し、共の制御につれて運動しつヽあるが故に、その人としては、先以て耳魂動けば、他の八千魂は直にそれに波動應動すると雖、反之、眼の魂や舌の魂や、皮膚の魂等にては、その人としては、その身の主動者たるものにあらざれば、假令眼の魂等の一魂が、動くと雖、他の八千魂を制御する丈の訓練たらざるなり。それ故、その人に飲食物や反物等を以て贈るとも、その人は是れに對し、その舌魂の動かざるには非ず、皮膚魂の動かざるにはあらず、受くるからには、全然喜ばずといふにはあらず、然れどもその動くは、單にその人の、舌魂ばかりにして、その喜ぶは、單にその人の、皮膚魂ばかりにして、未だよく他の八千魂を波動し、他の八千魂を制御し得るまでに至ること能はざるによる。故に一度や二度位にては、充分にその人の全身を動かし、我が欲する處の事件に應諾せしむること難し。是れその耳魂の人には、耳魂の最も喜ぶ處の音樂歌曲を以てするの、速なるには如かざる所以なりと知るべし。

(五七)　鼻魂の人と芳薰香氣

鼻魂の人は、常に鼻を樂しましむるを以て最も快樂なりとなす。然り鼻魂は、常に馥郁たる香氣に接着し、紛々たる芳薰を嗅ぐを以て何よりの樂みとなしつヽあるよりして、常にその好む處の香氣芳薰に向つて、主動すると共に、他の八千魂に波動を及ぼし、他の八千魂を誘導感化しつヽあるなり。

他の八千魂も亦、その誘導に化せられ、その感化に歸し、自然と何時とはなしに、全身こよなき樂みとしては、馥郁たる香氣に接觸し、芳薫を嗅ぐを以て快となすに至るなり。猶一家主動の家扶の好む處は、一家中皆これを好むに至り、一店主動の番頭の喜ぶ處は、一店中皆その意を迎へてこれを好むに至るのと同一なり。その人全身の活動は、鼻魂の爲に制せられ、鼻魂の喜ぶ處の香氣を嗅ぎ、鼻魂の好む處の芳薫に接觸するを以て目的となし、他の八千魂も亦その主動たる鼻魂の活動を助成すると共に、諸魂の活動も亦、總てを爰に貢献するに至る。鼻魂主動の人としては、芳薫に接觸し、香氣を嗅ぐの目的だに達すれば、その人何より以て滿足するに至るものとす。されば、鼻魂の人に向つて、事を議らむとすれば、先以て馥郁たる芳薫と香氣を送るべし。その人必ず相貌を崩して悦壺に入る。その悦壺に入るの機會を見すまし、それとはなしに徐ろに我事を談ずれば、その能く首肯して快諾せざるものは殆ど稀なりとす。これその人としては、平生最も主動しつゝある處のものは、鼻魂にして、その鼻魂を喜ばしめ且つ樂しましめたるものなれば、その鼻魂は爰に喜びあり樂みあるの餘りに、何等の顧慮なく、何等の躊躇なく、その談じ來るの事件を快諾すると共に、これを他の八千魂に波動し送る。送られたる八千魂は、常に當時の主動者たる、鼻魂に制せられ、鼻魂に服從しつゝあるが故に、一波々々又一波と波動しつゝも、これを受け、これを收め、これに從ふよりして、全身悉く、その談じ來る處の事件を應諾するの餘儀なきに至ること、蓋し當然なりとす。反之鼻魂の好まざる處、喜ばざる處のものを以て逘るも、彼は彈撥してこれを受けず。假令受くることありとするも、一度や二度にては、容易に應諾の意を表するものにあらずと知るべきなり。

（五八）　全身の支離滅裂

世の多くの人々は、常に外來の刺戟に伴ふて一魂の鼓動を起し、その一魂の鼓動は、他の八千魂を更に刺戟し煽動し、煽動せられたる八千魂も亦附和雷同して鼓動し、爰に全身の大鼓動を起し、その初めに刺戟せられたる外來の事物に向つて、活動するに至るなり、而も朝に刺戟せらるれば、その刺戟に向つて、一魂の鼓動しつゝあるにも拘らず、夕に刺戟するものある時は、その刺戟に向つて、一魂の鼓動が始まるのみならず、前に刺戟するものある時は前に向ひ、後に刺戟するものある時は後に向ひ、右に刺戟するものある時は右にも向ひ、左に刺戟するものある時は左にも向ひ、全身の八千魂はその耳目鼻口を初めとして、何れもその好む處や欲する處に向つて、活動せんとしつゝあるが故に、その全身は常に分裂して支離滅裂たるなり。一時も統一する事なきが故に、昨年の事業は今年に異なり、今年の事業は明年に於て同じからず。朝に企つる處は、晝に變じ、晝に思ふ處は夕に變ず、一も始あり終あるものなし。是れたゞ外來の刺戟にのみ應じて走ればなり。刺戟の來れば、眼耳舌身鼻等が、一魂一魂の鼓動のみに放任し行くが故に、然る者とす。内よりその一魂々々を統一し、その八千魂を制御し、始終一貫の主宰をなすもの無ければなり。彼等は、主權者なき民族の如く、主將なき軍隊の如く、刈菰の原野に亂れたるそれの如く、豈に憐むべき次第ならずや。是れ日本神代の垂示として、その主權者たる直靈を開發し、主將たる和魂を開發し、その兵卒民族たる八千魂の分裂を制御統一する爲めに「振魂の傳」ある所以なり。「神留るの傳」ある所以なり。「雄健雄誥の傳」ある所以なり。「伊吸伊吹の傳」ある所以なり。「常立の傳」ある所以なり。「天照の傳」ある所以なりとす。

（五九）振魂と神留と表裏の伊吹

振魂とは、八千魂の分裂を制御するが爲めに、全身を振動するなり。是れ一定の形式を以て、全身を振動せしめつゝあれば、八千魂は、その一定の形式に振動しつゝあるを以て、他に走り他に逸出する事なし。振魂とは節制の意味なり。恰も一定の形式を以て、新兵を訓練するが如く、如何に我儘なる新兵と雖、一定の形式に訓練せられつゝある時は、その形式に節制せられ、他に向つて走り、他に向つて逸出する事能はず。夫れと等しく、一定の形式の下に振動せられ、節制せられつゝある時は、眼、耳、舌、身、鼻の諸魂を始め、總ての八千魂は、その形式に節制せられて自ら同一の行動を起し、他に走り他に逸出すること能はざるなり。斯の如く、一定の形式を以て八千魂を振動し、八千魂を節制し、八千魂の次第に一規一律的に振動し、一規一律的に統一するを待つて、始めて一心不亂の境に入り、全身凝結の身となる。而して後神留とて、鼻より靜かに呼吸し、その呼吸したる息氣を、全身に充足しつゝ、その息氣を暫くの間、吹き出ださず、全身に詰め置くなり。留《つまる》とは酒を樽に詰め米を俵に詰むるの意味にして、呼吸したる息氣を、全身に充足するの意味なりとす。斯く全身に息氣を充足しつゝも、更に全身の振動を起し、八千魂を節制統一する也。此の振魂を以て、全身を振動する時には、その振動と共に、次第に瞑目するものとす。而して、その振動しつゝ全身統一し、神留をなし、息氣を鼻より吸收して、全身を振動す。ある時には、鼻と口とを塞ぎて吸收したる息氣を止めありと雖、口と鼻とは、全身全體の呼吸機關にして、全身の部分々々には、皆夫れ相應なる呼吸機關の存在しつゝあるものとす。眼は眼丈にて呼吸し、耳は耳丈にて呼吸し、皮膚は皮膚丈にて呼吸し、全身全體到る處、その部分々々に於て呼吸しつゝあるものとす。到る處の毛穴は、即夫れなり。到る處の體温は即ち夫なりとす。口と鼻とを塞いで呼吸を止むる時は、全身に呼吸の充足すると共に、その充足したる息氣は、全身の毛穴より次第〳〵に發散するなり。日本神代の垂示としては、鼻と口との呼吸を以て、表の伊吸、表の伊吹と言ひ、口と鼻とを塞いで後に、全身細胞の部分々々が、同時に呼吸するものを以て、裏の伊吸、裏の伊吹と申すなり。是れ振魂は、口と鼻との呼吸を以て表に振動、表に節制すると共に、全身細胞の呼吸を以て、裏に振動し、裏に節制するものとす。

（六〇）　雄健雄詰こ常立

かく表裏の振動、表裏の節制徹底する時は、眼、耳、舌、身の分裂は、次第に統一せられ、次第に凝結するを以て、その統一凝結したるを待ち、始めて、雄健をなす。雄健とは、一定の形式を以て、その姿勢を整ふるにあり、動かざること山の如き巖の如き姿勢を現はし來るにあり。卽ち生魂、足魂、玉留魂、何某常立命と呼びつゝ、神たるの常立姿勢を現すにあるなり。常立とは、「ト」は止まる、「コ」は凝るなり、「タ」は溜るなり、「チ」は靈なり魂なり、靈魂なり。靈魂の溜りて、何某常立命と凝結したるを表現したるものとす。而してその凝結は、時間空間を横斷縱裁して、一時間凝結するなり、一日間凝結するなり、一年間凝結するなり、十年間凝結するなり、乃至百年千年萬年凝結するなり。その修養訓練の大なれば大なるほど、千古萬古に亙りて永久に凝結存在するなり。故に常立とは、又永久に立留まるの意味をも有したるものとす。その裏より眺むれば、靈魂の凝結なり、表より眺むれば靈魂的生活の持久存在體なり。常立《トコタチ》は、オコソトノホモヨロに通ひ底立《ソコタチ》なり。底とは足袋の底の如く、底なり極みなり、極底なり。自己の伊吹は、地下百千萬仭の底にまで徹底するを意味す。常立は、又オコソトノホモヨロにて、鉾立《ホコタチ》なり。自己の伊吹は、腦天より炎え出で、九重の上にまで炎え登るを意味する也。地球に一定の圏圍ありて、一定の空氣を有し居るのみならず、人間各自にも、各自相應なる圈圍を有し、一定の空氣を有しつゝあるものとす。その全身呼吸の伊吸伊吹の强烈勇壯なる丈け、周圍の空氣も亦それ丈け、强烈勇壯にして、濃厚なるものとす。その呼吸の微少なるものほど薄弱にして、その周圍の空氣も亦薄弱稀薄なるものとす。常立たる神の性格を、より以上に發現し得るものほど、その性格は、千古萬古に亙りて、持續し存在する者たり。

（六一）イーエッエーイッの雄誥と五音の出所

斯の如く、雄健を以て、神たる常立の姿勢を現はし、而して後、イーエッ。エーイッの雄誥を發す。人間は如何なる人にても、その思ふ處を實行するには、聲を發せざるべからず。聲を發せざれば、實行の道に登り、その事に從事するの端を發し得るものにあらず。角力にても、擊劍にても、その姿勢の定まると共に、イーエッとか、ヤーとかの發聲なくんば、敵手に向つて突喊し得るものでない。聲として最も勇壯猛烈なるものは、イーエッ、エーイッ、の音に如くものあることなし。そは、人類が宇宙を眺めて、その宇宙といふことを聲に發する時は、「ア」音となり、數に發する時は、一となる。宇宙を眺めて、「ア」と呼ぶのは、その雄渾壯大、微妙幽玄なることを、讃美嘆稱して然るのである。「ア」の音は全身より發するの音にして、母音中の祖音なり。「イ」とは、開く音なり、舌を上に張り、兩唇を開きて、呼ぶより起るの音なり。「ウ」とは閉づるなり。兩唇を閉づると共に發し來るの音なり。「エ」は、イとアとの兩音を合して、一音となす時に、現れ來るの音なり。「オ」はアとウを合して、一音となすより起り來るの音である。故に「ア」が第一にして、第二に「イ」と開き、第三に「ウ」と閉ぢ、第四イアの合成したる「エ」となり、第五にアウの合成したる「オ」となるなり。アイウエオは＝かゝる順序を以て、起り來るものである。世間の文典辭書には、アイウエオを母韻とし、以下を子韻とし、五十韻を說明しつゝありと雖、未だ曾て「アイウエオ」なる母韻の出で來る出處を說明し得たるものなし。是れ實に、最古の神道たる禊に於て密に神秘として傳へ來れるものとす。五十音を以て支那の四聲より傳授し來りたるものとし、或は吉備公の創作なりなど云ふものは、全く誤りの傳である。千早ふる神代の昔より、言靈の傳として、傳へ來れるものである。そは日本は、言靈の國にして、神代のことは、總て一音に一義を有しつゝあるなり。支那の如きは、一音に一義を有し居らず。音といふよりも寧ろ文字によりて、その意義を顯はしつゝあるに過ぎず。日本神代の一音一義は、全然その趣を異にするものである。

一	ア				
二	イ	二	イ	エ	四
三	ウ	一	ア		
四	エ	三	ウ	オ	五
五	オ				

「イ」は開き昇るの音なり。その開き昇るの音を、別圖の如く、下に向つて打ち降すなり。「エ」はイアの合成音にして、「イ」よりも強く、「ア」といふ祖音を含みあるが故に、更に開き昇ることの强

き音なり。その强き音を下に向つて打ち降すのである。水の湧き出づるを壓へんとすれば、益々湧き出で、益々昇るが如く、イーエッと昇るべき音を下に、壓するが故に、その反動は益々開き益々昇るなり。是れ我身の四圍に刺戟し來るあらゆる禍津毘を、「イーエッ」と發聲して壓伏するなり、威壓するなり、折伏するなり、懲戒するなり。懲戒し折伏して、悔い改めしめ、その本性自性を呼び起し、更に「エ」といふ强き音と、「イ」といふ强き音とを以て上に牽き上に呼び、その神たる自性を向上發達せしめんが爲めに、——我と同一なる常立の神格を發現せしめんが爲めに——「エーイッ」と下より上に發聲するのである。擊劍に於ては、エーッと擊込む、これ敵手を威壓折伏せしめて後に、彼の降伏を促すにあり。柔術に於ては、イーエッと呼び開き呼び昇すなり。是れ先づその力を「イーエッ」と折伏し、その折伏の反動力を以て刀身を抜き出すにあるなり。擊劍に於ても、柔術に於ても、氣合として、イーエッの音を發し、エーイッの音を發しつゝありと雖、その何故に發するかは說明すること能はず、更に「イーエッ」「エーイッ」の發音は、如何なる意味たるかを知るものは殆ど稀なのである。是れ全く日本最古の神代垂示より、傳はり來れる發音にして、漸々次第と、その意味を忘れ、その傳を失ひたるものである。何人にても、その思ふ處の一念を全身に充足し、斯の如く、「振魂」に依て、訓練統一し、「雄健」によつて、常立神の姿勢を顯し、「雄誥」によつて、「イーエッ」「エーイッ」と全力を顯はし見よ。その身は渾身凝結して動かざること山の如く、何某常立神として、その伊吹、その氣焔は、天地十表を彈撥し、千萬人と雖我往かんの勢が、勇ましく發すべきものである。

（六二）　直靈、神直靈神、大直靈神、伊豆能賣神

日本神代の垂示としては、我は神の分靈分魂分身なり、神なり。神としての性格を顯はさゞる可らず。神としての性格は、生魂、足魂、玉留魂の統一にあり。その生魂、足魂、玉留魂の統一を期して、神たるの念を發し來れば、爰にその身の根本魂たる直靈は開くなり。開きたる直靈の神たる自覺を起せば、是れ神直靈神にして、その神直靈神の息氣を、足魂なる八千魂に吹き送りつゝ、八千魂を振動し、八千魂を節制し、八千魂を統一するのである。その吹き送るとは＝吾身の根本生魂なる直靈神より裏伊吹を以て、吹き送るなり。振魂とは、振魂《ミタマフリ》にして、裏の雄健雄誥を以て、その八千魂を振動するなり。八千魂なる足魂が、第一生魂なる直靈の神の息氣に同化し、稜威に同化し、その第一生魂たる直靈を中心根本として、標準として、直靈の伊吹振動につれつゝ、等しく伊吹き、等しく振動し、全然その直靈に同化したるの振動を顯はし來りたる時は、爰に八千魂の全然統一せられたるものにして、全然直靈化し、全身直靈化したるものとなる。是を稱して、大直靈神といふ。

「大直靈神」とは、足魂なる八千魂が、根本直靈に凝結同化したるを意味したるの名稱なりとす。

我れ既に大直靈の神となる。その一言一行に節制あり、統一あり。又外に百千萬の刺戟につれて、我八千魂の分裂することとなし。我が目的とする處に向つてのみ活動し、その目的以外の刺戟は、是を彈撥するにあらざれば、之を利用同化するにあるのみ。是れ生魂、足魂、玉留魂、何某常立神として神たる性格を顯はし得たるものとす。而して、その大直靈神たり、常立神たる我の全身よりは、霧の如き、霞の如く、熱の如く、光の如く、息氣の放散しつゝあるなり。體温の發散しつゝあるなり。神代の垂示としては、その放散發散する息氣體温を稱して伊豆能賣神とはいふ。伊豆とは稜威にして、賣とは女なり、母なり。――女や母は、子孫を生み成すよりして生むといふ意味を表すが爲に、賣とは稱したるものとす。我の息氣は分派して、子孫となるのみならず、總ての言論、文章、事業、功徳となりて顯はれ出づるものなり。既に説明したるが如く、日本神代の垂示としては、全身悉く、靈魂の集合にして、その息氣、體温、伊吹は、悉く是れ靈魂の分派分裂なり。人間より客觀すればこそ、息氣なり、體温なり、伊吹なれ。その息氣、體温、伊吹が、夫れ自身に主觀する時は、皆均しく靈なり、魂なり、靈魂なり。此の靈魂は、各自直接に萬有を同化吸收しつゝあるが如く、外に分流放散したる分派魂も、均しく萬有を同化し吸收する也。我の子孫を分派しつゝあるが如く、彼亦子孫を分派し、言論文章事業功徳を分派しつゝあるものとす。故にその息氣體温伊吹を稱して、伊豆能賣神とは申すなり。

(六三) 神格の表現

伊豆能神としての息氣、體温、伊吹が、脚下に降り、地下に降るものを稱して、横には底津綿津見神と言ひ、縱には底筒能男神と言ふ。全身の横に散じ横に發する體温伊吹をば中津綿津見神と言ひ、その縱に昇り縱に降るものを中筒能男神と言ふ。更に天邊萬丈に向つて、横に散ずるものを上津綿津見神と言ひ、縱に散ずるものを上筒能男神と言ふ。是れ自己全身の體温伊吹が、天地十方に向つて放散離合するを稱したるものにして、是即ち天照大神の分身分體たる神格を顯はし、我亦人間に於ての、天照大神たる神格を認め、神格を表現し得るものとす。我既に神直靈神となり、大直靈神となり、伊豆能賣神となり、綿津見神となり、筒能男神となり、常立神となり、天照神となる。是れ外面より眺めたる處の神格なり。内面より眺むる時は、我の細胞内血管内神經内に、少しにても、禍津毘の存しある時は、この神格を顯はしつゝあるの前に於て、神留をなし、裏伊吹をなし、更に裏の雄健雄誥をなしつゝあるが故に、神直靈神の稜威は、勇ましくもその細胞内血管内神經内の八千魂間を走り行くなり。之を稱して瀨織津比賣神と言ふ、その稜威の瀨の如く織りなして綾をなしつゝ流るゝの神功を稱しまつりてなり。その瀨の如く織りなす稜威は、更に開き更に進むなり。その神功實體を稱して速秋津比賣神と言ふ。その瀨織津比賣神も速秋津比賣神も、各自に伊吹の力ありて、直靈の稜威を飲みつゝあればなり、直靈の伊吹は八十禍津毘を呑み殺すこと、恰も赤血球、白血球の如く、體內の禍津毘、體內の毒を、飲みつゝ走り給ふ也。是れこの神功實體を稱して伊吹戶主神と言ふ。その伊吹戶主神は、飲みたる毒を靈化し神化し、是を吹き去りて、その毒物禍津毘を存在せしめざるなり。是れその神功實體を稱して、速佐須良比賣神とは申すなり。

(六四) 內外同化統一の神ミ善惡美醜

日本神代の垂示としては、その振魂をなし、表裏の伊吸伊吹をなし、表裏の雄健雄誥をなし、更に表裏の常立をなし、更に表裏の祓と禊とをなすものは、悉くこの神直靈神となり、大直靈神となり、伊豆能賣神となり、綿津見神となり、筒能男神となり、常立神となり、天照神となるにあるなり。而して、その內容に於ては、亦瀨織津比賣神となり、速秋津比賣神となり、伊吹戶主神となり、速佐須良比賣神となるにあるなり。然り、生魂、足魂、玉留魂、何某常立神として常立神の天照神として、稜威赫灼天地十表を光射し、人類萬有を我に同化吸收し、我としての常立神の天照神格を、千古萬古に持續し、存在し、人としての神、神としての人の神功神德を建設し、生れながらの神たるのみならず、死して後までも、後世子孫に敬愛祭祀せらるゝの神たるにありとす。是れ日本神代の垂示にして、その全身統一の道を示されたる神慮の尊さを感謝すべきにあらずや。日本神代の垂示としては、眼、耳、鼻、舌、身等の個々が、個々に分裂したる働を以て悪となし、醜となし、僞となし、禍津毘となし、荒ぶる神となすなり。その直靈の下に、八千魂の統一同化したる全身結晶の活動を以て、善となし、美となし、眞となし、直靈の神となし、大直靈の神となし、常立神となし、天照神となすなり。

(六五) 宇宙萬有の祓と禊

去れば、人間は獨り一身一個の統一のみにして止むべきものならず、一身一個のみの祓と禊とかで止むべきものならず。進みては、一家を統一し、その身は一家の神直靈神として、その足魂たる十人の靈魂を節制し、振動し、之を統一すると同時に、十人の祓をなし、禊をなし、遂に能く十人十魂を統一して、一家の大直靈神たらざる可らず。村に向つては、村の神直靈神となり、大直靈神となり。郡に向つては、郡の神直靈神となり、大直靈神となり。縣に向つては、縣の神直靈神となり、大直靈神となり。如何なる事業にても、その好む處の目的に向つて、自己を節制し訓練し、進みて町村郡縣をその目的とする處に統一し、以て村の大直靈たる村長に同化し、郡の大直靈たる郡長に同化し、縣の大直靈たる知事に同化し、更に進んでは、一國八千萬魂の神直靈神として、我より卒先し、我より節制し、その八千萬魂を訓練し統一し、一國の大主權者としての大直靈神たる天皇陛下に同化合體し奉るにあり。故に町村郡縣の祓と禊も要するなり。縣としての祓も禊も要するなり。國家としての祓と禊も要するなり。町村の禍津毘を祓ひ町村の禊をなし、郡縣の祓をなし、郡縣の禊をなし、國家の祓をなし國家の禊をなし、以て、國家を郡縣とに行はれつゝある處の祓と禊とに合體せざる可らざるなり。更に進んでは、世界の祓と禊を要し、宇宙萬有の祓と禊とを要するなり。その一會社一團體に於ても亦然り、振魂は、その團體の節制なり、訓練なり。社長と社員と株主との統一同化の端たるを知るべきなり。學校に於ても、軍隊に於ても、必ずや、亦この祓と禊と振魂と、雄健雄詰等の訓練なかるべからざるものとす。是れ實にその根本魂たる第一生魂の直靈より始まるものなれば、節制としては、根底よりの節制なり、根底よりの訓練なり、根底よりの統一なり、直靈は各人の本性なり、自性なり、その本性自性より顯れたるの節制なり、訓練なり、統一なるが故に、その平時に於いてよく規律あり秩序あるのみならず、一朝大事變の際に臨みても、又好く規律あり秩序あり、斷じて動搖するものにあらざるなり。日本神體の垂示としては、この振魂と伊吹と雄健雄詰等の節制訓練を以て、修身齊家、治國平天下の根本義とはなすものとす。而して是を學ぶの事實は、一週間を要するに過ぎず。學びての後、朝夕實行するには、一時間若しくは、二三十分間、或は十分間のみにしても足るものとす。是れその式に於て、大、中、小の正式略式ありて存すればなり。その諸式は伊吹論に於て是れを圖解しあれば、就て見るべく練習すべきなり。

（六六）　主觀的神――客觀的神

祓と禊とに於て夫れ斯の如し。我自ら、神直靈神となりて、八千魂を統一したる大直靈神となり。その大直靈の神より、伊吹く伊吹は、伊豆能賣神となり、綿津見神となり、筒能男神となり、常立神となり、その內容の細胞狀態の微分々々が、瀨織津比賣神となり、速秋津比賣神となり、伊吹戶主神となり、速佐須良比賣神となり、內外相應じ內外相化して、天照大神となるのである。而して後始めて又、客觀上に向つて、更に神直靈神を拜し、大直靈神を拜し、伊豆能賣神を拜し、綿津見神を拜し、筒能男神を拜し、常立神を拜し、瀨織津比賣神を拜し、速秋津比賣神を拜し、伊吹戶主神を拜し、速佐須良比賣神を拜し、天照大神を拜し得るに至るのである。自ら賢となりて、賢を知ると共に、客觀にも賢あるを見、自ら聖となりて、聖を知ると共に、客觀上にも聖あることを認むるに到るのである。自ら先づ神となり得て、神を知り、而して後客觀上にも、神在しますことを、拜み得るに至るのである。禊祓に於て、自ら斯の如く、美化し神化して、神となり、而して客觀上に、斯の如く、神を拜がみ得ると共に、進みては、根本大本體の、天御中主太神を始めまつり、總ての八百萬神を、拜みまつるに至らねばならぬ。一度十度百度千度するも厭はず、禊祓をなしつゝ、この實境に達し、靈境に入り、始めて神と思ひ、神と語り、神と行ひ、何時にても、已の祖先と物語り、總ての死者と物語り、山川草木、雲烟礦石の直靈とも物語り、身は、此の世界にありとも、自己の直靈は、高天原に到り、天國にも遊び、十方淨土にも廻り行くことを得るものである。これ實に、祓と禊の結果である。

（六七）印度猶太等の禊祓は日本の分派末流

古代は支那にも盛に、禊祓行はれ、印度にも、佛敎波羅門敎以前から、禊祓盛に行はれ、猶太にも、埃及にも、希臘にも、その最古に於ては、禊祓の盛に行はれたものである。是れ皆、日本の禊祓が、世界の各地に、轉々傳へて行はれたるものである。そは、禊祓の意味と內容とは、獨り日本にのみ傳はり、日本にのみ存しつゝありと雖、世界各地は、末流であるから、次第〳〵に、その意味を失し、その內容を失ふに到つたものである。例へば、印度の灌頂の如き、單に水を注ぐに過ぎぬと共に、纔に佛弟子となりたるを、證明するに過ぎざるに到つたのである。猶太のパプテスマの如き、これを釋して、洗禮といふけれど、その原語の意味に於ては、水に入るといふ義である。單に香水を以て頭に注ぎ、神の子となつたのを證明するの意味位になりて居るのであるが、その語源に於てはかゝる、單純なものではない。パプテスマのパは、ハヒフヘホのフであつて、フは、ウクスツヌフムユルウのルで、テハ、タチツテトのタで、スはサシスセソのシで、助辭である。それで、パプテスマとはフルタマといふことになるのである。フルタマとは振魂で、禊祓の時、大海怒濤の中に入り、全身全魂を振動するの意味から起つたものである。彼等は獨り印度猶太のみならず、各國共に、日本禊祓の分派末流であるから、次第にその意味を失し、その內容をも失ひ、單に一片の儀式形式となつて、殘留し居るのに過ぎないのである。

(六八) 禊祓と直靈の大神眼

爰に最も注意すべきは、佛敎禪門の如き、或は、歐米哲學の一部の如き、自己自ら賢となり、聖となり、神となれば、――否、賢となり、聖となり、神となるの、感想發する時は、過去に、釋迦を認めず、到來に彌勒を認めず、或は客觀上に神を認むることあることなし。日本の禊祓に於ては然うでない。旣に、自己ある時は、自己より以下のものもあり、自己より以上のものもあり、主觀上に我賢たることを得れば、客觀上にも亦賢たるの人あり、主觀上に聖たることを得れば、客觀上にも亦聖たることを得るの人あり、主觀上に神たる事を得れば、客觀上にも、亦神の實在しますのである。荒身魂なる肉眼に顯るゝの現象あれば、肉眼に顯れざるの現象もあり、その肉眼に顯れざるの現象をば、奇魂、幸魂、和魂の心眼を以て之を見、之を拜することを得るのである。奇魂、幸魂、和魂の心眼を以て之を見ること能はず、之を拜する事が出來なかつた時は、更に、直靈の大心眼を以て、之を見、之を拜することを得るものである。是れ實に日本神代の垂示であつて、世界列國の經論、聖書に超絶しつゝある處の一端である。日本神代の禊祓に於て、如何に幽玄崇高なる敎義神儀の存するかを知るべきであらう。外人某曰く、聞けば聞くほど崇高幽玄にして、身も世もあらぬ心地する也。請う誓つて門に入らんことを願ふと。

寒中禊と外人の質問　終

解題

編集部

川面凡児大人の著作に関しては、『川面凡児全集 全十巻』が弊社より刊行されているが、初版が完売になった後は永らく品切れになっていた。その後、大人の論稿の核となるものを『祖神垂示の霊魂観』として刊行したが、それ以外の論稿はＣＤ‐ＲＯＭで読むことしかできない状況を読者にやむなく強いてきたのである。

今般、読者の根強い要望に押される形で、神道霊学的見地より特に重要な論稿と思われるものを厳選し、第四巻より「大祓祝詞真義」、第六巻より「大日本最古の神道」「建国の精神」「三種の神器」「神社崇拝」、第十巻より「人間未発天狗界」「寒中禊と外人の質問」を収録、『大日本最古の神道〜川面凡児選集』として刊行することとした。

大日本最古の神道

大人の諸論稿中で最も重要なものの一つ。古神道における原人発生の問題から説きおこし、神と禍津毘《まがつび》、禊祓神事の意義、霊魂と原子構成、禊祓の言霊解、御幣と分霊、水と霊出《みいづ》と稜威《みいづ》、潮と天《あま》の真井《まなゐ》、振魂伊吹と鎮魂、奈良朝以前の禊祓の密伝と語部、大人の曾祖父の神伝密書を入手の事など、大人の教義体系の秘教的内実を簡潔に知ることが出来る。

建国の精神

本論は、太古の天変地妖以前、神代の日本民族が世界的に雄飛していたことから説き、原人の末裔たる根源人種としての日本民族の神的使命を説くもので、大人の教義大系における神代史論として位置づけることが出来る。

天変地変以前の神代における世界的地名として、常世国《とこよのくに》とは天比登都柱《あまのひとつばしら》とも称し、中国の山東省一帯からマレー半島、ジャワを指し、根国《ねのくに》・底国《そこくに》とは西半球諸州、越州《こしのくに》とはアメリカ大陸を指すこと、さらに「祖神の垂示」には地球全体を淤能碁呂《おのころ》島＝自転島と捉え、球形にして自転をなすことを明示しあること、須佐之男命の韓国に渡り、大国主神の子孫の伏羲《ふつき》氏となること、黄帝は大日霊尊の子孫なること、筑紫文によれば鵜草葺不合尊《うがやふきあへずのみこと》七十代相続すること、少名彦名命、八十《やそ》猛命《たけるのみこと》、大国主神等諸神の海外に渡ること等を説き、原人直系の根源人種としての日本民族の使命、根本言語としての日本語と言霊、世界最古の根本神話たる日本神話、日本民族による世界の霊的統一の必然性に及ぶ。

三種の神器

三種の神器の淵源は、伊邪那岐神・伊邪那美神が天神より授けられた天沼矛、伊邪那岐神が天照大神に授けられた「御頸珠」（「御倉板《みくらたな》挙神《のかみ》」）、天照大神が瓊々杵尊に「この鏡を視る事なほ吾を視る如くせよ」と授けられた「御鏡」である。天沼矛の「ヌ」とは天御中主太神の「ヌ」であり、御鏡には天照皇太神の和魂《にぎみたま》の宿りますこと、御頸珠には同じく真身魂の宿りまし、勾玉ではなく「マミタマ」と呼ぶべきものなること、さらに天沼矛は後に叢雲剣を以てせられ、太神の幸身魂・奇身魂・荒身魂の宿りますことなど、裏の相伝による三種の神器の玄義を詳述する。

神社崇拝

人は顕幽両界と感応道交する能力を有していること、しかしながら全身八千魂《やちたま》の分裂に引き裂かれ神との距離感を抱くので、神の分霊分身を祀る神社祭祀を通じて神との合一を祈念することの必然性を説き、さらに神社は神の大形式たる大宇宙の縮図であると説く。また神社には、奇魂《くしみたま》を祀る社、幸魂《さきみたま》を祀る社、荒魂《あらみたま》を祀る社のあること、太陽界の天照大神の分霊が天降りて伊邪那岐命に宿り、その宿りたる分霊が直霊となりて伊邪那美命に遷り、その胎内にあった和魂と合体し、さらに八千魂を吸収しつつ荒身魂を構成し、豊葦原の瑞穂国に神現れ給うたこと等を説く。

大祓祝詞真義

大祓祝詞の幽玄微妙にして深遠崇高なる秘義を照射した一篇。特に、天津金木、天津菅曾の秘事に説き及び、神代大和加奈文字の二系統あったこと、加奈文字と天津金木・天津菅曾の関係、また金木・菅曾の支那に伝わり連山帰蔵となったことなどを説くなど、きわめて興味深い示唆がなされている。『大石凝霊学全集』、水谷清『古事記大講』などと比較研究されたい。

人間未発天狗界

人身変じて仙身となり仙身変じて狗身となり狗身変じて神明となること、また雲気雨気風気山気水気電気等の醞醸醗酵、化生して天狗となること、天狗は幽界に属する幽身なるが顕界に変化して現れること、その他、天狗の生態、天狗界の様相について述べた一篇。大人は十五歳の頃、馬城山にて蓮池貞澄童仙の教導を受けたと伝えられるが、本篇はまさに自ら踏入した者でなければ明らかにすることの出来ない異境の消息を伝えた貴重な資料といえよう。

寒中禊と外人の質問

明治四十五年一月、相模灘における禊に際して、外国人記者の質問に答えたもの。禊行法の由来、祖神垂示の霊魂論、とりわけ日本神道においては諸外国のごとく霊魂を無形のものとして捉えず、「ミ」とも称し「タマ」とも称する極微微細なるも体あり質ある有形のものとして捉えること、人体が生魂《いくたま》―足魂《たるたま》―玉《たま》留魂《とまるたま》、直霊―和魂―荒身魂から重層的に形成されていること、祓禊は直霊の幽閉状態を解除し、全身八千魂の分裂を回復する全身統一の大神事たることを述べ、振魂―雄叫―鎮魂の秘事におよび、直霊眼の開顕したる状態についても詳細にこれを説き、奇跡現象のメカニズムを解明、仏教の灌頂、キリスト教のバプテスマも太古日本神道の禊に由来するものなること等を説く。外国人に対する説明であるだけに、平易簡潔でありながら要点を押さえた説明がなされており、本稿から入門すれば、大人の教義体系の全体的ビジョンを比較的容易に把握することが出来よう。

大日本最古の神道
川面凡児選集

定価：本体一〇、〇〇〇円＋税

平成十八年七月十四日　初版発行

著者　川面　凡児

発行所　八幡書店

〒141-0021　東京都品川区上大崎二丁目十三番三十五号
ニューフジビル２Ｆ

振替　〇〇一八〇―一―九五一七四

電話　〇三（三四四二）八一二九

印刷／互恵印刷

製本・製函／難波製本

ISBN4-89350-634-X C0014 ¥10000E